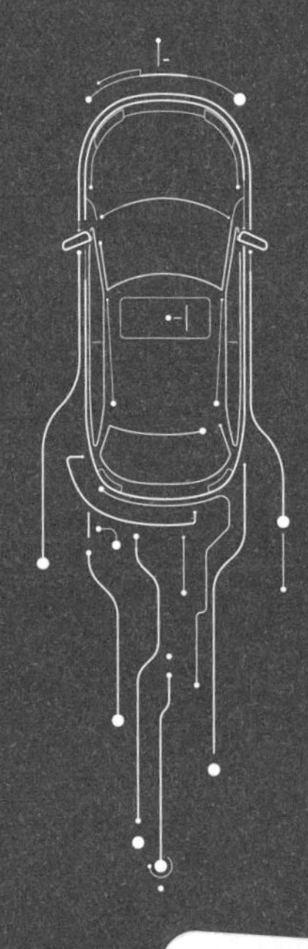

U0314107

新能源与智能汽车技术丛书

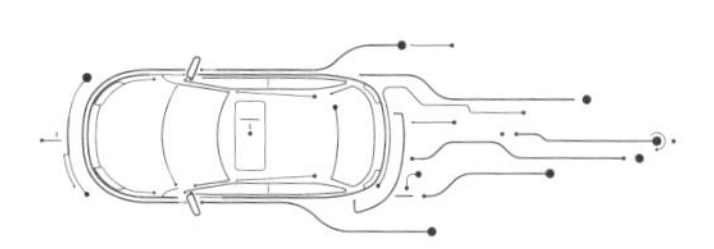

Automotive Domain Control Technology

新能源汽车域控制技术

罗　石
田晋跃　等著
郑　超

化学工业出版社
·北京·

内容简介

新能源汽车能源系统和动力系统比传统燃油汽车复杂，其电控系统包含大量子系统，且各子系统之间需要彼此交互和匹配，导致通信数据量大，每个子系统都需要大量的计算。在新能源汽车上传统的分布式架构越来越难以满足要求，新的以域控制器为核心的集中式架构成为新能源汽车电子电气架构的主要发展趋势。

本书针对新能源汽车的特点，分析了采用域控制器的新能源汽车电控系统的架构特点和设计方法，详细介绍了域控制器中主干通信方式车载以太网，以新能源汽车主流的动力域、底盘域、座舱域、车身域为例介绍了各个域的结构特点和域控制器的作用，并介绍了用于域控制器的操作系统和软件标准。

本书可供车辆相关专业本科生、研究生使用，以了解新能源汽车域控制器技术，同时也可供新能源汽车电控系统研发、使用、销售人员参考。

图书在版编目（CIP）数据

新能源汽车域控制技术/罗石等著．—北京：化学工业出版社，2023.5

（新能源与智能汽车技术丛书）

ISBN 978-7-122-43033-5

Ⅰ.①新…　Ⅱ.①罗…　Ⅲ.①新能源-汽车-控制系统　Ⅳ.①U469.7

中国国家版本馆CIP数据核字（2023）第039635号

责任编辑：黄　滢　张燕文　　　装帧设计：王晓宇

责任校对：李雨晴

出版发行：化学工业出版社（北京市东城区青年湖南街13号　邮政编码100011）

印　　装：中煤（北京）印务有限公司

787mm×1092mm　1/16　印张12　字数252千字　　2023年5月北京第1版第1次印刷

购书咨询：010-64518888　　　售后服务：010-64518899

网　　址：http://www.cip.com.cn

凡购买本书，如有缺损质量问题，本社销售中心负责调换。

定　　价：128.00元

前言

当前新能源汽车产业进入加速发展阶段，国家也不断加大产业推进力度，新能源汽车的产量逐年提升。相对于传统汽车，新能源汽车在电动化、智能化方面有着更大的优势，伴随新能源汽车的发展，传统的汽车电子电气架构已经很难满足新能源汽车复杂电控系统的需求，以域控制器为核心的集中式架构正逐步替代传统的独立 ECU 构建的分布式架构。

本书针对新能源汽车的特点，介绍了采用域控制器的新能源汽车电控系统的架构特点和设计方法，并结合笔者在汽车域控制器方面的理论和工程实践经验，介绍了在新能源汽车域控制器研发中需要了解和掌握的基本知识。

本书详细介绍了域控制器中主干通信方式车载以太网，以新能源汽车主流的动力域、底盘域、座舱域、车身域为例介绍了各个域的结构特点和域控制器，并介绍了用于域控制器的操作系统和软件标准。

本书分为 6 章。第 1 章介绍了汽车电子电气架构由分布式发展到域集中式的过程，详细介绍了几类域控制器架构的结构特点，并对国内外企业的域控制器技术做了对比分析。第 2 章详细介绍了新能源汽车域控制器架构的功能需求，对新能源汽车各个域的特点做了分析，并对新能源汽车电子电气架构的设计方法和设计工具做了介绍，着重介绍了架构设计中的功能安全概念和设计方法。第 3 章对域控制器采用的主干网络车载以太网做了详细的介绍，介绍了车载以太网的物理层连接以及基于以太网的应用层协议，包括了目前汽车行业实现 SOA 架构最核心的通信协议 SOME/IP、用于诊断和 OTA 刷写的 DOIP 协议以及用于多媒体传输的 AVB 协议。第 4 章介绍了新能源汽车动力域和底盘域的各个部件功能和作用原理，考虑到动力底盘域的可靠性要求，讲解了动力底盘域的故障识别理论和方法，介绍了动力底盘域内部常用的总线 CANFD 和 FlexRay。第 5 章讲解了新能源汽车的智能座舱域和车身域的常见技术，介绍了智能座舱中的软件架构和“一芯多屏”技术，并详细讲述了视觉识别基础知识和驾驶员意图识别常用理论，对智能座舱中的几种环境探测原理做了介绍，并介绍了车身域智能化灯光系统、新能源汽车相关的空气调节系统，还介绍了车身域、座舱域中有着广泛应用的 LIN 总线技术。第 6 章是对域控制器中的操作系统、诊断和刷写、OTA 技术的详细介绍，对相关的国际标准做了详细的解读，为读者今后在域控制器方面的研发提供基础。

本书围绕域控制器研发中的工程技术问题，参考了大量车载应用的实际标准，注重相关的知识点讲解，内容贯穿了新能源域控制器研发从架构设计到软、硬件设计整个过程，各章内容相对独立，适合不同方面的技术研究人员结合自己的研究方向参考。

本书由罗石、田晋跃、郑超、邹海平、李文贺、许晓巍著。书中疏漏之处在所难免，恳请广大读者批评指正。

著　者

目录

第1章 绪论

1.1 汽车电子电气架构概述

当前车辆所包含的计算能力和电子功能的爆炸式增长，现代车辆通常被描述为“轮子上的计算机”。最初汽车的操控基本上是通过机械操作实现的，在汽车历史的大部分时间里，机械系统占了车辆控制系统的大部分，随着电子技术的发展，汽车电子电气系统的复杂程度逐步提高。以巡航控制系统为例，20 世纪 50 年代巡航控制系统首次将电气和机械系统集成到车辆中，实现了车辆的机电一体化。从那时起，巡航控制系统不断发展，现在已经发展出辅助驾驶、无人驾驶等技术。目前，大多数车辆功能都由嵌入式系统及其软件以及底层电子电气架构实现操控，如发动机管理系统、悬架系统、制动系统、转向系统、信息娱乐等各类功能都依赖于电子电气系统，与此同时，嵌入式软件也开始在车辆功能中发挥主导作用。现代车辆包含数百万行代码，这些代码构成了从最基本的后视镜调节到最先进的底盘控制、车辆安全控制，从简单的信息显示到复杂的人机交互、信息娱乐等所有应用程序。随着车辆功能的不断发展和复杂程度的提高，以前不相关的子系统将开始接触。以前独立发展的系统将开始集成，并相互依赖以实现新功能。

现代汽车系统复杂度越来越高，包括了电气、电子、软件和机械部件等。许多传统的机械系统功能正被电子设备和先进的软件所取代，现代汽车制造商开始通过电子电气架构来定义自己的车辆，汽车电子电气架构成为现代车辆持续创新的关键所在。

汽车电子电气架构（又称 E/E 架构或 EEA），是指整车电子电气系统的总布置方案，即将汽车里的各类传感器、处理器、线束连接、电子电气分配系统和软、硬件整合在一起，以实现整车的功能、运算、动力及能量的分配。传统的汽车电控系统可以划分为车身、底盘、动力、信息娱乐、辅助驾驶等几大子系统，每个子系统又由多个 ECU（电控单元）组成，这些 ECU 连接起来就形成了一个网络结构，EEA 的主要职责就是定义这些 ECU 之间的连接方式与网络拓扑结构。

在过去的几十年中，汽车电控系统从独立的电气装置发展成以嵌入式系统为主的电控单元，并且控制系统引入了大量基于软件的功能，这些功能的数量以及所涉及的硬件拓扑的复杂性不断增加，为解决复杂系统的拓扑连接问题，整车网络成为车辆电控系统的基础。图 1-1 展示了汽车控制系统的发展历程。

随着控制系统的发展，汽车电子电气架构也经历了多次改进，从最初的多个独立控制器的集合，到相互关联的集成架构，汽车电子电气架构包含了电气

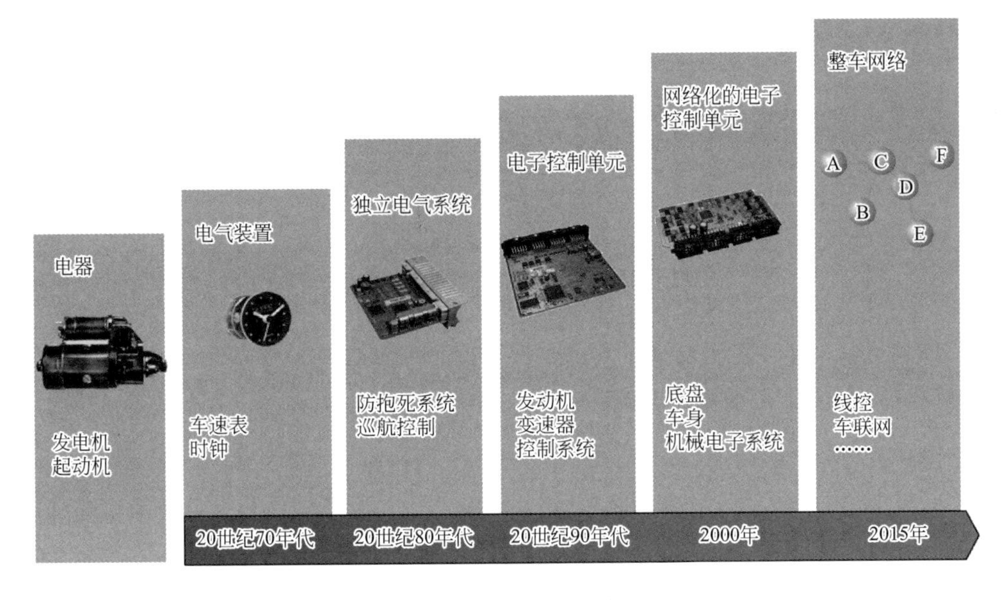

图 1-1 汽车控制系统的发展历程

网络（如新能源系统高压网络、电力电子设备、发电机）、控制系统（如传感器、执行器、电控单元、通信网络）、信息娱乐系统等方面，架构的方案设计主要考虑到系统的经济性、实用性和拓展性。目前汽车各个部分在一定程度上仍然是相对独立的系统，如车身、底盘等，然而随着智能驾驶技术与信息系统和娱乐功能的发展，汽车各部分将打破领域界限，各种控制器功能将通过车辆各部分系统信号、传感器的复杂相互作用来实现，这也导致了车辆各部件之间的通信系统具有复杂的结构，传统的一个控制器对应一个功能的控制模式开始转变为复杂的模式，多个功能可能会由单个 ECU 实现，同时一个功能可能被划分为多个控制器上执行的多个子功能。随着智能驾驶的发展，智能网联技术在车辆上开始逐渐普及，汽车控制器不但需要和其他车内控制器通信，还需要和云平台、道路设施等交互信息，这导致了传统的基于 ECU 或信号的控制系统架构的开发方式受到了挑战。

未来的架构需要跨车辆平台进行扩展，灵活适应新技术。这样的架构将支持新的商业模式和快速有效地将新产品推向市场。电子电气架构的关键变化主要体现在硬件架构、软件架构、通信架构三个方面。

1.1.1 硬件架构的发展

传统的车辆控制系统功能单一，与外界交互的信息量较少，其计算要求不高，因此传统的控制器采用独立控制器加上分布式网络架构传递交互信息即可以满足绝大多数要求。随着汽车智能化的发展，大量的图像、视频数据的实时计算导致系统对控制器的计算能力要求大大提高，采用传统的独立控制器对每一个ECU的计算能力要求大大提高，且由于控制器与外部的数据交互量大，传统的分布式架构难以满足大量的数据交换需求，汽车电子硬件架构限制了汽车智能网联化发展，因此各大厂家在汽车电子硬件架构上都提出了升级方案。

目前公认的架构发展路线是博世对汽车电子电气架构的发展给出的未来架构升级路线（图1-2），可以看出汽车架构的未来发展是按分布式→域集中式→中央集中式的路线进行的，这也是目前行业公认的汽车电子电气架构发展方向。这个发展过程以分布式ECU（每个功能对应一个ECU）作为开端，逐渐模块化集成到域控制器（一般按照动力域、底盘域、车身域、信息娱乐域和自动驾驶域等），然后部分域开始跨域融合发展（如底盘和动力域功能安全、信息安全），并发展整合为中央计算平台（即一个电脑），最后向云计算和车端计算（中央计算平台）发展。其中车端计算主要用于车内部的实时处理，而云计算作为车端计算的补充，为智能汽车提供非实时性（如座舱部分场景可允许微秒级的延迟）的数据交互和运算处理。

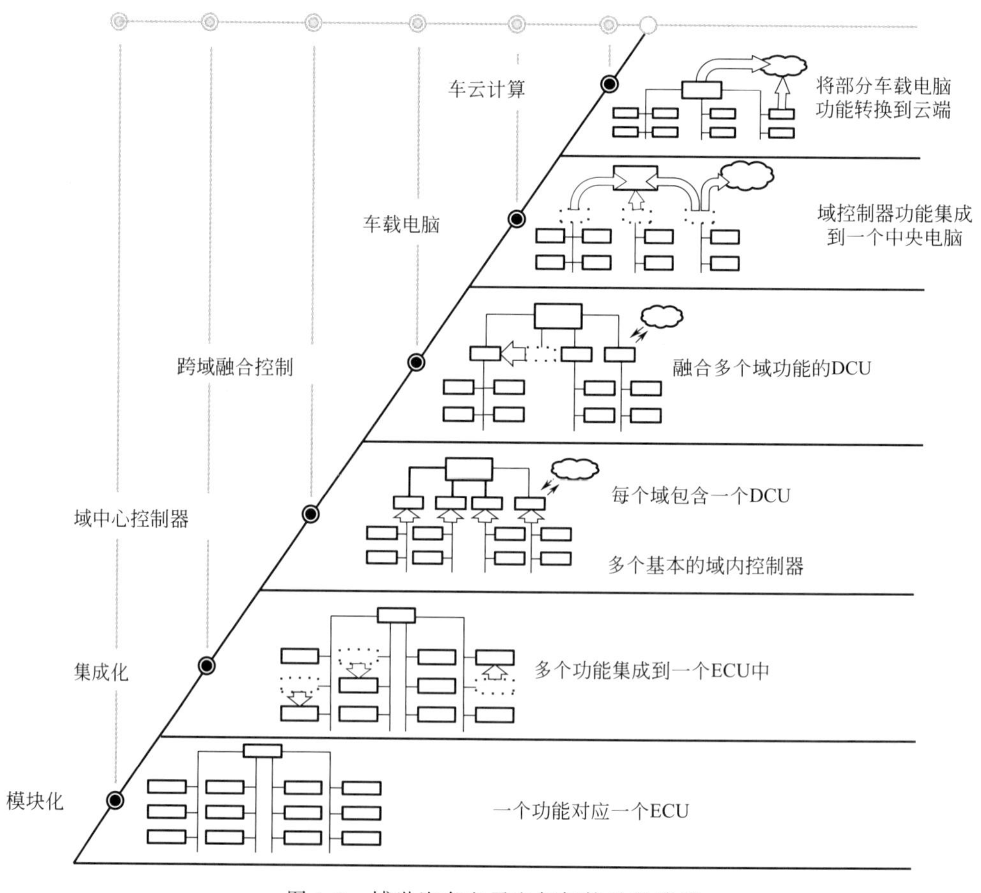

图1-2　博世汽车电子电气架构升级路线

（1）分布式汽车架构

在这种架构下，大量 ECU 会相互协同工作，共同为驾驶员提供各种功能。但这种架构已经快要“到达极限”了。这种模式是传统汽车架构的主流。

分布式汽车架构（图 1-3）发展分为两个阶段：第一个阶段即一个功能对应一个 ECU 的模块化控制器模式，如 ABS 控制器；第二个阶段发展成一个控制器实现多个功能的集成式控制器模式，如集成了 ABS/ASR 的 ESP 控制器。

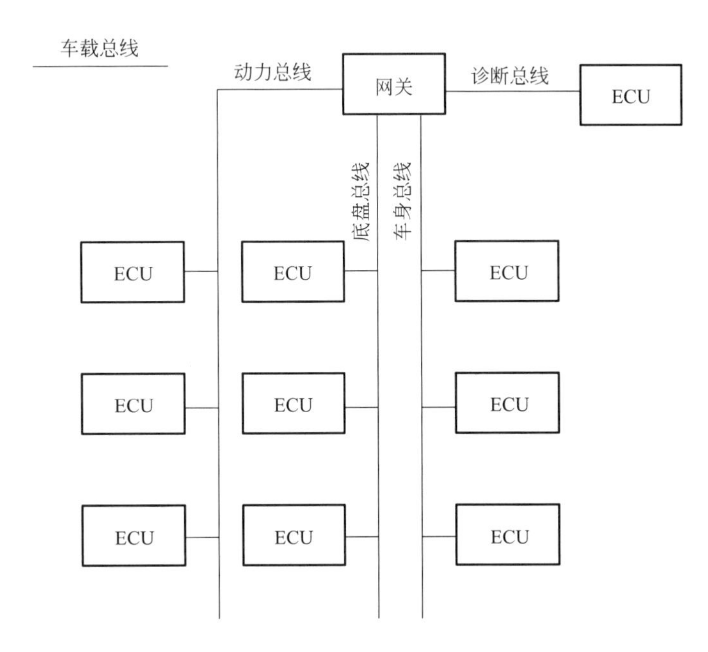

图 1-3　典型的分布式汽车架构

（2）中央域控制器汽车架构

如图 1-4 所示，这就像是把功能强大的大型计算机改成适用汽车的规格，然后再安装到汽车上。引入一款“可承担重负荷的”中央处理器，负责各个子系统间的协调与决策任务。主要的数据处理工作均将交由中央处理器进行，传感器的前端处理任务将会显著减轻，因此就不需要为每一个传感器单独配备高端微处理器。这样一来，未来汽车传感器占用的空间将显著缩小，且成本也会有所下降。中央域控制器架构将车辆划分成多个相对独立的域，每个域内部包含多个子 ECU，这些域内部采用传统的总线（CAN、CANFD、FlexRay 等）连接，每个 ECU 实现简单的控制功能，如转向控制、制动控制等，较为复杂的算法由域控制器综合各种传感信息计算得到，这样大大减少了域内各个 ECU 的计算负担，使每个 ECU 的成本降低，而域控制器强大的计算能力又能够实现复杂的智能计算，也减少了传统的分布式结构由于各个独立控制器运算需要的大量数据传递，减轻了域内总线通信负担。由于域控制器获得的各种传感信息更多，更便于实现各种综合的控制。

中央域控制器汽车架构也分为两个阶段：域集中控制和跨域融合。与分布式架构类似，域集中控制是每一个功能对应一个域控制器，如底盘域、车身域等，每一个域控制器对一个子系统集中计算和控制。跨域融合是指一个域控制器可以完成多个域的控制计算，这对于域控制器的计算能力要求更强，其结构相对更为简化。目前多数厂家采用的域控制器都处于该阶段，代表性的车辆是奥迪 A8、卡迪拉克 CT5、大众 ID3 等。

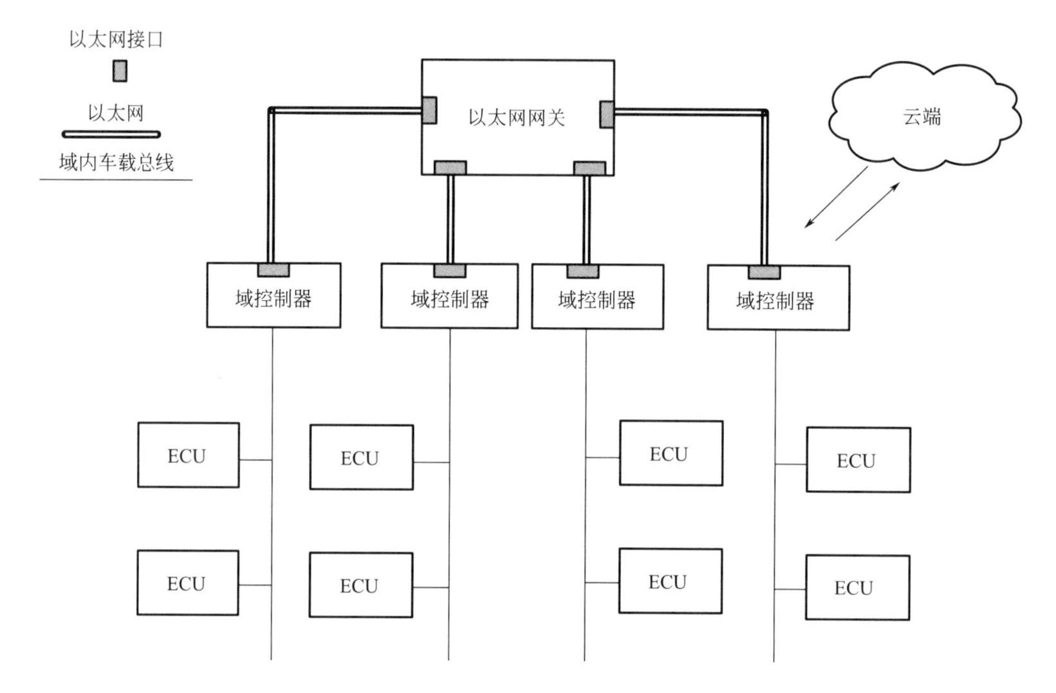

图 1-4 典型的中央域控制器汽车架构

(3) 基于云平台的汽车架构

随着智能驾驶系统从辅助驾驶发展到自动驾驶，面对的是复杂的路况以及车辆行驶情况，需要对海量数据进行分析，对智能驾驶系统加以训练，单纯的车载传感器通过摄像头、雷达等探知的车辆行驶环境信息有限，这就需要通过云平台获取周围的情况，并预判未来车辆的行驶情况，车辆的自动驾驶除了需要车辆自身控制器的参与外，还需要云平台和云计算的介入。此外，利用 OTA（空中下载）技术修复故障和缺陷也需要借助云平台实现，因此未来的汽车电子架构的发展必然需要引入云平台和云计算来实现。

这种汽车架构将原来的多个域控制器的功能整合为一个中央车载电脑，并包含了多个独立的区域控制器（图 1-5），目前特斯拉已经形成了这种架构的雏形，如 Model 3 采用了区域控制结构。这个过程的初始阶段智能驾驶主要由车载电脑和车载控制器实现，云平台数据和云计算作为智能驾驶的补充，协助车载电脑实现智能驾驶功能。随着云计算和云平台的速度、可靠性不断发展，最终云平台和车载电脑实现数据融合，并参与车辆的部分非实时性操控和计算（图 1-6）。

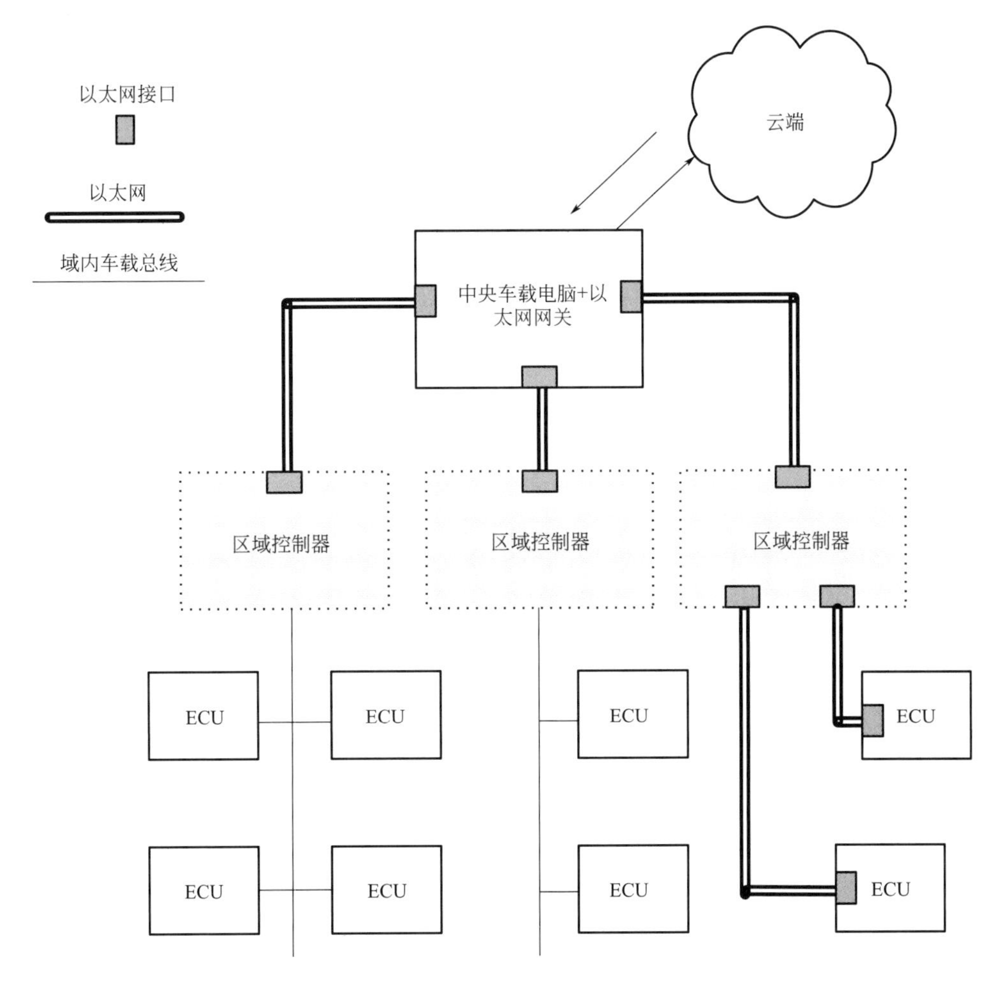

图 1-5　中央车载电脑＋区域控制器架构

1.1.2　软件架构的发展

早期的汽车控制器计算能力以 MIPS（Million Instructions Per Second）计算，如传统的汽车 16 位单片机算力基本在 100MIPS 以内，大多数为 10～40MIPS，汽车控制器的嵌入式系统计算能力较弱，资源相对匮乏，软件设计受硬件影响很大。由于硬件设计平台种类繁多，导致软件系统通用性、可移植性差，难以实现结构功能的模块化，系统升级困难。如果厂家需要修改硬件设计，则整个软件需要大幅度修改和验证，提升了研发成本，大大阻碍了产品更新换代的进程。为了解决这个问题，2003 年，行业内成立了 AutoSAR 联盟，

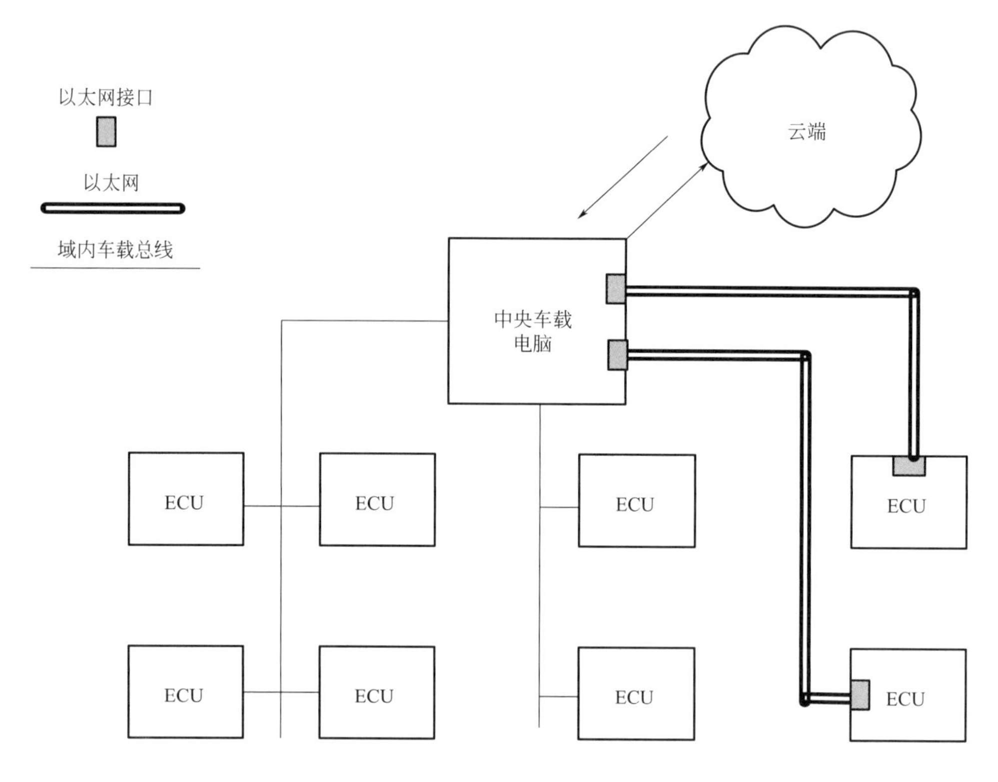

图 1-6　中央车载电脑＋云计算架构

AutoSAR 对应用软件与底层软件之间以及应用软件之间的接口进行了标准化，并给出了一个控制器软件参考架构，规范了分布式开发流程中的交换格式，从而使软件层和组件不受硬件影响，实现软、硬件设计分离，提高了软件系统的可移植性和可维护性。

传统的 AutoSAR 架构是基于强实时性（微秒级）的嵌入式操作系统开发出来的软件架构，可满足传统汽车定制化的功能需求，但受网络的延迟、干扰影响较大，无法满足强实时性要求的车载域控制。新型的车载 CPU 的计算能力大大提高，其算力以 TOPS（Tera Operations Per Second）计算，1TOPS 代表处理器每秒可进行一万亿次（10^{12}）操作。特斯拉的智能驾驶系统 FSD（Full Self-Driving）芯片算力可达 144TOPS，高通宣称其三芯片版的车载平台配置（两块 ADAS 处理器外加自动驾驶加速器）算力可达 400TOPS，英伟达的四芯片版 Drive Pegasus 车载平台算力为 320 TOPS，而新的 Orin 芯片为 200 TOPS。为了满足自动驾驶、车联网等复杂应用的需求，软实时性的软件架构系统 Adaptive AutoSAR 诞生，其主要用于域控制器/中央计算平台，更适用于多核动态操作系统的高资源环境，可实现软件/固件 OTA 升级，操作系统可移植性大大提高，真正实现软件定义汽车。

车载操作系统是控制器软件中位于底层硬件与用户之间，负责嵌入式系统的全部软、硬件资源的分配、任务调度，控制、协调并发活动的软件平台，操作系统是软件架构的底层支撑。随着车载控制器的不断升级，以及汽车智能化程度的不断提升，车载操作系统逐渐成为未来重要的发展方向。早期的车载嵌入式软件由于受控制芯片硬件的限制，功能单一，软件没有过多的任务运行，因此也不需要操作系统调度任务的运行。随着车载电子装置功能的日益丰富以及外部交互/接口标准的种类增加，为了提高开发效率、降低开发成本，汽车电控软件架构逐渐向分层化、模块化和平台化发展，车载控制器才逐步开始采用操作系统。早期的车载操作系统大多属于实时操作系统(RTOS)，RTOS的特点是在设定的截止时间内完成所需的操作。根据是否在这个时间内完成此操作分为如下三种：硬实时任务，在设置的截止时间内可完成相应功能，如果完不成，系统会崩溃；强实时任务，强实时比硬实时要求弱一些，如果在截止时间内完不成，系统不会崩溃，忽略这次执行；软实时任务，软实时比强实时弱一些，如果在截止时间内没有完成，完全不受影响，继续运行。早期的车载操作系统多数属于强实时任务，比较有代表性的有VxWorks、QNX、OSEK等，传统的AutoSAR就是基于OSEK的操作系统改进的。随着汽车电子电气架构的不断发展，操作系统需要兼顾实时、高速、安全等各方面要求，对于一些高复杂性应用，如汽车信息娱乐、安全，以及多核协同工作等方面，这类操作系统的应用有着一定的局限性。域控制器的算力强大，任务复杂，对操作系统的要求也不断提高，除了RTOS操作系统外，通用操作系统（GPOS）也广泛应用于车辆控制器，用于满足车辆信息娱乐、人机交互以及实时性要求不高的信息分析处理等方面。GPOS向下集成芯片硬件，向上提供开发框架和算法库，支撑用户应用平台的定制开发，从用户端为语音和图像识别等提供支撑，具备良好的移植性和便捷的开发接口，目前主流的GPOS有Linux、Android以及国内的AliOS、Harmony OS等。

1.1.3 通信架构的发展

随着电子技术的普遍应用，车辆控制单元的数目不断增多，相应的传感器和执行器不断增多，相互之间的数据传输量越来越大，车上的线路也越来越复杂，线束长度的飞速增加，使线束变得越来越庞大。为了减少车内连线实现数据的共享和快速交换，同时提高可靠性，可靠的传输技术和通信架构成为汽车电子电气系统发展的关键。各个厂家都不断研发高效可靠的车载数据通信，1983年，Toyota（丰田）公司在世纪牌汽车上最早采用了应用光缆的车门控制系统，实现了多个节点的连接通信。1983年Bosch（博世）公司开始开发汽车总线系统，德国的Wolfhard Lawrenz教授给这种新总线命名为Controller Area Network，简称CAN总线。1986年，在底特律汽车工程协会上，由Bosch公司研发的CAN总线系统通信方案获得认可。1987年，Intel（英特尔）公司开发出了第一枚CAN的芯片82526。Philips（飞利浦）公司很快也推出了82C200。1993年11月，国际标准化组织公布了CAN协议的国际标准ISO 11898以及ISO 11519。1992年，奔驰作为第一个采用CAN总线技术的公司，将CAN总线系统装配在客车上。

目前各个国家和公司存在多种车载网络标准。美国汽车工程师学会（SAE）按照汽车上网络系统的性能，把汽车网络划分为不同的等级，具体见表1-1。

表1-1 SAE汽车网络分级

网络分级	位传输速率	应用范围	主流协议
A级	<20kbps	只需传输少量数据的场合，如刮水器的开闭控制	LIN
B级	20～150kbps	信号多、实时性低的单元，如车灯、车窗控制	低速CAN
C级	0.12～25Mbps	实时性高的单元，如发动机、ABS等	高速CAN
D级	25～150Mbps	数据量大、对带宽要求高，如导航、多媒体系统	IDB-139、MOST、车载以太网
E级	10Mbps	实时性要求非常高，如安全气囊系统	FlexRay、车载以太网TTE

（1）CAN（Controller Area Network）控制器局域网

CAN总线是德国博世从20世纪80年代初开始采用的为解决现代车辆中众多控制与测试仪器之间数据交换而开发的一种串行数据通信协议，它是一种多主总线，通信介质可以是双绞线、同轴电缆或光纤。

CAN总线特点如下。

① 数据通信没有主从之分，任意一个节点可以向任何其他（一个或多个）节点发起数据通信，靠各个节点信息优先级先后顺序来决定通信次序，高优先级节点信息在134μs内通信。

② 多个节点同时发起通信时，优先级低的避让优先级高的，不会对通信线路造成拥塞。

③ 通信距离最远可达10km（通信速率低于5kbps）通信速率最高可达1Mbps（通信距离小于40m）。

CAN总线适用于短距离大数据量、长距离小数据量、实时性要求比较高、多主多从或者各个节点平等的场合。

随着汽车的智能化，各控制器需要交换的数据越来越多，频次也越来越高。然而，传统CAN受限于物理特性，传输速率最大为1Mbps，同时，传统CAN包含的非数据信息大于50%，即CAN线上只有一半以下的数据是真正有用的信息，其他都是用于协议控制的非数据信息。在这样的背景下，CANFD诞生了。CANFD 协议由博世开发，并于 2012 年发布。与传统 CAN 相比，CANFD 一条报文中含有两种速率，仲裁段和传统 CAN 有着相同的速率，而数据段最高可达 5Mbps，同时 CANFD 一条报文最大可传输 64 字节的数据，因此拥有更大的数据载荷。另外，CANFD 开发成本和传统 CAN 开发成本相差不大，并且可与传统 CAN 很好兼容。通过 CANFD，可使汽车上的软件拥有更高的通信速率、更大的数据量、降低现有总线的负载、增加总线上的节点数。CANFD 的出现突破了现有 CAN 系统的瓶颈，因而被视为是目前用于替代传统 CAN 总线的主流汽车总线系统。

（2）LIN（Local Interconnect Network）局域互联网络

LIN 协会创建于 1998 年末，发起者为宝马、沃尔沃、奥迪、大众、戴姆勒-克莱斯勒、摩托罗拉和 VCT（五家汽车制造商，一家半导体厂商以及一家软件工具制造商）。该协会将主要目的集中在定义一套开放的标准，该标准主要针对车辆中低成本的内部互联网络（LIN，Local Interconnect Networks）。

LIN 标准包括传输协议的定义、传输介质、开发工具间的接口以及和软件应用程序间的接口。LIN 提升了系统结构的灵活性，并且无论从硬件还是软件角度讲，都为网络中的节点提供了相互操作性，并可预见获得更好的 EMC（电磁兼容）特性。

LIN 补充了当前车辆内部多重网络，并且为实现车内网络的分级提供了条件，这有助于车辆获得更好的性能并降低成本。LIN 协议致力于满足分布式系统中快速增长的对软件的复杂性、可实现性、可维护性所提出的要求，它将通过提供一系列高度自动化的工具链来满足这一要求。

（3）MOST（Media Oriented Systems Transport）多媒体定向系统传输

MOST 是在汽车制造商和供应商中越来越受推崇的一种网络标准。MOST 网络以光纤为载体，通常是环形拓扑。MOST 可提供高达 25Mbps 的集合带宽，远远高于传统汽车网络，可以同时播放 15 个不同的音频流，因此主要应用于汽车信息娱乐系统。

（4）车载以太网

自动驾驶需要以更快速度采集并处理更多数据，传统汽车总线无法满足低延时、高吞吐量的要求。随着汽车电子电气架构的日益复杂化，其中传感器、控制器和接口越来越多，自动驾驶也需要海量的数据用于实时分析决策，因此要求车内外通信具有高吞吐速率、低延时和多通信链路。在高吞吐速率方面，LIDAR 模块产生约 70Mbps 的数据流量，一个摄像头产生约 40Mbps 的数据流量，RADAR 模块产生约 0.1Mbps 的数据流量。若 L2 级自动驾驶需要使用 8 个 RADAR 和 3 个摄像头，则需要最大吞吐速率超过 120Mbps，而全自动驾驶对吞吐速率要求更高，传统汽车总线不能满足高速传输需求。

车载以太网是一种用以太网连接车内电子控制单元的新型局域网技术。与普通的以太网使用4对非屏蔽双绞线（UTP）电缆不同，车载以太网在单对非屏蔽双绞线上可实现100Mbps甚至1Gbps的数据传输速率，同时还可满足汽车行业对高可靠性、低电磁辐射、低功耗、带宽分配、低延时以及同步实时性等方面的要求。

车载以太网的MAC层采用IEEE 802.3的接口标准，无需进行任何适配即可无缝支持广泛使用的高层网络协议（如TCP/IP），车载网络骨干由LIN/CAN总线向以太网方向发展。好处在于可以满足高速传输、高通量、低延时等性能需求，同时也可减少安装、测试成本。

随着基于域控制器的电子电气架构的普及，自动驾驶等复杂智能功能需要域控制器中海量的数据信息在各个域和传感器之间传输，达到千兆级甚至万兆级的信息传输速率，因此车内通信架构的升级也需基于域控架构实现，未来车载以太网将成为汽车骨干网。

1.2 基于域控制器的汽车电子电气架构分类

智能驾驶技术对通信和ECU算力的要求越来越高，传统的分布式电子电气架构已经不能适应，各大汽车厂商都提出了自己的基于域控制器的电子电气架构方案，德尔福公司、博世公司率先在汽车行业引入了“功能域”的概念，来统一整车电子电气架构的搭建。最初的功能域划分为五个域，即车身与便利系统、娱乐系统、底盘与安全系统、动力系统以及辅助驾驶系统。随后大众公司在五个功能域的基础上进一步整合，把原来的动力域、底盘域和车身域融合为整车控制域，从而形成了三域集中式电子电气架构，亦即车控域控制器、自动驾驶域控制器、智能座舱域控制器。特斯拉则改进了功能域的划分方式，推出了新的基于位置域的架构，分为三大部分，亦即中央计算模块（CCM）、左车身控制模块（BCM LH）和右车身控制模块（BCM RH），这种架构已经出现了跨域融合的趋势。显然集中化是域控制器的一个趋势，最终域控制器也许会演化成一个独立的中央处理单元，以控制整车功能。

1.2.1 五域集中式电子电气架构

对于功能域的具体划分，各汽车厂家会根据自身的设计理念差异而划分成几个不同的域。最初的企业大多将系统按功能划分为五个域，例如博世划分为五个域：动力域（Power Train）、底盘域（Chassis）、车身域（Body/Comfort）、座舱域（Cockpit/Infotainment）、自动驾驶域（ADAS）。这就是最经典的五域集中式电子电气架构（图 1-7），五个域分工明确，相互之间通过以太网通信，网关将各个功能域连接在一起，各个域功能如下。

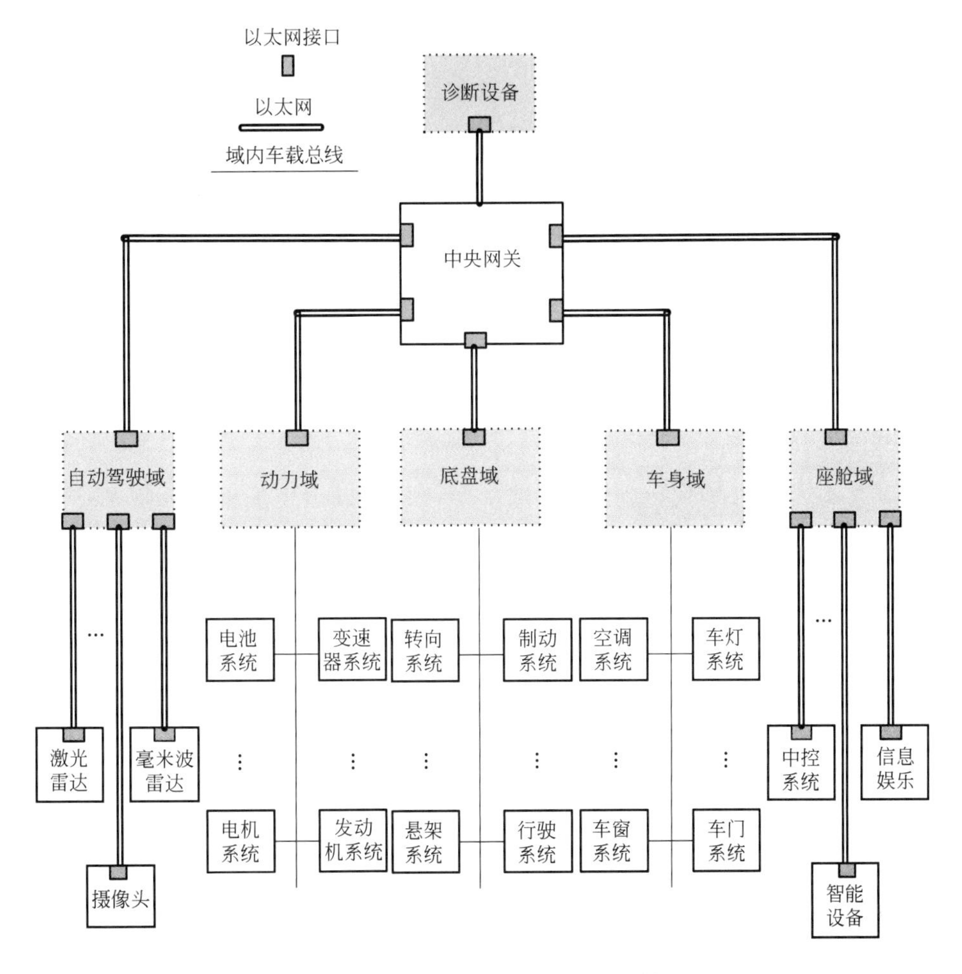

图 1-7　五域集中式电子电气架构

(1) 动力域

主要控制车辆的动力总成，优化车辆的动力表现，保证车辆的动力安全，其功能包括发动机管理、变速器管理、电池管理、动力分配管理、排放管理、限速管理、节油节电管理等。

(2) 底盘域

主要控制车辆的行驶行为和行驶姿态，其功能包括制动系统管理、传动系统管理、行驶系统管理、转向系统管理、车速传感器管理、车身姿态传感器管理、空气悬架系统管理、安全气囊系统管理等。

(3) 车身域

主要控制各种车身功能，包括对车前灯、车后灯、内饰灯、车门锁、车窗、天窗、雨刮器、电动后备厢、智能钥匙、空调、天线、网关通信等的控制。

(4) 座舱域

主要控制车辆智能座舱中的各种电子信息系统，包括中控系统、车载信息娱乐系统、抬头显示系统、座椅系统、仪表系统、后视镜系统、驾驶行为监测系统、导航系统等。

(5) 自动驾驶域

负责实现和控制汽车的自动驾驶功能，其需要具备对于图像信息的接收能力、对于图像信息的处理和判断能力、对于数据的处理和计算能力、导航与路线规划能力、对于实时情况的快速判断和决策能力，需要处理感知、决策、控制三个层面的算法，对于域控制器的软、硬件要求都最高。

1.2.2 三域集中式电子电气架构

随着汽车智能化的发展，各个域之间的联系更加紧密，原先相互独立的五个域有很多功能上的交叉，因此许多厂家在五域集中式架构基础上进一步融合，将动力域、底盘域和车身域融合成一个整车控制域，形成了三域集中式架构。其中具有代表性的是大众公司的MEB平台（图1-8）以及华为公司的CC架构（图1-9）。

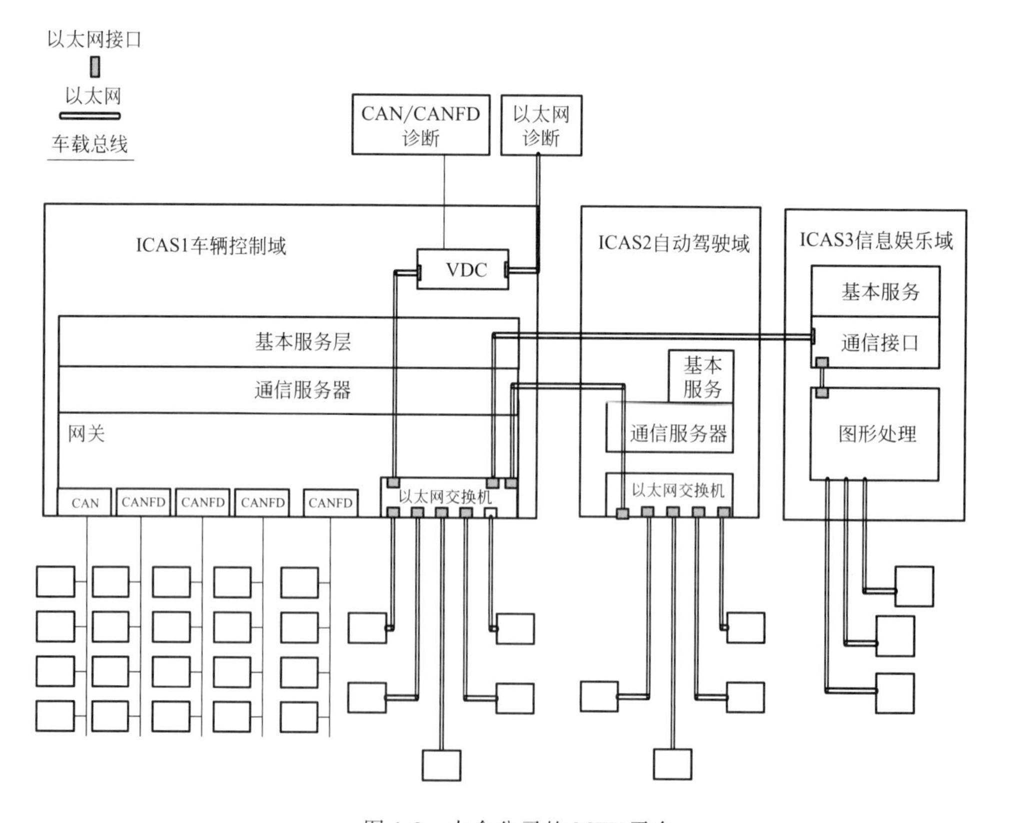

图1-8 大众公司的MEB平台

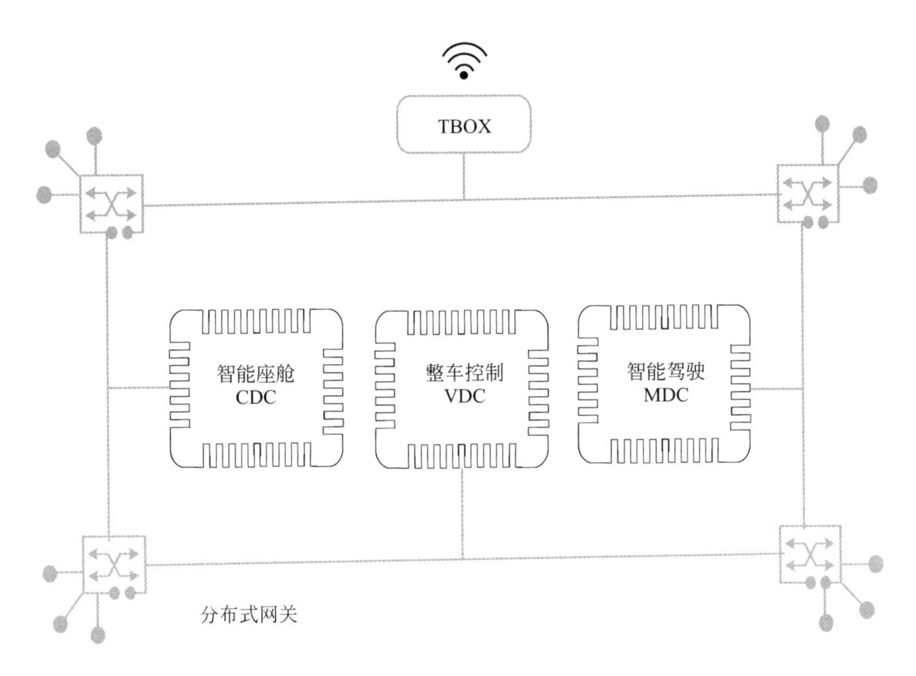

图 1-9　华为公司的 CC 架构

MEB 平台是大众公司专为电动车研发生产的平台。MEB 平台采用了模块化设计，包含了三个中央电脑搭建的 ICAS（In Car Application Server）模块，分别为 ICAS1、ICAS2 和 ICAS3。其中，ICAS1 负责车内应用，采用了基于 Adaptive AutoSAR 的软件架构，同时为 ECU 提供跨网通信能力，包括车身控制、电动系统、高压驱动、灯具系统、舒适系统等，同时也为不同的局域网提供不同的安全防护，保证内部网络的数据安全；ICAS2 主要用于支持高级自动驾驶功能；ICAS3 是主要负责娱乐系统的域控制器，集成了导航系统、仪表系统、HUB、智能座舱所有的算法和硬件。

华为提出的 CC 架构，用分布式网络＋域控制器的架构，将车辆分为三大部分——驾驶、座舱和整车控制，并推出了三大平台——MDC 智能驾驶平台、CDC 智能座舱平台和 VDC 整车控制平台。华为通过提供芯片＋操作系统，将上述三大平台的每一个平台都打造成一个生态系统。

1.2.3　基于位置域的电子电气架构

功能域最大的问题在于同一个域内的零部件可能分布在整车四周，而连接它们，需要线束不断往返整车之间，这样就大大增加了线束设计的难度、线束的成本，同时也会增加整车重量，更为关键的是不同域之间控制器的运算能力仍然没有办法得到最大限度的共享。

作为新能源汽车技术的领跑者，特斯拉公司从 Model 3 型车辆开始改变了原来基于功能域的架构，推出了自己的基于位置域的电子电气架构（图 1-10）。该架构同样分为三个区域：中间区域，即自动驾驶及娱乐控制模块（Autopilot & Infotainment Control Module）；右车身控制器（BCM RH）；左车身控制器（BCM LH）。Model 3 的电子电气架构避免了线束过长情况的出现，减少了线束的复杂度，减轻了整车重量，同时也可以将一些对于运算需求较高的不同功能的电器布置在一个区域内，通过提升单个区域控制器的运算能力，来解决整车对于运算能力的高要求。

自动驾驶及娱乐控制模块（Autopilot & Infotainment Control Module）彻底接管了所有辅助驾驶相关的传感器、摄像头、毫米波雷达，超声波雷达除外。右车身控制器（BCM RH）集成了自动驶入驶出（Automatic Parking/Autonomous Pull Out）、热管理、转矩控制等。左车身控制器（BCM LH）同样是横跨多个网段，并且负责了内部灯光、进入部分。

1.3 域控制器的发展

域控制器是集中式架构的核心。集中式电子电气架构将分散的 ECU 集成为运算能力更强的域控制器（DCU），域内大部分功能由域控制器实现。域控制器利用处理能力强大的主控芯片（多核 CPU/GPU）计算，通过系统软件（操作系统、中间件）和应用算法实现对域内功能的集中控制。域控制器内的运算量较传统的 ECU 大得多，如自动驾驶域控制器能够使车辆具备多传感器融合、定位、路径规划、决策控制的能力，通常需要外接多个摄像头、毫米波雷达、激光雷达等设备，完成的功能包含图像识别、数据处理等，这对域控制器内主控芯片的运算能力和实时性要求远超传统车用 CPU。

很多芯片公司都研发出相关的域控制器主控芯片，尤其是自动驾驶域控制器领域，其中动作较多的有英伟达、高通、恩智浦、Mobileye、TI 等海外厂商，以及华为、地平线、黑芝麻、芯擎科技等国内厂商。

海外厂商中，英伟达的布局较早。2019 年，英伟达发布了智能驾驶 SoC Orin，以及基于 Orin 的计算平台 Drive AGX Orin。在经历两年的演变和打磨之后，该公司推出了 OrinX SoC。据悉，英伟达 OrinX 芯片采用全新 NVIDIA GPU 及 12 核 ARM CPU，7nm 工艺制成，单片运算能力高达每秒 254TOPS，基于多个 Orin 或者 OrinX 的组合，对应的自动驾驶域控制器算力可达 1000TOPS 以上。近年来已有多家车企宣布基于 Orin 开发新一代车型，如理想汽车的 X01、蔚来汽车的 ET7、智己汽车的 L7 等。

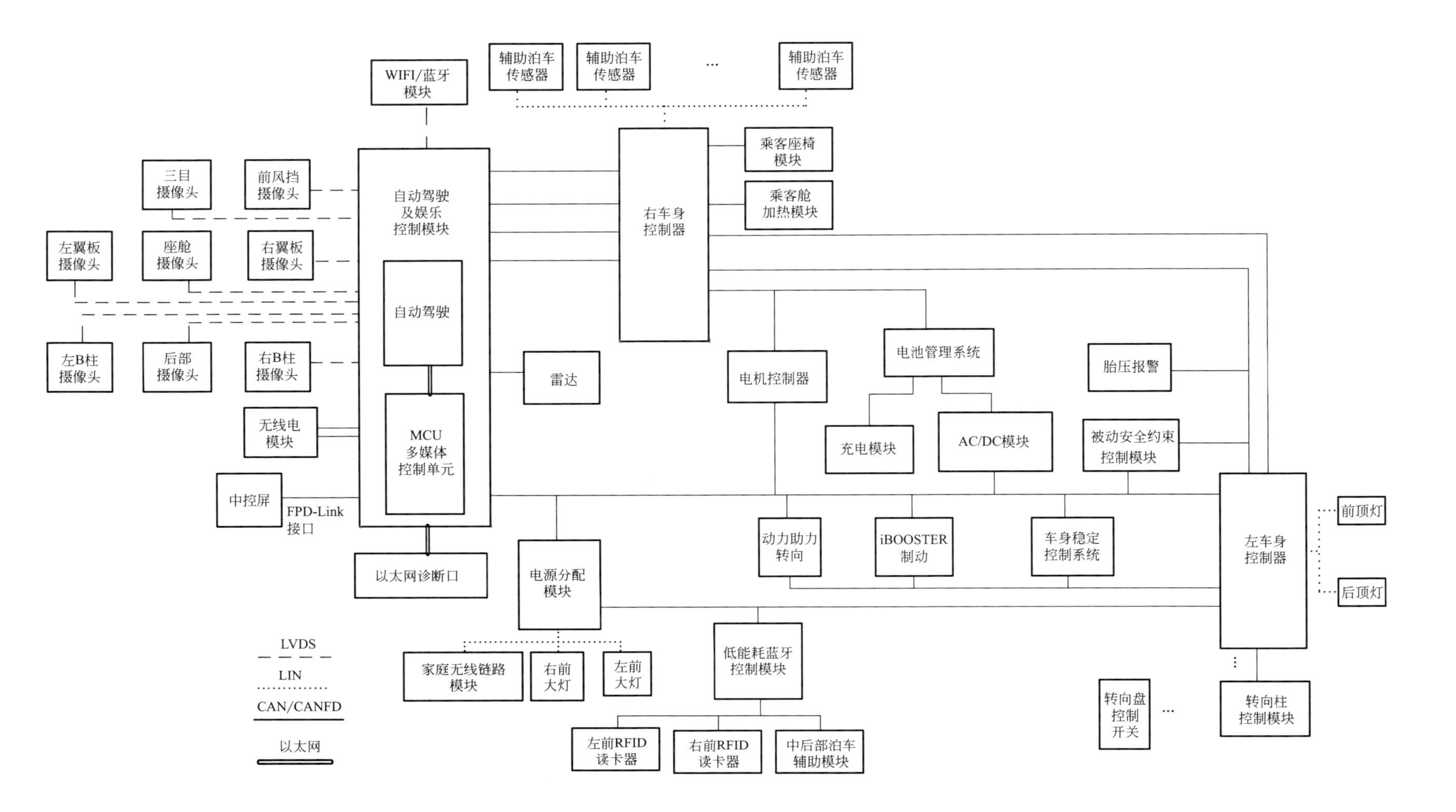

图 1-10 特斯拉 Model3 电子电气架构

恩智浦在域控制器芯片领域也较早积累了实力。早在 2017 年就有消息称，TOP15 车企中一半以上已经在即将推出的车型中采用了恩智浦 S32 平台（可以完全扩展的汽车计算架构）。2020 年，恩智浦推出了 S32G 域控制器芯片，作为 S32 系列中的最新产品，S32G 将传统 MCU 与具备 ASIL-D 功能安全的高性能 MPU 集成在同一芯片上，同时集成了网络通信加速器，较之前单一功能芯片，性能得到显著提升。按照恩智浦的说法，S32G 处理器能够让 OEM 向域控制器架构演进，取代传统分布式架构。正因如此，东软睿驰、镁佳科技等诸多厂商均选择基于 S32G 芯片打造域控制器，目前这些产品正加速量产落地，S32G 应用将大面积铺开。

不同域控制器的域控芯片，其技术要求也不同：对于自动驾驶、座舱域控制器而言，芯片性能、操作系统及算法要求较高，两者的单车价值高；而动力域、底盘域、自动驾驶域功能因涉及出行安全，对功能安全验证级别要求高。表 1-2 列举了五个域的芯片技术要求。

表 1-2　五大域控制器产品开发技术要求

类型	芯片要求	运算能力	主要操作系统	功能安全等级	应用场景	核心壁垒	价值
动力域	32 位	要求较低	符合 CP AutoSAR 标准	ASIL-C/D	对发动机/变速器/电机/电池等主要系统单元的相关功能进行控制	①发动机 ECU 基本被垄断，自主开发能力较弱 ②混合动力系统控制策略以及持续升级的排放法规达成策略开发 ③符合 AutoSAR 软件架构 ④通信、诊断、功能安全	较高
底盘域	32 位	要求较低	符合 CP AutoSAR 标准	ASIL-D	对驱动/制动/转向等底盘操作功能进行控制	①集成驱动/制动/转向整体控制算法，协同控制能力 ②符合 AutoSAR 等软件架构 ③通信、诊断、功能安全	较高
车身域	32 位	要求较低	符合 CP AutoSAR 标准	ASIL-B/C	在原有 BCM 基础上，集成更多的车身控制器功能	①有较强的传统 BCM 开发的经验，如车窗模块及空调等模块的开发能力 ②较强的硬件集成能力 ③符合 AutoSAR 等软件架构 ④通信、诊断、功能安全	一般

续表

类型	芯片要求	运算能力	主要操作系统	功能安全等级	应用场景	核心壁垒	价值
座舱域	高性能CPU芯片	(40～200)kDMIPS	基于Linux内核定制的专属操作	ASIL-B/C	实现一芯多屏等智能座舱功能	①CPU芯片及外围电路硬件集成能力 ②操作系统/中间层软件的开发及应用能力	高
自动驾驶域	高性能AI芯片	20～1000TOPS	QNX或者Linux实时操作系统	ASIL-D	自动驾驶感知、决策	①GPU/CPU/NPU/MCU等多芯片硬件集成能力 ②实时操作系统/中间层软件的开发及应用能力 ③通信、诊断、功能安全开发能力	高

自动驾驶域控制器对算力要求较高，且需要达到ASIL-D的功能安全等级，国内外各大车企都推出了自己的产品，竞争激烈。表1-3示出了国内主流的自动驾驶域控制器产品现状。

表1-3　自动驾驶域控制器产品现状

主要企业	自动驾驶域控制器	芯片	AI算力	已经和预计量产情况
采埃孚	新一代采睿星ProAI	英伟达、赛灵思	20～1000TOPS	2024年量产，搭载奇瑞等车企
博世	DASy 2.0	英伟达	最高300TOPS	2022年量产
大陆	ADCU	英伟达	—	2021年量产，搭载大众ID3车型等
大陆	—	地平线J3、地平线J5	—	2024年量产
伟世通	DriveCore	英伟达、高通和NXP	—	2022年量产，搭载广汽等车企
安波福	区域控制器PDC	—	—	2022年量产
经纬恒润	ADCU(第五代)	英飞凌	—	2020年量产，搭载红旗E-HS9等
华为	MDC210、MDC610和MDC810等	昇腾系列芯片	200～400TOPS	2022年量产，搭载极狐、阿维塔、广汽、哪吒等

续表

主要企业	自动驾驶域控制器	芯片	AI算力	已经和预计量产情况
德赛西威	IPU02、IPU03、IPU04	TI、英伟达	最高1016TOPS	IPU04 2022年量产，搭载理想L9等
东软睿驰	新一代计算平台	地平线征程5(4个)	高于500TOPS	2023年量产
福瑞泰克	ADC20、ADC25、ADC30等	—	—	ADC30 2023年量产，搭载红旗等车企
百度	百度三鲜(第三代)	英伟达单、双OrinX	最高508TOPS	2023年量产
大疆	大疆D130/D130+	高通、英伟达等	100TOPS	2022年量产
环宇智行	第五代TITAN域控制器	英伟达Orin	最高1100TOPS	2022年量产
宏景智驾	双子星Gemini	赛灵思、地平线J3	—	2021年量产，搭载理想ONE等
创时智驾(上汽和TTTech合资)	创时智驾iECU3.1	英伟达双OrinX	508TOPS	2022年量产，搭载智己L7等

智能座舱集成的功能越来越多，需要处理的数据越来越多、也越来越复杂，因此座舱对算力的需求将持续增长。当前座舱域控制器功能集成的外在表现主要有一芯多屏、舱内感知技术融合、舱泊一体等。表1-4给出了几种主流的智能座舱域厂家域控芯片情况。

表1-4 座舱域控制器产品现状

厂商	座舱域控制器名称	芯片	集成或支持的ADAS功能	服务车企情况
伟世通	SmartCoreTM	高通8155	驾驶员监控DMS、360环视等	吉利、戴姆勒奔驰、东风和广汽等
博世	Autosee2.0	高通8155	驾驶员和乘客监控、360环视等	通用汽车等(2022年量产)
安波福	ICC	英特尔	驾驶员和乘客监控	别克、长城等
电装	Intelligent-cockpit	英特尔	驾驶员监控DMS、360环视等	本田等
哈曼	座舱域平台	英特尔	DMS、OMS、360环视、夜视等	极狐等

续表

厂商	座舱域控制器名称	芯片	集成或支持的 ADAS 功能	服务车企情况
东软睿驰	座舱域平台	英特尔	360 环视、V2X 等	红旗、星途等
均胜电子	座舱域控制器	华为	驾驶员和乘客监控	宝马、奔驰、大众等
中科创达	Turbox Auto4.5	高通、瑞萨、NXP	前视 ADAS、DMS 和自动泊车等	—
诺博科技	IN9.0	高通 8155	驾驶员监控 DMS、360 环视等	长城、广汽传祺等
华阳集团	第四代座舱域控制器	华为	自动泊车、360 环视等	—

动力域是新能源汽车区别于传统车辆的主要部件。目前新能源汽车的主流是纯电动车辆，动力域集成主要围绕汽车大三电和小三电以及整车控制器等系统控制功能，VCU＋BMS＋XCU 是当前动力域的主流集成方案。表 1-5 列举了几种动力域控制器产品现状。

表 1-5　动力域控制器产品现状

厂商	动力域集成方案	应用	备注
通用	VCU＋MCU＋双冗余 DC/DC＋OBC＋PDU	EV	通用 BEV3 平台动力域方案
红旗	VCU＋BMS＋DC/DC＋OBC，潜在集成空调控制器等	EV	ASIL-D
长城	定制化开发： VCU＋BMS＋ECU＋TCU＋MCU＋OBC＋DC/DC 目前采用的方案为 VCU＋BMS＋OBC	EV/PHEV	GEEP3.0 架构将促进动力域和底盘域融合
吉利	VCU＋ECU＋部分 TCU 功能	PHEV	Geely2.0，实现动力域控制
东风	VCU＋BMS&VCU＋BMS＋MCU	EV/PHEV	样件状态
长安	VCU＋MCU＋PDU＋DC/DC＋DC/AC＋OBC	EV	长安超级电驱 7 合 1，2022 年量产
比亚迪	VCU＋BMS＋MCU＋PDU＋DC/DC＋AC/DC	EV	e 平台 3.0 智能动力域方案
天际	VCU＋BMS	EV	搭载 ME7 车型，ASIL-D
哪吒	VCU＋BMS	EV	第一代方案，ASIL-C

续表

厂商	动力域集成方案	应用	备注
华为	VDC(整车控制域)将集成VCU、BMS、MCU等	EV	搭载极狐αS HI版、阿维塔11等车型
NXP	VCU+BMS	EV/PHEV	基于MPC5775B进行集成开发，ASIL-D
联合电子	VCU+BMS	EV	应用于高合HiPhi X上，ASIL-D
东软睿驰	VCU+BMS	EV/PHEV	ASIL-C

车身域控制器对实时性要求不高，整体控制要求较低，目前的车身域主要在于进一步拓展功能，功能集成不再局限于灯光、门窗、雨刮、后视镜、座椅以及无钥匙进入启动感应系统等车身电子器件，而是进一步拓展集成对实时性要求不高的相关功能系统，如空调系统等。

底盘域实现了车辆横向、纵向以及垂直方向的控制，对系统的安全可靠性、实时性要求较高，目前底盘域的研究主要针对的是独立系统的开发，域控制器方案较少。表1-6列举了几种底盘域控制器产品。

表1-6 几种底盘域控制器产品

厂商	产品	安全等级	功能	特点
蔚来	智能底盘域控制器ICC	ASIL-D	集成了冗余驻车、空气悬架、减振器等控制功能	采用高速通信网络以及AutoSAR软件架构，可以统一调整控制空气弹簧高度、减振器阻尼、电子驻车等功能，可以从场景出发，基于用户需求，为驾乘人员带来个性化驾乘体验
华夏龙晖	底盘域控制器CDCU	ASIL-D	集成了悬架阻尼器的控制、后轮转向功能、电子稳定杆功能、变速器控制功能等	支持CANFD、XCP、以太网和UDS诊断以及boot刷写；满足ASIL-D功能安全要求；软件架构符合AutoSAR4.0.3标准
拿森	底盘域控制器NXU	ASIL-D	集成了转向、制动和悬架控制算法，可通过直接采集APS、PTS、TAS、HSS、WSS、IMU等传感器信号，与转向、制动、稳定、悬架等模块通信，进而实现横向、纵向和垂直方向控制	采用AutoSAR 4.2.X基础软件架构开发。采用英飞凌32位6核MCU，全线硬件冗余安全，支持两路以太网和8路CAN FD来应对未来与自动驾驶高速通信的要求

第2章

新能源汽车电子电气架构

2.1 新能源汽车电子电气系统功能需求

新能源汽车一般可分为纯电动汽车、燃料电池汽车和混合动力汽车三大类，新能源汽车控制系统与传统车辆的最大区别在于动力系统，通常新能源汽车的驱动都由电动机实现，因此电力驱动部件是必不可少的。对于混合动力汽车来说，还存在着传统的燃油发动机控制系统。相对于传统汽车的发动机，电动机的工作状态有很大的变化，这也导致了很多传统汽车上使用的液压系统、气压系统以及整车热管理系统等都有很大改变，由传统的发动机提供动力源转变成了电池作为动力源，这就对电驱动、电池、电控等系统提出了更高的要求，动力系统控制和能量管理是新能源汽车能够有效工作的核心。以功能划分域是目前的电子电气架构主流方法，相对于以位置划分域的架构，功能域划分架构实现起来简单，对传统分布式架构的控制方式改动较少，这也是现阶段快速构建域控系统最为快捷的方式。功能域架构根据功能融合程度主要有五域集中式和三域集中式两种，其基本结构差异不大。

2.1.1 新能源汽车动力域的特点

(1) 动力域的通信网络

新能源汽车动力域要求电动机、电池、发电机、变速器、内燃机等多个单元协同工作，需要极高的可靠性和实时性，按照SAE的分类方式，动力域的通信网络属于C类网络，通信速率要达到500kbps。满足此类要求的目前常见的网络有四种，即CAN、CANFD、FlexRay、Ethernet。

上述四种网络中车载以太网速度快，目前用于车载的以太网相较于传统以太网可靠性得到了大大提升，可以满足车载要求，在大数据量传输的情况下有优势。然而车载以太网应用协议复杂，OSI网络互联的七层模型（物理层、数据链路层、网络层、传输层、会话层、表示层、应用层）中，以太网贯穿了全部的一层到七层，协议较传统的CAN/LIN复杂很多，一致性的要求尤为重要，车载协议的同步时延处理起来复杂，且车载以太网属于点对点的网络结构，无法通过直接节点挂接连线通信，数据传输必须经过一个交换机进行两层的转发，或者经过一个路由器进行三层的转发，因此扩展成本高，不适合大量节点的共享连接和拓展。在动力域内部由于包含了电池、电机、充电器等较多部件，部件之间对信号的实时同步性能要求较高，这对以太网的同步协议提出了较高要求求，且考虑到各个控制器的成本，通常不采用车载以太网作为动力域内部的通信网络。

CAN 总线作为成熟的车载通信网络，在传统燃油汽车上长期以来一直是动力传动系统的主干网络，因此在新能源汽车上也常常作为域内控制的主要网络之一。新能源汽车上的电控系统较多，在动力域控制中，包括了传统燃油汽车没有的电池、电机等部件，与传统燃油汽车不同的是，这些电控部件之间耦合关系密切，总线上包含了大量的控制信息，信号传递更加频繁，且对信号传输实时性和可靠性要求较高。在传统燃油汽车的应用环境下，CAN 总线具有可靠性高、实时性强等特点，但在大数据量传递中，CAN 总线也出现了一些缺陷。首先，CAN 总线的优先级机制可能会导致低优先级的节点信号传递滞后，发送的离散性增加，在反馈控制系统中，采样调节周期的大范围抖动相当于信号延迟后的变化，它有可能使系统性能下降或不稳定，在与安全相关的开环系统中，抖动可能造成动作顺序的混乱。其次，CAN 总线中的发送端和接收端错误校验机制覆盖范围有一定差异，发送端验错的范围可覆盖到帧结束，如果发现错误，以后就按优先权和状态的规定重发；接收端验错的范围覆盖到帧结束的前一位，这容易导致丢帧错误的产生，随着智能化程度的提高，动力域数据传输频繁，在动力域的控制或能量分配的处理上，可能造成性能的下降或其他更严重的后果。另外，CAN 总线节点有可能受干扰或由于其他原因暂时或永久失效，出错的主机会命令 CAN 收发器不断发送消息，由于该信息的格式等均合法，因此 CAN 没有相应的机制来处理这种情况。根据 CAN 的优先权机制，比它优先权低的信息就被暂时或永久堵塞，最后高总线负载率会导致总线的时延严重。通常 CAN 总线负载率最佳是小于 30%，负载率越高，代表需要发送的数据越多，相对来说低优先级节点发生通信延迟的概率越大。因此，对于新能源动力域系统，随着智能化的提高，数据传输量越来越大，CAN 总线的这些缺陷影响会增大，尤其在动力域、底盘域，隐含着巨大的风险，无法满足安全、环保、节能的要求。

传统的 CAN 总线由于传输速率和帧长度的限制，上述的缺陷在高速数据传输时会凸显出来，因此在 CAN 总线的基础上研发了升级版的 CANFD 总线。2015 年，ISO 11898-1 修订版发布，正式提出了 CAN 总线的升级版 CANFD。其与传统 CAN 比较，最大的变化有两点：支持可变速率，最大速率可达 5Mbps；支持更长数据长度，一条报文最多可传输 64 字节的数据。成本上 CANFD 和传统 CAN 几乎一样，硬件构造除了 CAN 控制器需要更换外其他完全一样，软件只需要一些小变更即可，其他触发管理机制也和原来的传统 CAN 一样，且 CANFD 兼容传统 CAN。作为 CAN 的替代，CANFD 大大提高了总线传输有效速率，减小了总线负载率，使传统 CAN 由于数据量的增加导致的 CAN 通信缺陷得以减少或者消除。

与CAN总线基于事件触发的机制不同，FlexRay是一种同时采用了基于时间触发和事件触发的总线机制，一个通信循环分为静态段和动态段。静态段采用时间触发方式，对于时间同步要求较高的信息，其时间触发机制符合TDMA（Time Division Multiple Access）的原则，在时间控制区域内，时隙会分配给确定的消息，即会将规定好的时间段分配给特定的消息，时隙经固定周期重复，也就是说信息在总线上的时间可以被预测出来，因此保证了其确定性，解决了CAN总线通信的不确定性问题。对于时间要求不高的其他信息，就可在动态段的事件控制区域内传输。因此，形成了以时间触发为主，兼顾事件触发的灵活特性。在可靠性方面，FlexRay有两个信道，其最高速率都可达到10Mbps，总的数据速率可达20Mbps。因为是两条线路，能更好地实现冗余，使消息具有较高的容错能力。由此可见，FlexRay具有高带宽、容错性能好等特点，在实时性、可靠性以及灵活性等方面有着明显优势。

通过以上分析，考虑到新能源汽车动力域的特点，目前新能源汽车的动力域内部通信网络大多考虑采用CANFD或FlexRay构建。相对来说CANFD成本低、与CAN兼容性高，FlexRay速度快、可靠性高，各自有着自己的优越性，一般在动力域结构不是太复杂的情况下，考虑采用CANFD，在数据传输比较频繁的场合可以考虑FlexRay。

（2）动力域控制器的功能要求

与传统燃油汽车的动力域结构相比较，新能源汽车由于其不同的动力源，动力域结构上有很大的差异。新能源汽车的动力域中主要的变化在于增加了电机驱动和电池管理两大部件。对于纯电动汽车，系统简化或者去除了变速器部分，而对于混合动力汽车则保留了原先的发动机管理系统。新能源汽车的能量管理是新能源汽车开发的关键技术，其目的是在满足车辆行驶需求的前提下，根据车辆的动力驱动方式和行驶工况，合理分配动力，利用新能源汽车的节能原理和技术，充分发挥设计方案的节能潜力，使整车达到能效优化。在新能源汽车动力系统中各个子系统之间能量具有复杂的耦合关系，包含了动力分配、能量管理、能量回收等，显然依赖于单一的电机控制器、电池管理系统等是无法满足系统协同工作需求的，这就需要通过合理的能量管理策略对系统的功率、转矩进行分配，对制动和能量回收进行协调，在保证车辆动力性、安全性及舒适性的基础上，提升系统效率，改善车辆的节能减排性能。能量管理策略需要使用各种算法来进行动力系统各部件之间的协调控制以实现上述目标。

新能源汽车动力系统的协调控制算法有很多，每一种算法都有其自身的优点和局限性。常见的算法包括模糊控制算法、遗传算法、神经网络等，这些算法对控制器芯片计算量要求大，输入参数多，单一的驱动系统、能源系统控制器都无法满足要求，需要一个强大的控制器来实现上述运算，根据动力系统的功能要求，将所有与动力系统相关的子系统统一到一个域下，形成动力域。

对于不同的动力域结构，域控制器的功能也有所差异，但动力域控制器的要求有着共同之处：动力域控制器支持的通信类型包括 CAN/CANFD/FlexRay 等网络，具备较高的可靠性；考虑到控制器软件的灵活性和强实时性的要求以及 OTA 技术的应用，域控制器需要支持 Adapative AutoSAR 环境，或支持 POSIX 标准接口的操作系统；考虑到动力系统在汽车安全方面的重要性，动力域控制器以及域内子控制器应当有较高的安全等级，通常动力域内的控制器其安全等级要求达到功能安全标准 ISO 26262 的 ASIL-C 或 ASIL-D 安全等级；具备 OTA 功能的控制器对信息安全、通信管理等功能有着更高的要求。

2.1.2 新能源汽车底盘系统的特点

(1) 新能源汽车底盘系统功能

底盘将车辆的行驶系统、转向系统、制动系统、悬架系统、传动系统等结合在一起，实现了车辆的横向、纵向和垂直方向的控制。新能源汽车底盘系统基本功能与传统燃油汽车的底盘系统相同。由于传统燃油汽车有发动机的带动，能够提供液压泵或气压泵系统动力，因此传统燃油汽车的转向助力、制动助力等很多采用了液压或气压作为动力源。新能源汽车的电机不同于发动机，没有怠速工作的状态，不能持续提供液压或气压动力，即使是带发动机的混合动力汽车的发动机也不是持续工作的。新能源汽车底盘域执行机构的动力源一直是一个难点，目前很多新能源汽车底盘的执行机构控制器都沿用了传统车辆的控制系统，使新能源汽车另外配备了电动液压泵或气压泵，且为了保证安全，车辆运行过程中一直处于工作状态，以保证制动、转向等系统的正常运行，这也增大了电池负荷和能耗，因此以电池为动力的电动助力转向、线控转向、电子制动器等是底盘域内执行机构的终极发展方向。

考虑新能源汽车的特点和智能驾驶的需要，新能源汽车的底盘域引入线控技术是必然的趋势，线控底盘是新能源汽车的发展方向，是实现无人驾驶的关键载体。线控底盘主要由线控转向、线控制动、线控换挡、线控油门以及线控悬架五大系统组成。底盘域控制器协调五大线控系统的执行部件工作实现了车身姿态控制、横向控制、纵向控制及车辆的主、被动安全控制。

底盘域控制器是新能源汽车驾驶系统中的关键部件，通过对获取到的大量的传感器信息和操作指令的融合分析，协调线控执行机构的工作，智能驾驶车辆的发展离不开底盘域技术的突破。除了传统的制动防抱死（ABS）、牵引力控制（TCS）、电动助力转向（EPS）、电子稳定系统控制（ESP）、横摆力控制

(AYC)、电控悬架（EMS）等功能外，线控底盘还包含了与智能驾驶相关联的一些控制，如自主紧急制动（AEB）、自适应巡航（ACC）、车道保持（LKA）等高级辅助驾驶功能。L3或更高级别的智能驾驶还要求底盘域控制器对更多的感知信号加以融合识别和决策，如车辆行驶轨迹的计算和预判、车辆行驶环境的检测和分析、车辆安全的决策等。因此，线控底盘域控制器要求具有较高的实时性和强大的算力。

汽车底盘的发展趋势如图2-1所示。

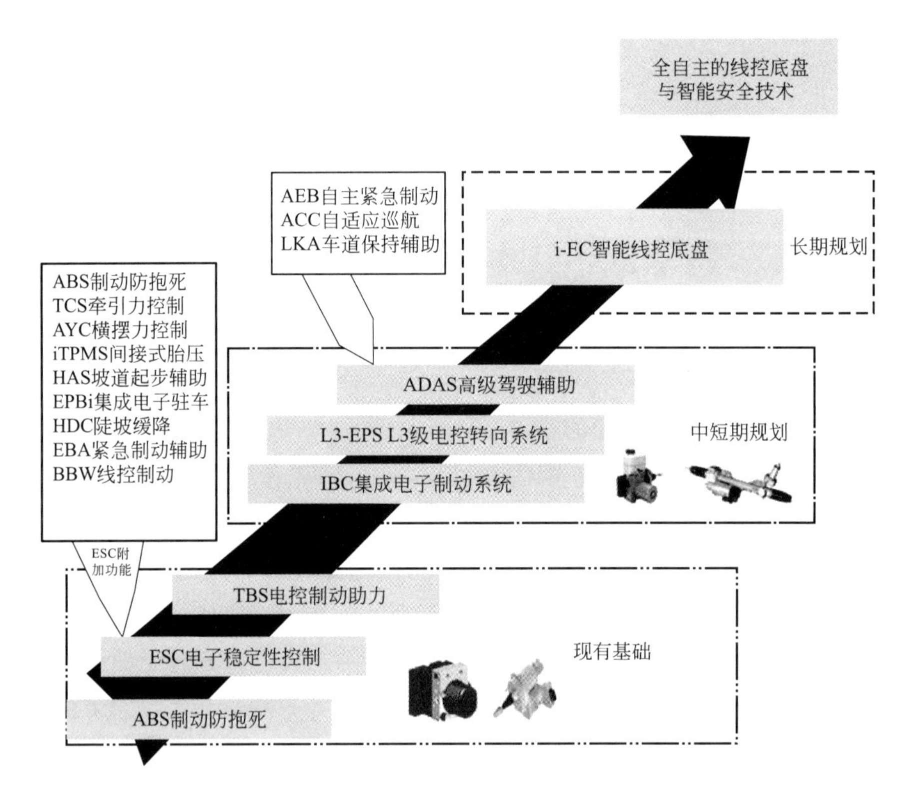

图2-1　汽车底盘的发展趋势

(2) 底盘系统对域控制器的要求

相对于动力域控制器，底盘域控制器对功能安全等级有着更高的要求，除满足功能安全ISO 26262安全等级ASIL-D要求，对应用于自动驾驶的底盘域控制器还需达到预期功能安全ISO 21448（SOTIF）的要求。除此之外，底盘域控制器及其子控制器还要从多方面保证安全性与可靠性，如AutoSAR/Adapative AutoSAR的软件架构、冗余仲裁、软件异构、硬件安全模块等。

底盘系统功能涉及大量不同类型的传感器，不同类型的传感器获取数据的方式不同，数据传输量也有很大差别，如用于车道保持的摄像头系统以及用于自动驾驶环境探测的激光雷达，大量的数据信息的传输需要极高的通信带宽和数据同步能力，而用于转向的转角转矩传感器相对数据传输量较小。显然，不同传感器对网络架构提出了不同的需求。在智能驾驶系统中，对环境的探测需要大量的数据分析和决策计算，对算力的要求高，而对于底盘执行机构控制器来说，数据可靠性和实时性则更为重要，因此底盘系统在五域或三域集中式电子电气架构中，考虑到域控制器的算力分配和通信管理的需要，独立出了专门用于智能驾驶和辅助驾驶的自动驾驶域，自动驾驶域中域控制器和用于环境探测的摄像头、激光雷达等用以太网连接，如图 2-2 所示，而专门用于车辆控制的底盘域则通过高可靠性的 CAN/CANFD/FlexRay 总线连接转向、制动、悬架等执行机构，如图 2-3 所示。

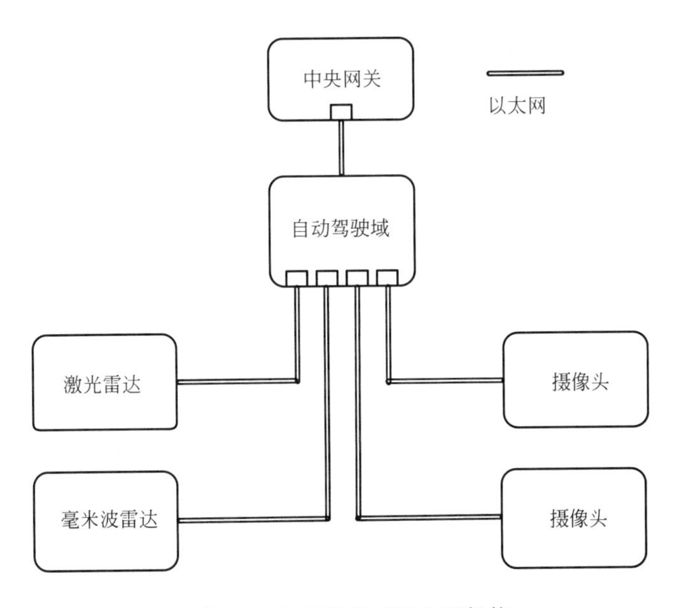

图 2-2　自动驾驶域以太网架构

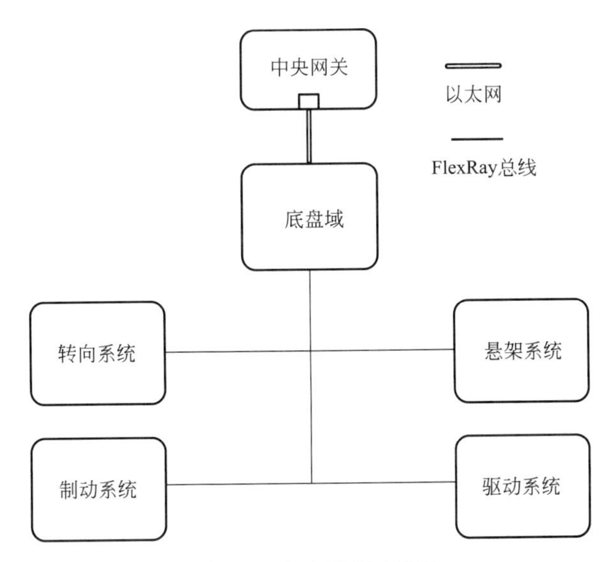

图 2-3　底盘域混合架构

2.2 新能源汽车电子电气架构设计中的功能安全

安全性、可靠性是汽车产业的核心，也是制约新能源汽车发展的瓶颈。汽车电子电气设备的可靠性涉及设计、研发、生产、支持、管理等各个阶段，可靠性研究包含以下内容。

① 概念设计阶段：生命周期设计、风险评估、危害分析等。

② 研发阶段：分为三个部分。

a. 系统设计：技术要求、标准分析、环境分析。

b. 硬件设计：硬件框架、器件要求、测试项目、失效分析、系统集成。

c. 软件设计：软件架构、模块划分、软件测试、集成测试、安全验证。

③ 生产阶段：生产管理、维护和保养等。

④ 支持阶段：分布式接口（供应商、支持工具、客户之间的协调）。

⑤ 汽车安全完整性等级和安全的分析。ISO 26262 作为汽车电子电气系统行业内统一的安全标准，给设计者提供了衡量电子电气系统安全性的标准。

2.2.1 基于 ISO 26262 的功能安全

IEC 61508《电气/电子/可编程电子安全相关系统的功能安全性》是国际电工委员会制定的功能安全标准，IEC 61508 针对由电气/电子/可编程电子部件构成的、起安全作用的电气/电子/可编程电子系统（E/E/PE）的整体安全生命周期，建立了一个基础的评价方法，目的是要针对以电子为基础的安全系统提出一个一致的、合理的技术方案，统筹考虑单独系统（如传感器、通信系统、控制装置、执行器等）中元件与安全系统组合的问题。按照不同的行业划分为多个子标准，如图 2-4 所示。

ISO 26262 是 IEC 61508 对电子电气系统在道路车辆方面的功能安全要求的具体应用，ISO 26262 标准的适用范围为所有 3.5t 以下客车所搭载的电子电气系统，目的是减少因电子器件失效造成的交通事故和降低潜在召回风险。ISO 26262 功能安全系统体系架构如图 2-5 所示。

从 ISO 26262 的结构构成可以看到，标准涵盖了全生命周期的安全要求，功能安全管理、概念阶段、系统研发、硬件研发、软件研发、生产和操作过程、售后，但比例最大的是站在产品设计阶段这个时间节点上，考虑怎样从设计上实现产品安全，可以基于原有的功能实现安全，也可以额外添加功能实现安全。

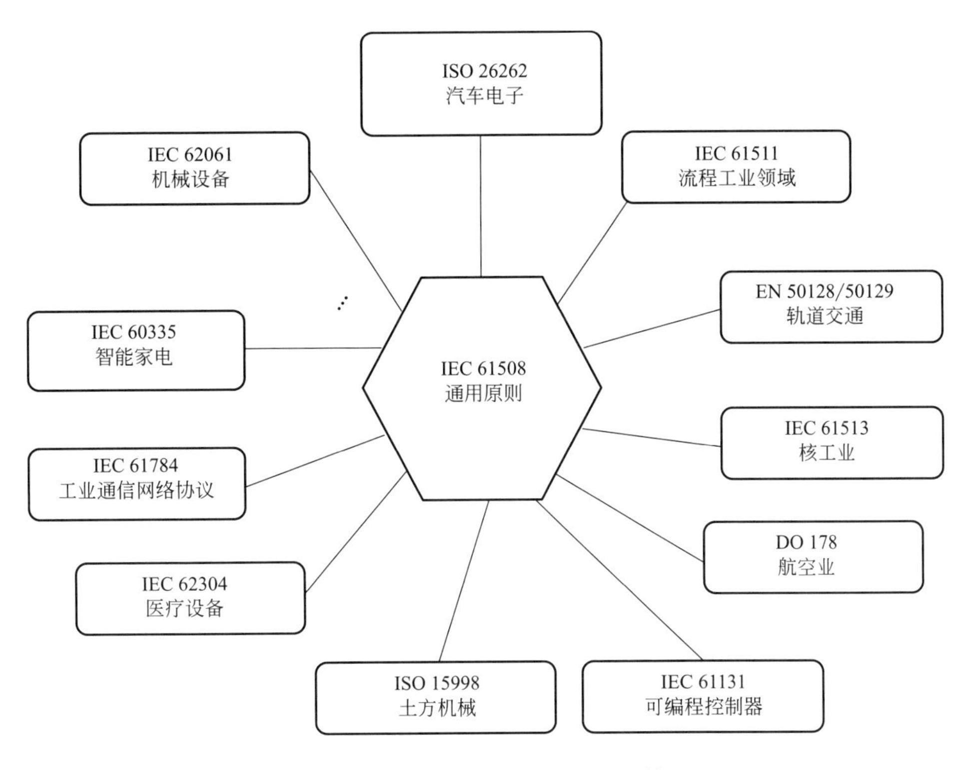

图 2-4　IEC 61508 各行业子标准体系

在产品开发层面，功能安全以 V 模式的开发流程实现。V 模式流程包括了整体开发的 V 模式流程，以及在硬件和软件层面都采用的 V 模式流程，以确保产品的可靠性和可测试性。

2.2.2　汽车安全完整性等级划分

汽车安全完整性等级（Automotive Safety Integration Level）简称 ASIL 等级，用以描述系统能够实现指定安全目标的概率高低。每个安全功能要求都包括两部分内容，即安全性目标和 ASIL 安全等级。ISO 26262 将 ASIL 分为四个等级，分别为 A、B、C、D。

在划分 ASIL 等级之前，首先需要进行危险分析和风险评估。该过程是识别系统的功能，并分析其所有可能的功能故障以及可采用的分析方法是否有危险与可操作性，对失效模式与影响进行分析等。由于评估是针对产品的功能行为的，所以进行危险分析和风险评估时，并不一定先要知道设计细节。评估危害风险级别包含三个因子——严重度、暴露率和可控性。其中严重度是指对驾驶员、乘员或者行人等涉险人员的伤害程度；暴露率是指人员暴露在系统的失效能够造成危害的场景中的概率；可控性是指驾驶员或其他涉险人员能够避免事故或伤害的可能性。表 2-1 中给出了三个因子的分类。

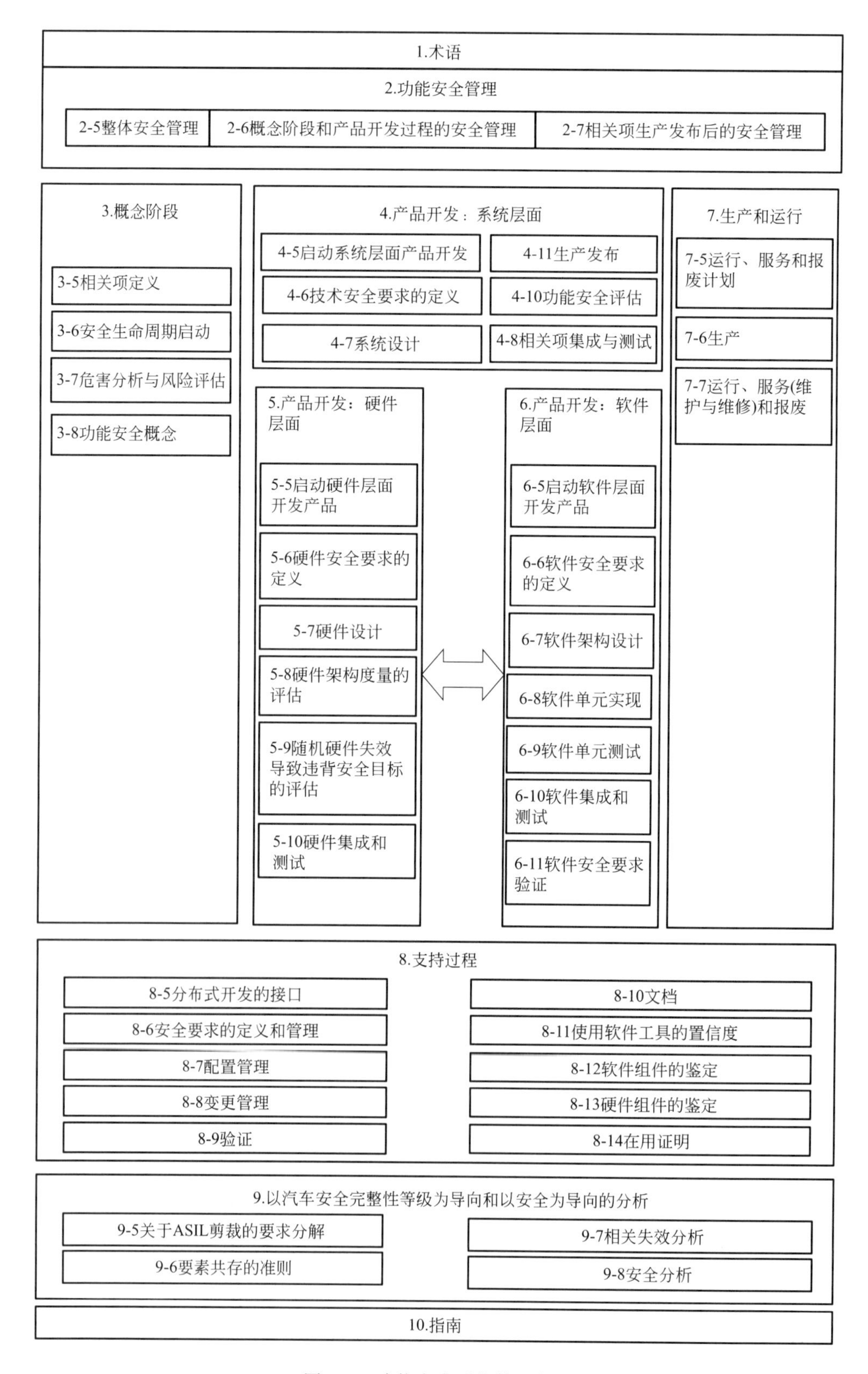

图 2-5　功能安全系统体系架构

表 2-1　严重度、暴露率、可控性分类

严重度		暴露率		可控性	
S0	无伤害	E1	很低概率	C0	完全可控
S1	轻度和中度伤害	E2	低概率（1％）	C1	简单可控（＞99％驾驶员）
S2	严重伤害（可能生还）	E3	中概率（1％～10％）	C2	一般可控（90％～99％驾驶员）
S3	致命伤害	E4	高概率（＞10％）	C3	很难控制（＜90％驾驶员）

根据以上三个参数，即可确定风险分析中每个风险相应的 ASIL 等级，具体确定方法见表 2-2，ASIL-A 是最低的安全等级，ASIL-D 是最高的安全等级，QM 表示质量管理，表示按照质量管理体系开发系统或功能就足够了，不用考虑任何安全相关的设计。确定了危害的 ASIL 等级后，为每个危害确定至少一个安全目标，作为功能和技术安全需求的基础。

表 2-2　ASIL 等级确定

严重度等级	暴露率等级	可控性等级		
		C1	C2	C3
S1	E1	QM	QM	QM
	E2	QM	QM	QM
	E3	QM	QM	A
	E4	QM	A	B
S2	E1	QM	QM	QM
	E2	QM	QM	A
	E3	QM	A	B
	E4	A	B	C
S3	E1	QM	QM	A
	E2	QM	A	B
	E3	A	B	C
	E4	B	C	D

表 2-3 以电动汽车电池管理系统为例介绍了如何进行危害分析和风险评估。电动汽车电池管理系统实现的功能包括充电电压电流管理、放电电压电流管理、电池温度管理等，该系统的危害有过充电、过放电、充放电电流过大、电池温度过高等。相同的危害在不同的场景下的风险是不一样的，所以要对不同的驾驶场景进行分析，电池工作场景包括正常行驶状态、有人看管状态、无人看管状态等。这里仅对无人看管场景下的电池过充电功能故障进行风险评估。电池

管理系统在不同场景、不同危害状态下的等级不同，由于电池管理系统是一个独立系统，所以设计应考虑 ASIL 等级高的那个。

表 2-3 电动汽车电池充放电管理 ASIL 评估

危害	充电电压超出预期，导致电池过充电，引发热失控	
场景	车辆静止无人看管充电，电池过充电导致热失控	
可控性	分类说明	有泄气、冒烟等预兆，人可逃离
	分类值	C2
严重度	分类说明	热失控起火、爆炸或产生有害物质造成人员伤亡
	分类值	S3
暴露率	分类说明	平均运行时间＞10％
	分类值	E4
ASIL	C	

2.2.3 ASIL 分解原则

通过前面介绍的危害分析和风险评估，得出系统的安全目标和相应的 ASIL 等级，从安全目标可以推导出开发阶段的安全需求，安全需求继承安全目标的 ASIL 等级。如果一个安全需求分解为两个冗余的安全需求，那么原来的安全需求的 ASIL 等级可以分解到两个冗余的安全需求上。因为只有当两个安全需求同时不满足时，才导致系统的失效，所以冗余安全需求的 ASIL 等级可以比原始的安全需求的 ASIL 等级低。ISO 26262 给出了各等级分解原则。

ASIL-D 可以采用以下三种方式之一进行分解。

① 一个 ASIL-C(D) 要求和一个 ASIL-A(D) 要求。

② 一个 ASIL-B(D) 要求和一个 ASIL-B(D) 要求。

③ 一个 ASIL-D(D) 要求和一个 QM-(D) 要求。

ASIL-C 可以采用以下两种方式之一进行分解。

① 一个 ASIL-B(C) 要求和一个 ASIL-A(C) 要求。

② 一个 ASIL-C(C) 要求和一个 QM(C) 要求。

ASIL-B 可以采用以下两种方式之一进行分解。

① 一个 ASIL-A(B) 要求和一个 ASIL-A(B) 要求。

② 一个 ASIL-B(B) 要求和一个 QM(B) 要求。

ASIL-A 不能被进一步分解［除非必须，一个 ASIL-A(A) 要求和一个 QM(A)］。

分解后的 ASIL 等级后面括号里是指明原始需求的 ASIL 等级，例如 ASIL-D

等级分解为 ASIL-C(D) 和 ASIL-A(D) 等，因为集成和需求的验证仍然依据其原始的 ASIL 等级。ASIL 分解可以在安全生命周期的多个阶段进行，例如功能安全概念、系统设计、硬件设计、软件设计阶段。而且 ASIL 分解可以分多次进行，例如 ASIL-D 等级分解为 ASIL-C(D) 和 ASIL-A(D)，ASIL-C(D) 还可以继续分解为 ASIL-B(D) 和 ASIL-A(D)。

ASIL 分解的一个重要要求就是独立性，其核心是冗余设计，如果不能满足独立性要求，冗余单元要按照原来的 ASIL 等级开发。冗余设计要求不存在共因失效或者级联失效导致互为冗余的元素同时失效。共因失效是指两个单元因为相同的原因失效，例如软件复制冗余，冗余单元会因为同一个软件 BUG 导致两者都失效，为了避免该共因失效，采用多种软件设计方法。级联失效是指一个单元失效导致另一个单元的失效，例如一个软件组件的功能出现故障，写入另一个软件组件 RAM 中，导致另一个软件组件的功能失效，为了控制该级联失效，采用内存管理单元，可以探测到非法写入 RAM 的情况。依据 ISO 26262 要求，对于使用 ASIL 分解的功能安全概念，必须通过相关失效分析 DFA(Dependent Failure Analysis) 证明分解后的相关元素间相互独立。

下面以转向锁为例分析如何实现 ASIL 的分解。转向锁是一种当转向盘完全转动或车辆锁定时，打入转向柱的螺栓，其主要用途是防止未经授权的操作，并用作防盗装置。转向锁的功能安全目标是，当车辆行驶时转向锁意外接合的后果可能是灾难性的，因此该功能被评为 ASIL-D。图 2-6 显示了一个初步架构，其中车身控制模块（BCM）通过控制器局域网（CAN）总线与 MCU 通信，MCU 反过来通过桥接驱动器驱动执行器，将螺栓驱动到转向柱中，并将其锁定。

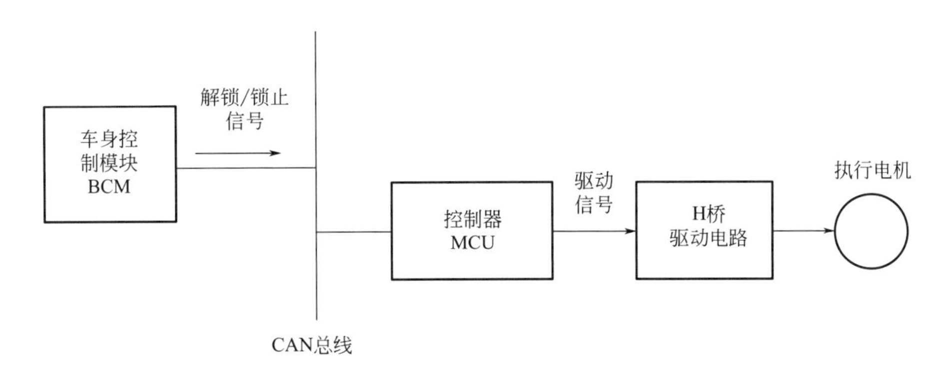

图 2-6 电控转向锁结构原理

这是一种单通道体系结构，需要 MCU 以及 H 桥驱动电路满足 ASIL-D 等级。设计上的限制可能会使 MCU 的指标无法达到 ASIL-D 等级。即使控制器满足 ASIL-D，与车身控制模块（BCM）通信的单个 MCU 仍可能存在通信故障，导致车辆行驶时接合转向锁。可以通过分解这个需求来解决这个问题。

在图 2-7 示出了一种错误的分解结构。车身控制模块（BCM）发送一个锁定或解锁转向柱的命令，另外还有一个防抱死制动系统/电子稳定系统（ABS/ESP），通过 CAN 总线传输车速。主控 MCU 负责驱动执行器操作螺栓进入转向柱，辅助 MCU 负责仅在车辆静止时启用 H 桥。然而，辅助 MCU 通过主控 MCU 接收车速信息，没有与车辆 CAN 总线的独立连接，因此主控 MCU 上的共因失效可能会导致错误的车速信息传输到辅助 MCU，这可能导致违反系统安全目标（PVSG）的可能性。可见，这种冗余设计违背了独立性原则，属于错误的分解方式。

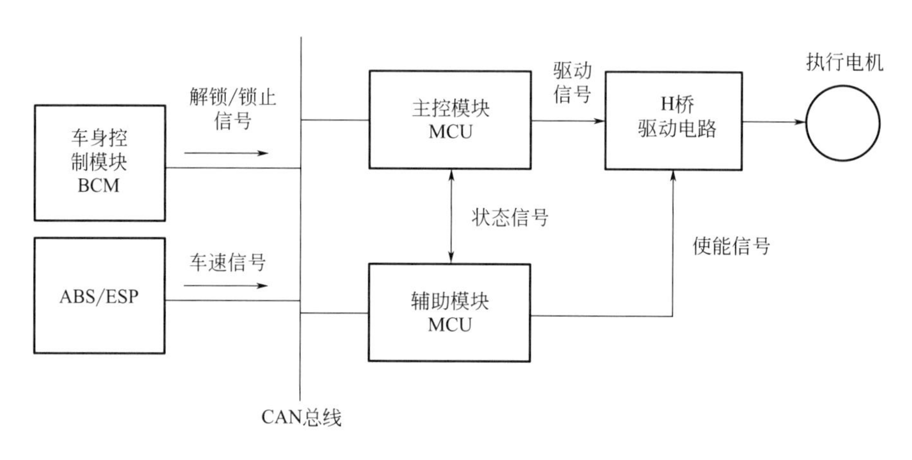

图 2-7　错误的电子转向锁分解方式

图 2-8 示出了分解转向锁的更好方法。使用两条独立的 CAN 总线有助于避免常见故障。BCM 模块使用车身 CAN 总线向主控 MCU 发送锁定/解锁命令。ABS/ESP 模块使用底盘 CAN 总线与辅助 MCU 通信，该 MCU 仅在车辆停止时启用 H 桥。这种 ASIL 分解体系结构除了是实现安全目标的更稳健的方式外，还允许使用两个 ASIL-B MCU（由 ISO 26262 中的 ASIL 分解规则控制）来实现 ASIL-D 功能。

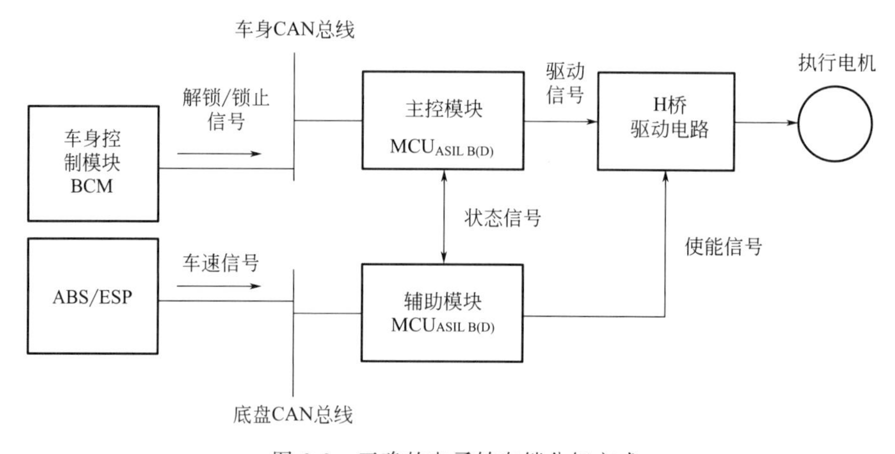

图 2-8　正确的电子转向锁分解方式

由上面实例可见，通过合理的ASIL分解，可以简化MCU的设计要求以及系统的功能逻辑和开发，降低系统整体成本。

2.3 电子电气架构设计平台

汽车电子电气架构的开发涉及汽车研发的整个过程，需要对汽车电子产品的软件、硬件、通信网络、应用场合、协议规范等有充分的了解，设计人员从需求分析到验证测试等各个环节都要介入。电子电气架构涉及的环节可以分为需求分析、功能设计、架构设计、工程设计、验证测试几个阶段。

在需求分析阶段，要考虑内部和外部多方面的需求，其中包括车型功能配置分析需求、控制器功能规划需求、功能安全设计需求、电气性能需求、诊断及生产工艺需求、网络通信分析需求、法规需求、市场成本规划需求等。通过对以上的各种需求分析，建立起一个功能配置表格对系统进行一个整体描述，并将车辆各个域的功能模块的功能和要求进行定义，并给出测试规范和要求。

功能设计阶段，首先需要设计网络架构中各个模块的功能定义以及诊断和接口方式，明确各模块之间的逻辑关系和连接方式，给出逻辑框图和信号列表，并在此基础上进行功能模型设计与建模、零部件系统建模。

架构设计阶段包括网络拓扑结构设计、线束设计、电气系统布局、功能安全设计和架构系统可靠性评估等。

工程设计阶段包括各功能子系统设计开发、功能模块规范开发、软件系统设计等。

验证测试阶段包含子系统功能测试和验证、电子电气系统设计验证、系统架构设计验证、整车需求目标验证等。

整车电子电气架构开发流程如图2-9所示。

目前业界在每一个环节都有一些对应的软件工具。例如IBM公司的需求管理工具Doors和基于模型的系统工程（MBSE）软件Rhapsody；西门子旗下Mentor公司的Capital软件可以支持从需求到系统建模，再到多领域物理系统仿真互联，以及网络拓扑设计及线束设计的EEA开发全过程；Vector公司的PREEvision软件为EEA开发提供了比较全面的功能，包括需求开发、逻辑功能设计、网络和部件架构、拓扑结构设计以及电气系统和线束设计等。表2-4给出了一些常见的工具及其功能。

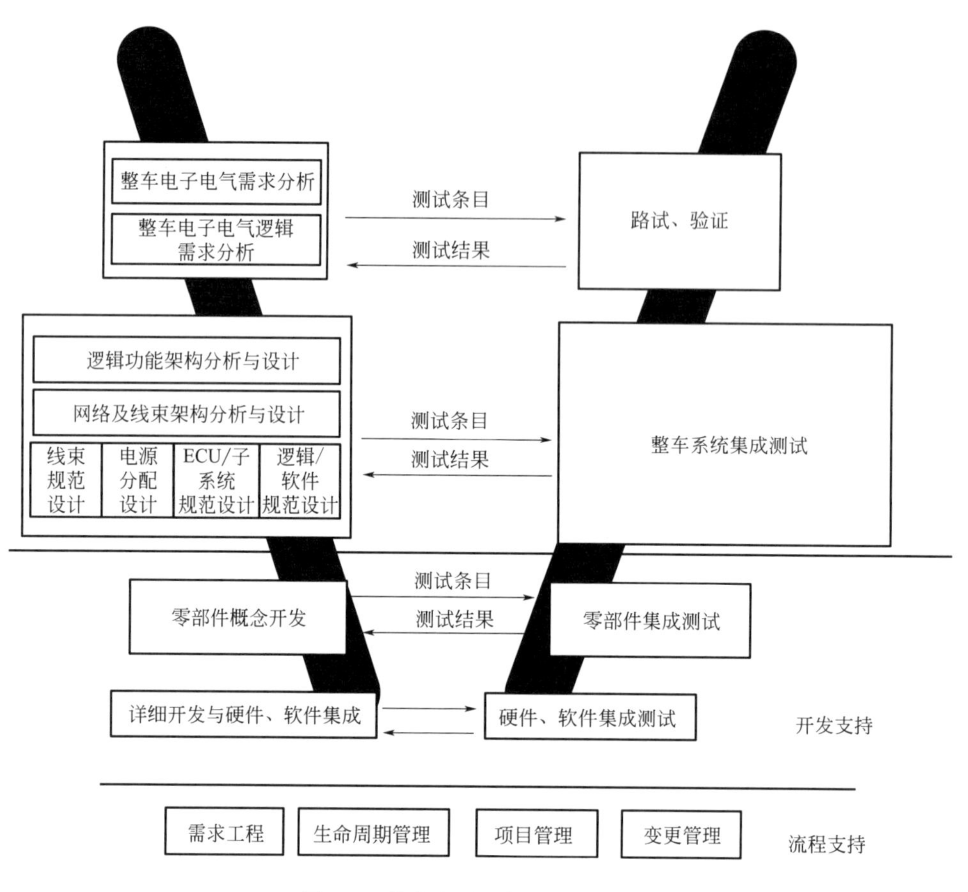

图 2-9 整车电子电气架构开发流程

表 2-4 常见电子电气架构设计平台

开发工具	公司	功能描述
PREEvision	Vector	支持基于模型的组件规格、设计和评估的多层体系结构开发；提供信号路由和模型一致性检查
Rhapsody Designer	IBM	基于统一建模语言（UML）的模型设计；提供需求分析、模拟框架、可追溯性和代码生成机制
Volc. Vehicle System Architect	Mentor Graphics	汽车软、硬件系统的设计和管理；包含将软件组件与 ECU 和系统信号连接起来的映射功能
System Desk	dSpace	软件架构和功能网络的建模；软件功能和组件图的验证与离线模拟
Network Designer	Vector	为 CAN、LIN 和 FlexRay 构建总线架构、时间表和通信矩阵；提供特定于总线的一致性检查和网关关系的可视化

续表

开发工具	公司	功能描述
Volc. Network Architect	Mentor Graphics	基于车辆输入的功能和电气结构的通信系统设计；能够定义沟通矩阵和时间表及其验证
EB tresos Designer	Elektrobit	规划分布式ECU之间的复杂信号通信；通过简化配置功能和向导，包含对FlexRay的扩展支持
Matlab/Simulink	MathWorks	高级语言和数值计算环境；为基于模型的动态和嵌入式系统设计与仿真提供平台，支持多个工具箱
SimTools/SimTarget	SimTools	Matlab/Simulink工具箱，用于开发基于CAN和FlexRay的分布式系统；允许用户友好地配置计时和总线属性
ASCET	ETAS	面向汽车领域的基于模型的软件开发；允许指定可执行的实时功能、图形设计机制和自动代码生成
TargetLink	dSpace	基于Simulink模型的分布式系统开发；提供内置的模拟和测试机制，支持增量代码生成和代码优化
Artop/AutoSAR Builder	Geensoft	用于设计、配置和模拟基于AutoSAR的系统的一系列工具；支持应用层软件组件和系统描述的开发和验证
ChronSIM/ChronVAL	INCHRON	对系统时间表的图形验证和模拟；分析和验证分布式体系结构的动态行为，并提供实时仿真和优化
SymTA/S	Symtavision	分布式嵌入式体系结构的时序和调度分析；允许规划和优化系统及其集成概念，并确定其可靠性和安全性
ControlDesk NG	dSpace	灵活、模块化的汽车系统开发平台；为FlexRay、CAN和LIN提供ECU校准、测量和验证以及总线配置模块
INCA	ETAS	汽车系统测量和校准的基础产品；为FlexRay和LIN提供诊断、监控、数据采集和可视化扩展
CANx	Vector	ECU和基于ECU网络的测量、校准和诊断；由几个相互连接的独立工具组成（CANape、CANalyzer、CANoe、CANdela）
EB tresos Inspector	Elektrobit	监测和分析汽车交通；通过增强的数据可视化功能，在FlexRay、CAN和LIN系统上实现精确测量

续表

开发工具	公司	功能描述
Doors	IBM	捕获、分析和管理系统需求;提供优化、可追溯性和验证机制,并允许创建自动和手动测试用例
Quality Center	Hewlett-Packard	系统需求的定义和管理;提供版本控制、报告生成和缺陷管理,以支持自动和手动测试场景的不同策略
ECU-Test	TraceTronics	基于ECU系统的测试自动化;通过图形化测试场景定义、多阶段测试用例执行和自动日志生成支持测试过程
RPLAN e3	Actano	协作项目管理;支持管理和外包并行流程,以及跨项目和公司边界的工作流同步

第3章

车载以太网

汽车新四化（电动化、网联化、智能化、共享化）成为汽车发展的主流趋势，汽车新四化使车内ADAS模块及传感器的数量大大提升，传统的CAN总线、FlexRay总线等通信技术无法满足一些新技术如图像传输、OTA技术、5G通信等要求。在汽车新四化目标的推动下，基于域控制器混合网络架构将成为汽车电子电气架构的主流，这类架构需要扩展性强、带宽高，且易于与其他控制器或系统交互的主干网络，同时有利于减少功耗、线束重量和成本。由于有着高速高带宽、低成本的特点，车载以太网成为域控制器主干网络的首选。

以太网作为目前最常用的一种计算机网络，广泛应用于日常生活、办公和商业等领域，同时由于其近年来技术的不断进步，满足工业生产的高效、稳定、经济的工业以太网也开始普及。以太网非常适合大量数据传输的需要，然而传统以太网可靠性达不到车载网络的要求，直到近年来，以太网在电磁兼容、通信协议、数据同步等方面取得了技术性的突破，才使车载以太网在汽车上的应用越来越广泛。国际电子电气工程师协会（IEEE）经过长期研究，2015年批准了第一个车载以太网标准100BASE-T1，其基于博通公司的BroadR-Reach解决方案，在物理层用单对非屏蔽双绞线电缆，采用更加优化的扰码算法来减弱信号相关性并增加实时性，可在车内提供100Mbps高实时带宽。

车载以太网网络架构主要包括网关、交换机、域控制器、连接器、双绞线电缆等，各个域控制器均通过车载以太网总线连接网关的交换机，车载以太网交换机用于实现各个域控制器之间的信息交互，网关将通信协议转换后的执行请求通过交换机转发给域控制器，实现各个域控制器之间信号的高效交互。车载以太网的应用为汽车域控制器的发展提供了基础。

3.1 车载以太网物理层

3.1.1 以太网物理层标准

目前车载以太网的物理层采用Broadcom的BroadR-Reach技术，在IEEE参与之后，被将其标准化，目前主流的车载以太网包括了100BASE-T1（IEEE 802.3BW）和1000BASE-T1（IEEE 802.3BP），其特点是一对双绞线（类似于CAN）可以全双工的方式通信。2008年BMW汽车将100BASE-TX的以太网技术应用到汽车刷写中，2015年100BASE-T1被IEEE标准化为IEEE 802.3BW标准。1000BASE-T1技术起源于IEEE，发布于2016年，用于传输1Gbps的单对双绞线标准IEEE 802.3BP，基于该标准，致力于汽车应用的OPEN ALLIANCE联盟开发出了TC9与TC12规范，其中TC9已于2018年1月正式发布，用于规范 1000BASE-T1（UTP）的通道与元件的开发；TC12 标准用于规范 PHY、EMC、PMA、IOP 等的开发及验证。ECU 级的测试规范，与 100BASE-T1 参照的 TC8 测试规范保持一致。

相对于传统的以太网，车载以太网最大的区别在于编码方式和传输线的数量的变化，传统以太网采用 2 对或 4 对电缆传输，使用 CAT 或 CATE 电缆，车载以太网采用 1 对电缆进行数据传输（图 3-1），且导线可以采用非屏蔽双绞线（UTP），而使用屏蔽双绞线（STP）将传输距离提高至 40m，大大降低了线束成本。表 3-1 给出了车载以太网和传统以太网的差别。

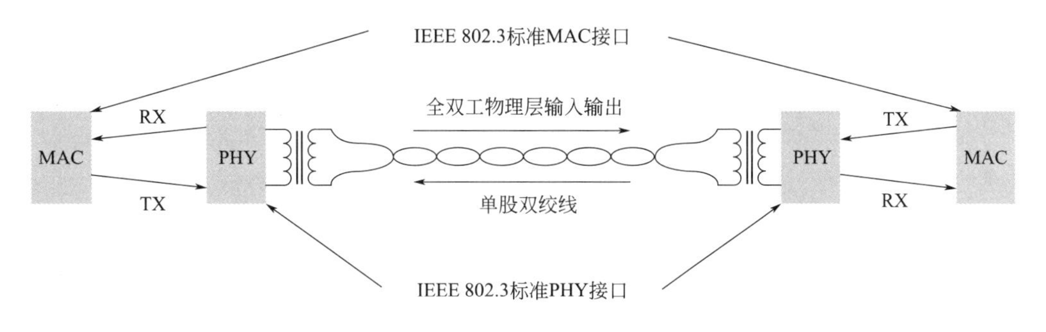

图 3-1　车载以太网接口线路

表 3-1　车载以太网与传统以太网比较

用途	民用/商用		车载	
标准	100BASE-TX /IEEE 802.3U	1000BASE-TX /IEEE 802.3AB	100BASE-T1 /IEEE 802.3BW	1000BASE-T1 /IEEE 802.3BP
速度	100Mbps	1Gbps	100Mbps	1Gbps
编码	MLT3	PAM5	PAM3	PAM3
传输距离	100m	100m	15m	15m
电缆	CAT5(2 对)	CAT5E(4 对)	UTP(1 对)	UTP(1 对)

(1) 100BASE-T1 物理层

100BASE-T1 物理层架构定位如图 3-2 所示，车载以太网物理层 PHY 包括 MII/GMII（介质独立接口）子层、PCS（物理编码）子层、PMA（物理介质附件）子层、MDI（物理介质相关）子层。

以太网物理层内部信号如图 3-3 所示，其中 PCS 向 MII 接口发送/接收信号，PMA 通过单平衡双绞线电缆介质与外部通信。100Base-T1 的物理层在接收到 MAC 层发来的数据后，经过了三步生成信号：第一步是 4B/3B，将 4 位数据单元转化为 3 位数据单元；第二步对数据添加扰码；第三步通过 3B/2T 生成一个 PAM3 的信号。

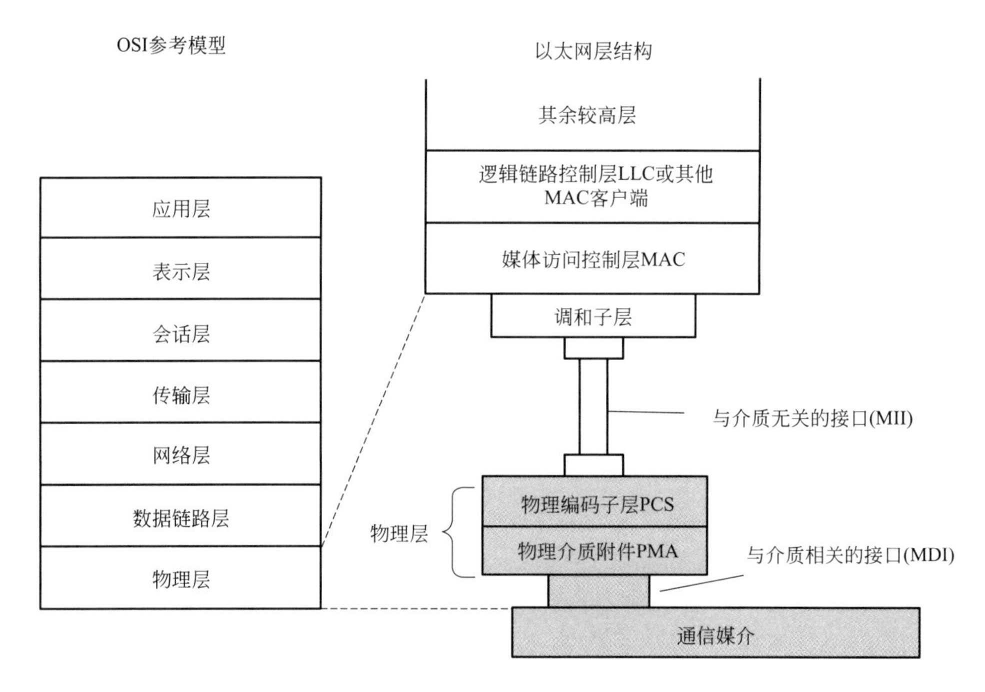

图 3-2　100BASE-T1 物理层架构定位

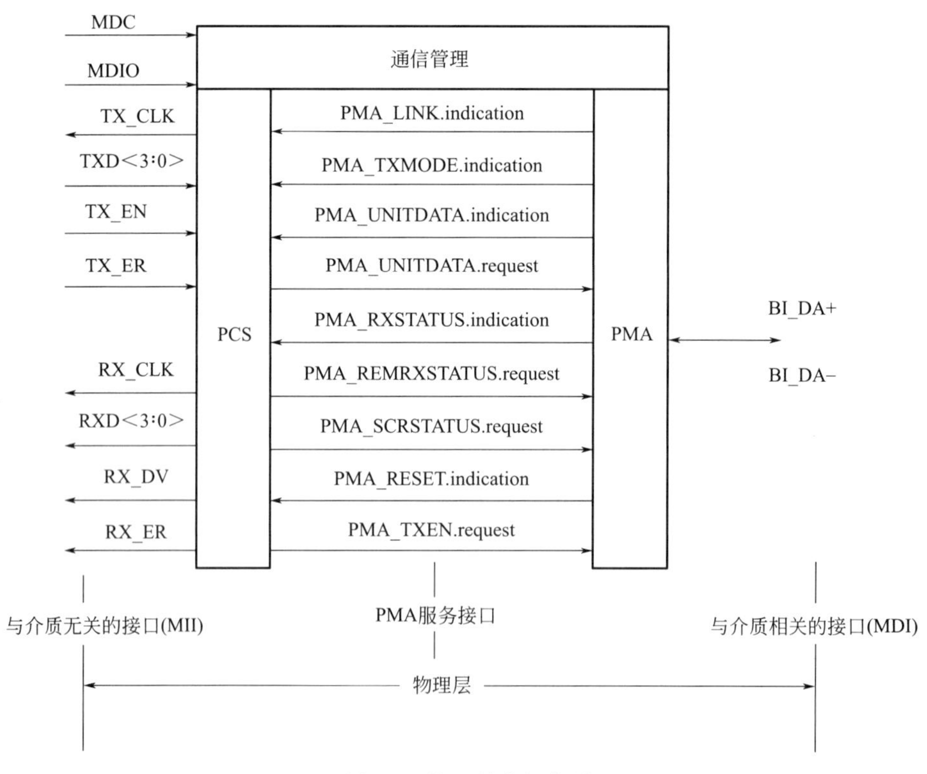

图 3-3　物理层内部信号

100BASE-T1 数据传输速率是指在 MII 接口，以 25MHz 的速率将 4bit 并行传递至 PHY 层。100BASE-T1 的 100 是指 MII 传递的 4bit×25MHz=100Mbit/s，而不是电缆上的波特率 100MHz，由于采用 PAM3 编码格式，因此在电缆上实现同样的数据传输速率，波特率只需要 100MHz 的 2/3，为了保证同步，需要在 PHY 层内部进行时钟转换。在接收数据后，PHY 层首先进行 4B/3B 转换。这种转换不是分块编码，仅是一种时钟转换，25MHz 传输的 4bit 数据块（4B）转换成时钟频率为 33.33MHz 的 3bit 数据块（3B）。4B/3B 转换的过程并未进行任何编码过程，只是在数据划分上，按顺序将 4bit 一组转换成 3bit 一组，其主要目的是更改数据传输速率。图 3-4 所示为 4B/3B 转换方法。第一组 4bit 数据“0000”进行 3B 转换后成为 3bit 的“000”，而第一组 4bit 的最后一个“0”与第二组 4bit 的“0101”的前两位“01”组合成为 3bit 的“001”，依此类推，完成 4B 到 3B 的转换。

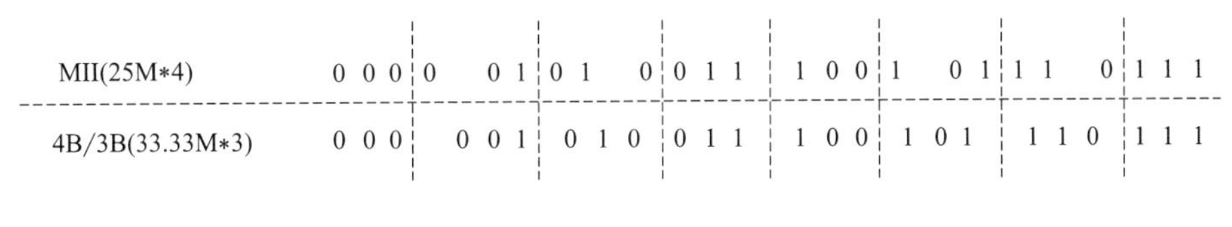

图 3-4 4B/3B 转换方式

4B/3B 的时钟同步方式如图 3-5 所示，其中 TX-CLK 的时钟为 25MHz，传输 TXD［3:0］四位数据，pcs_txclk 时钟为 33.33MHz，传输 tx_data［2:0］三位数据。

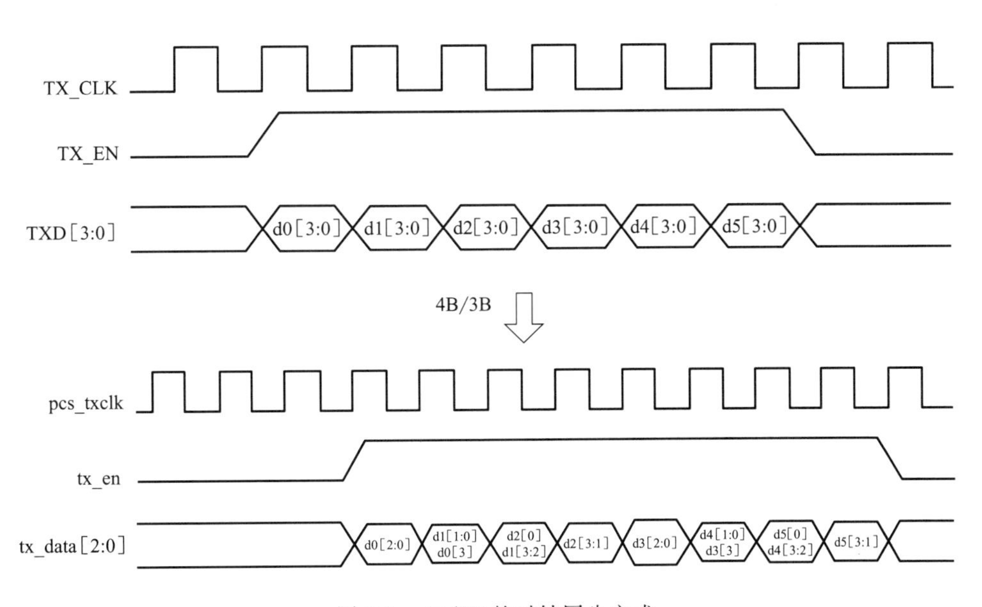

图 3-5 4B/3B 的时钟同步方式

车载以太网在线缆上采用了PAM3格式编码传输数据，PAM3是通过变换脉冲的幅度，通过三种电平——正、负、零来传输信号的，其电平状态如图3-6所示，不像CAN总线和LIN总线，FlexRay总线上的电平只有0、1两种状态，车载以太网的PAM3多出一种状态“－1”，这样通过编码就可以用较低的波特率传输更多的数据。类似于用三进制表达二进制的数据需要的数据长度更短。这样100BASE-T1的波特率其实只需要66.6MHz就可以完成100Mbps的数据传输。表3-2给出了3B到2T的对应表。

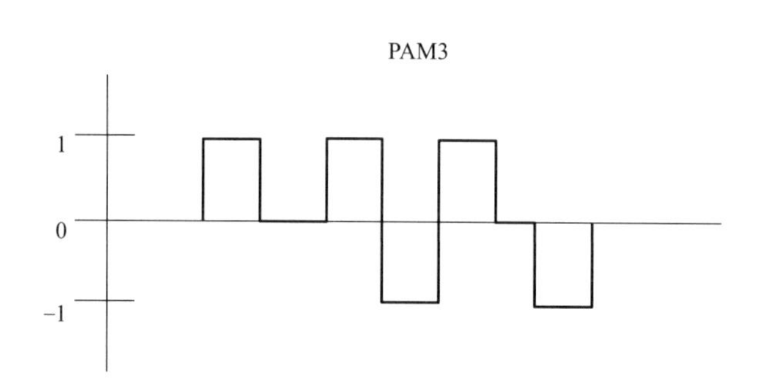

图3-6　PAM3电平状态

表3-2　3B到2T的对应表

二进制	TA	TB
000	－1	－1
001	－1	0
010	－1	1
011	0	－1
100	0	1
101	1	－1
110	1	0
111	1	1

为了抑制线路码中的长连“0”和长连“1”，并实现电缆上传输能量的分散化，车载以太网使用了扰码技术，扰码的产生是通过循环移位寄存器来实现的，扰码生成多项式决定循环移位寄存器的结构。在100BASE-T1中采用的多项式为X11＋X9＋1，数据加扰码过程如图3-7所示。

（2）1000BASE-T1物理层

1000BASE-T1比100BASE-T1物理层处理复杂了一些，图3-8给出了1000BASE-T1的物理层结构，分四个步骤进行处理。

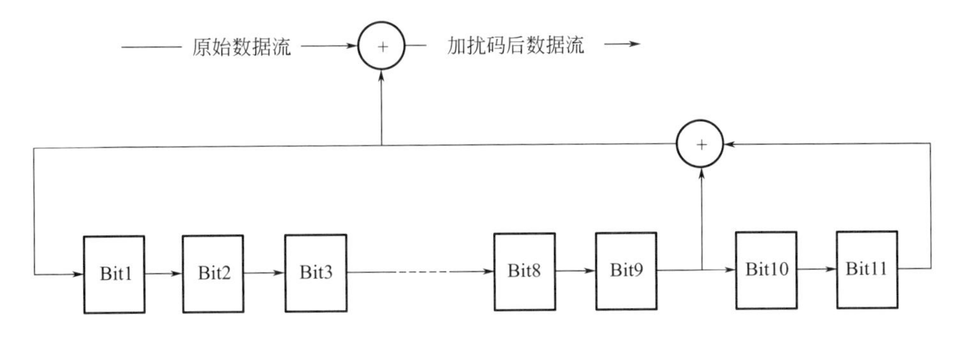

图 3-7　扰码原理

第一步：80B/81B，物理层每个时钟单元接收到 MAC 层的 8 位为单位的数据，以每 10 个时钟单元打包，得到 80 位数据，然后加上一位表示是数据还是控制块的标志位，这样就得到了一个 81 位数据的数据块。

第二步：因为 1000BASE-T1 要求误码率要低于 10 的－10 次方，所以数据块进行 RS-FEC 编码实现纠错，即每 45 个数据块后面插入一个 OAM（Operations、Administration 和 Maintaince）数据块。

第三步：添加扰码，扰码添加原理与 100BASE-T1 相同，扰码生成多项式有所区别。

第四步：3B/2T 生成一个 PAM3 的信号。

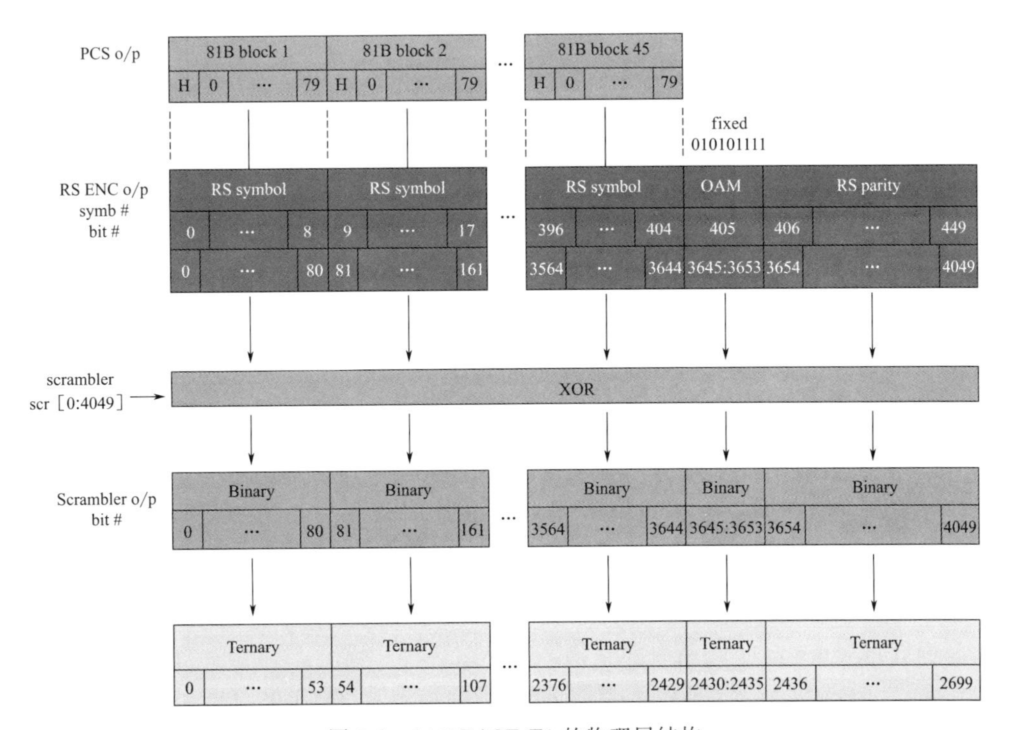

图 3-8　1000BASE-T1 的物理层结构

3.1.2 车载以太网数据链路层 MAC 和物理层 PHY 的连接

车载以太网的 PHY 和 MAC 之间的连接分为 MII/GMII 以及 RMII/RGMII 四种。

MII 接口如图 3-9 所示。数据通过 TXD［3:0］和 RXD［3:0］上的 4 位宽数据半字节进行交换。发送和接收数据与发送时钟和接收时钟同步。这两个时钟信号均由 PHY 提供，通常来自以 25MHz 的标称频率运行的外部时钟或晶体。TX_EN 上的高电平指示正常数据传输，而 RX_DV 上的高电平指示正常数据接收。

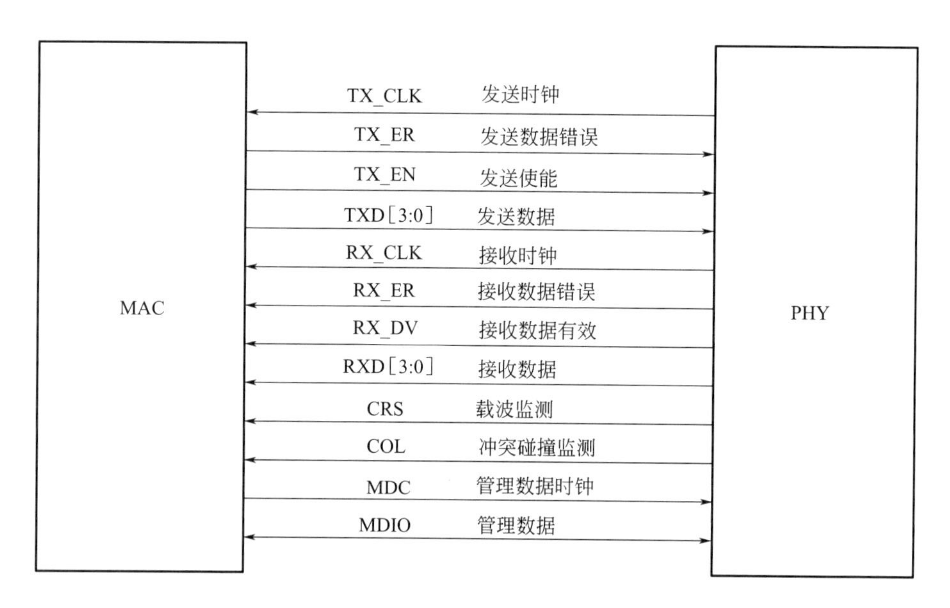

图 3-9 MII 接口

RMII 是精简的 MII 接口，如图 3-10 所示，节省了一半数据线。RMII 收发使用 2 位数据进行传输，收发时钟均采用 50MHz 时钟源。

其中 CRS_DV 是 MII 中 RX_DV 和 CRS 两个信号的合并。当物理层接收到载波信号后，CRS_DV 变得有效，将数据发送给 RXD。当载波信号消失后，CRS_DV 会变为无效。在 100Mbps 以太网速率中，MAC 层每个时钟采样一次 RXD［1:0］上的数据，在 10Mbps 以太网速率中，MAC 层每 10 个时钟采样一次 RXD［1:0］上的数据，此时物理层接收的每个数据会在 RXD［1:0］保留 10 个时钟。

GMII 是千兆 MII 接口，如图 3-11 所示。GMII 采用 8 位接口数据，工作时钟 125MHz，因此传输速率可达 1000Mbps。同时兼容 MII 所规定的 10Mbps/

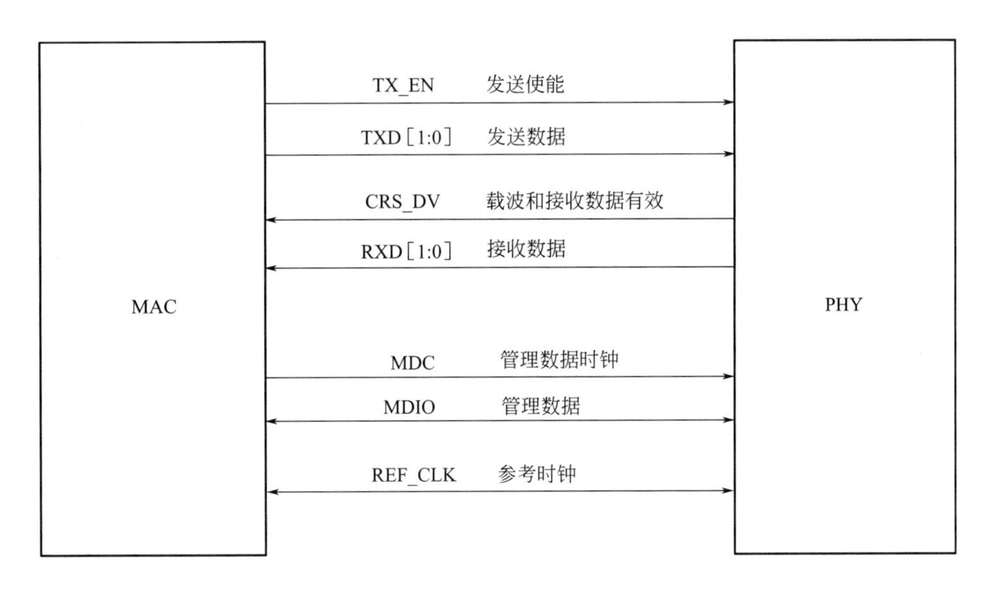

图 3-10 RMII 接口

100Mbps 工作方式。GMII 接口数据结构符合 IEEE 以太网标准，该接口定义见 IEEE 802.3—2000。

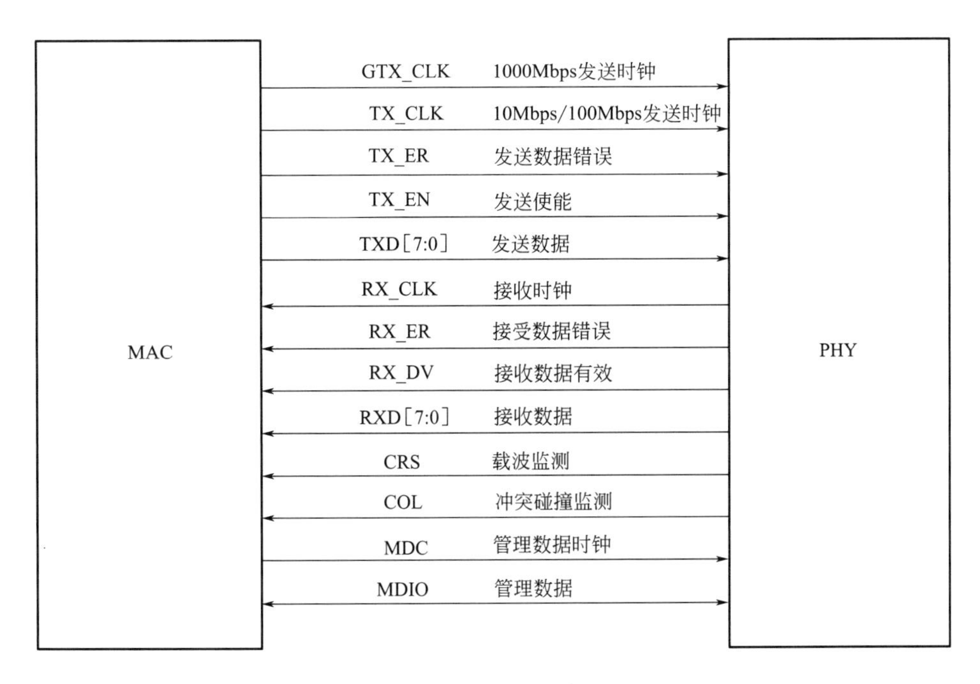

图 3-11 GMII 接口

RGMII 是精简的 GMII 接口，如图 3-12 所示。相对于 GMII，RGMII 发送/接收数据线由 8 条改为了 4 条；TX_ER 和 TX_EN 复用，通过 TX_CTRL 传送；RX_ER 与 RX_DV 复用，通过 RX_CTRL 传送；在 1Gbps 速率下，时钟

频率为 125MHz；100Mbps 速率下，时钟频率为 25MHz；10Mbps 速率下，时钟频率为 2.5MHz。

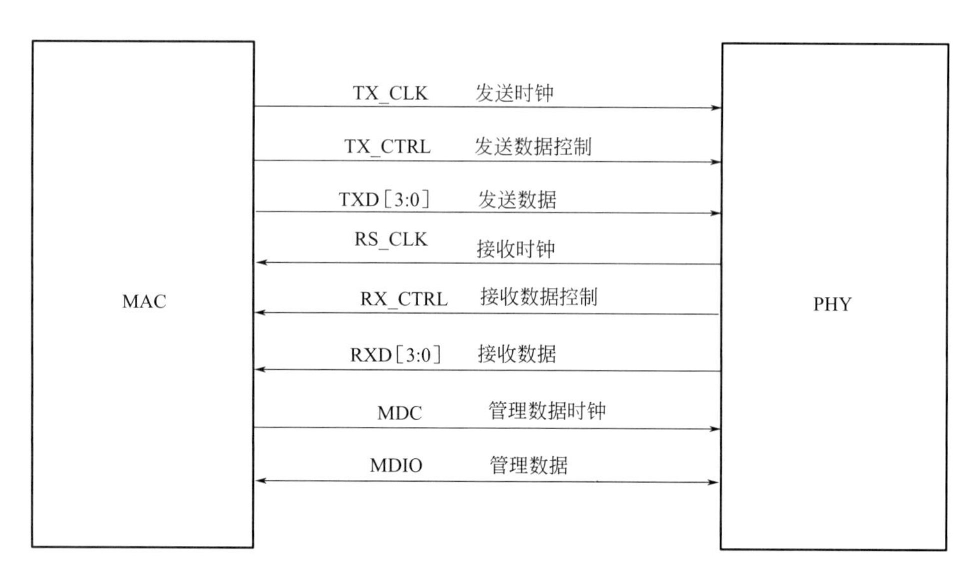

图 3-12 RGMII 接口

虽然 RGMII 信号线减半，但时钟仍为 125MHz，为了达到 1000Mbps 的传输速率，TXD/RXD 信号线在时钟上升沿发送接收 GMII 接口中的 TXD[3:0]/RXD [3:0]，在时钟下降沿发送接收 TXD[7:4]/RXD [7:4]，并且信号 TX_CTRL 反映了 TX_EN 和 TX_ER 状态，即在时钟上升沿发送 TX_EN，下降沿发送 TX_ER，同样的道理适用于 RX_CTRL。

3.1.3 车载以太网 OSI 层级划分

车载以太网是基于 TCP/IP 的网络模型，OSI 参考模型分为 7 层，如图 3-13 所示，每一层都有自己的功能：第 1 层物理层实现了物理信号的生成和处理；第 2 层数据链路层提供一些链路建立以及一些转发策略；第 3 层网络层就是 IP 协议所在的层级，IP 协议可以分为 IPV4 以及 IPV6，常用的主要是 IPV4，IP 协议的主要作用就是基于 IP 地址转发分包数据；第 4 层传输层，也是传统的 TCP/UDP 协议所在的层，两协议彼此独立，也可以同时存在；第 5 层会话层用来进行会话管理，如 DOIP 的会话管理；第 6 层表示层用于数据格式转换和数据加密，使通信双方进行协商，以防止数据被篡改，符合相关安全要求；第 7 层应用层，在车载以太网领域，目前涉及的应用协议主要有 UDP-NM、DOIP、SOME/IP 等。

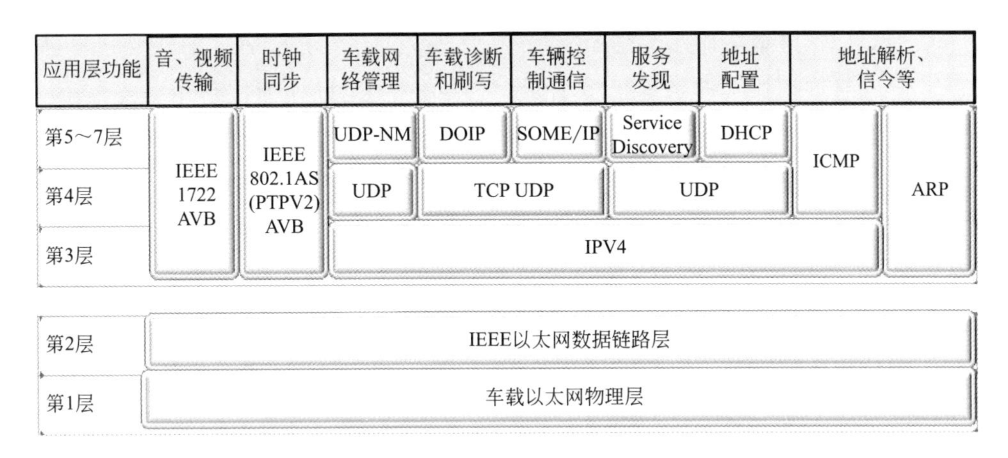

图 3-13　车载以太网各个协议在 OSI 模型中的位置

3.2　车载以太网拓扑结构

车载以太网拓扑结构对网络架构的成本、可靠性有较大的影响，同时拓扑结构的不同对硬件设备（包括线束布线、收发器芯片、连接器、交换机以及滤波器等）的设计有不同的要求，软件（SW）的复杂程度也受到拓扑结构的影响。

目前应用于车载以太网的拓扑结构主要有菊花链拓扑、星型拓扑、树型拓扑几种。在这些结构中交换机是网络优化的主要因素，交换机增加了组建网络拓扑的灵活性，因此需要仔细考虑交换机在网络中所处的位置。

(1) 菊花链式拓扑

菊花链拓扑结构如图 3-14 所示，节点和节点之间首尾相接，这种拓扑模型传输效率低，信号要经过多次转发后才有可能到达接收节点。菊花链拓扑的最大缺点是一旦数据链路中某节点发生故障掉线后，它下面连接的节点就不可能与其他节点进行数据通信。

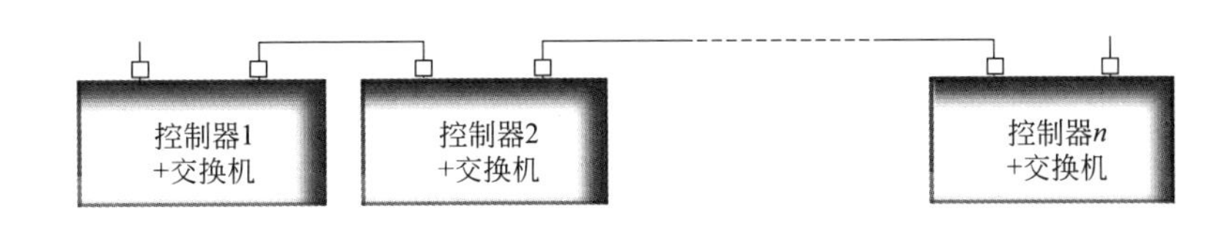

图 3-14　菊花链拓扑结构

对于节点较少的车型，菊花链拓扑可以大大减少布线的数量及长度，同时也可实现设备端的标准化，这在一定程度上能够有效降低成本，但是一旦节点增多、数据量增大，菊花链拓扑的缺点就会暴露出来。

(2) 星型拓扑

星型拓扑结构如图 3-15 所示。选择一个 ECU 作为核心并集成 Switch 模块。星型拓扑的结构更加符合现阶段域控制器集成的思路，电子电气系统从分散排布到现阶段的集成思路，多个控制模块逐渐集成到域控制器中，通信速度较快，只需要集成一个网关，交换机只需要放到其中的一个节点中（一般选取域控制器），其他节点省去了集成交换机的硬件部分设计，但同时存在一个很重要的问题，就是交换机的接口数量的设计，这影响着有多少个传感器可以集成到这个域控制器下，涉及域的硬件设计的通用性、标准化。其缺点是对于中心控制器的依赖过多，布线长，标准化可扩展性较弱，分支距离长时稳定性差。

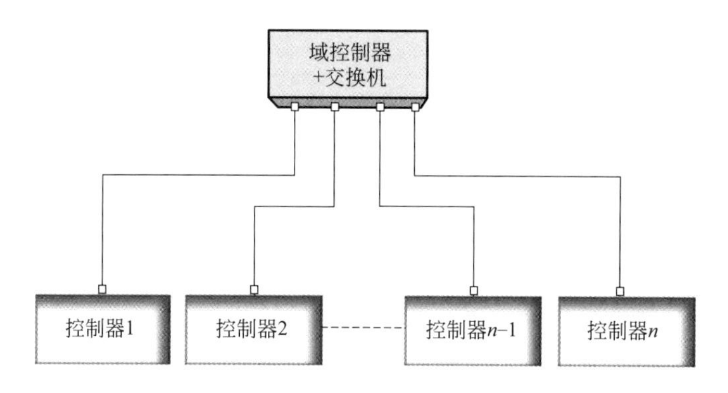

图 3-15　星型拓扑结构

(3) 树型拓扑

树型拓扑结构如图 3-16 所示。树型结构的优点是易于扩展，可以延伸出很多分支和子分支，因而容易在网络中加入新的分支或新的节点；易于隔离故障，如果某一线路或某一分支节点出现故障，主要影响局部区域，因而能比较容易地将故障部位与整个系统隔离开；降低中心 ECU 数据处理负载，数据处理分散展开，不完全依靠单一中心处理器。

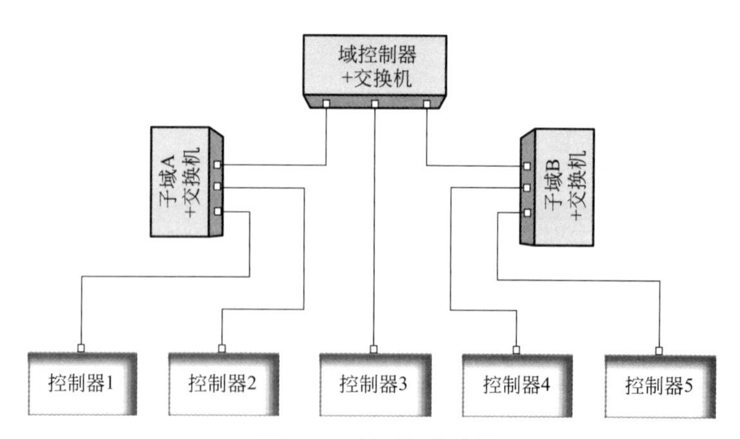

图 3-16　树型拓扑结构

树型拓扑和星型拓扑具有相同的缺点，就是对于中心控制器的依赖程度高，一旦中心控制器失效，整个数据结构都会失效。

3.3 DOIP 协议简介

汽车诊断通信经过多年发展已经成为ECU的基本功能，目前最常见的诊断通信协议是基于ISO 15765和ISO 14229的UDS协议，然而ISO 15765是针对CAN总线协议数据报文格式的处理，随着车载以太网的普及，ISO制定了基于以太网的DOIP协议（ISO 13400）协议，该协议将车载网络技术与外部测试设备车辆接口要求分开，可以很容易地适应新的物理和数据链路层，包括以太网的有线和无线连接。ISO 13400的所有部分都基于7层的OSI开放互联模型，表3-3给出了各种协议在OSI中的位置。可以看出，DOIP定义了OSI模型中的第1～4层。

表 3-3　车辆制造商自定义以及 WWH-OBD 定义的诊断规范与 OSI 的映射关系

OSI 七层结构	车辆制造商扩展的诊断系统	WWH-OBD 全球统一车载诊断系统
应用层(第 7 层)	ISO14229-1/ISO 14229-5	ISO14229-1/ISO 27145-3
表示层(第 6 层)	车厂自定义	ISO27145-2,SAE J1930-DA,SAE 1939(SPN 定义),SAE J1939-73(FMI 定义),SAE J1979-DA,SAE J2012-DA
会话层(第 5 层)	ISO 14229-2	ISO 14229-2
传输层(第 4 层)	ISO13400-2	ISO13400-2
网络层(第 3 层)		
数据链路层(第 2 层)	ISO13400-3	ISO13400-3
物理层(第 1 层)		

3.3.1 DOIP 的物理层

DOIP的标准ISO 13400发布早于车载以太网标准IEEE 802.3BW和IEEE 802.3BP，因此其物理层仍然沿用了传统的以太网连接，按ISO 13400-3的标准，DOIP的物理接口采用了传统的100BASE-TX的标准，即采用2对高质量的双绞线传输数据，一对用于发送数据，一对用于接收数据。同时DOIP可以通过物理激活信号来检测物理设备的接入和断开，其物理连接如图3-17所示，激活和失活状态电平定义如图 3-18 所示。失活电压 $V_{inactive}$ 为 2V，激活电压 V_{active} 为 5V，保证激活电压范围是 5V～V_{max}（依据不同的电气参数），当激活电压达到 V_{active} 和 V_{max} 之间后并保持 200ms 后激活。当激活电压低于 $V_{inactive}$ 至少 200ms 后失活。这样做是为了避免由地线电压的改变或电磁干扰引起的随机激活或者失活的状态。

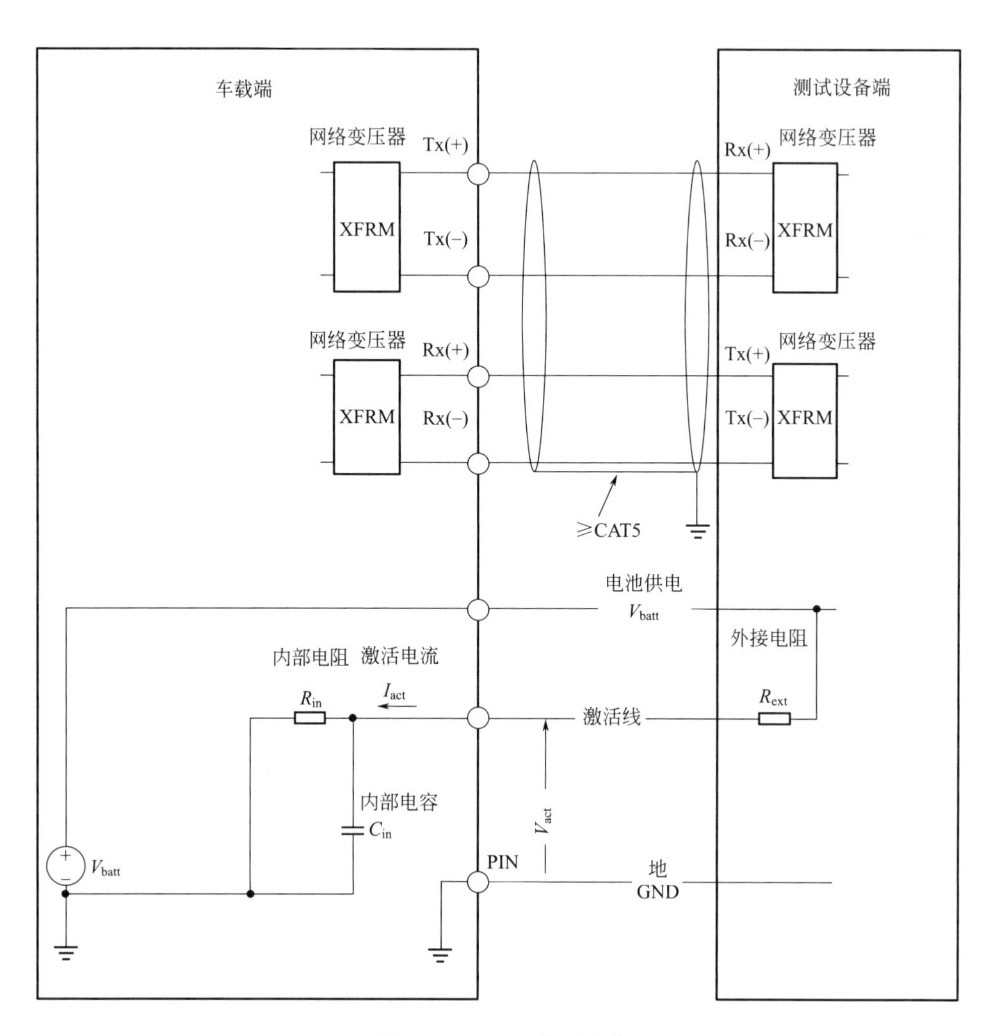

图 3-17 DOIP 物理连接

3.3.2 DOIP 帧格式

DOIP 帧分为两部分：第一部分是 DOIP 帧头，包含了协议版本、协议版本取反、有效数据类型、有效数据长度；第二部分是 DOIP 有效数据，由源地址、目的地址和用户数据构成。以太网帧结构如图 3-19 所示。

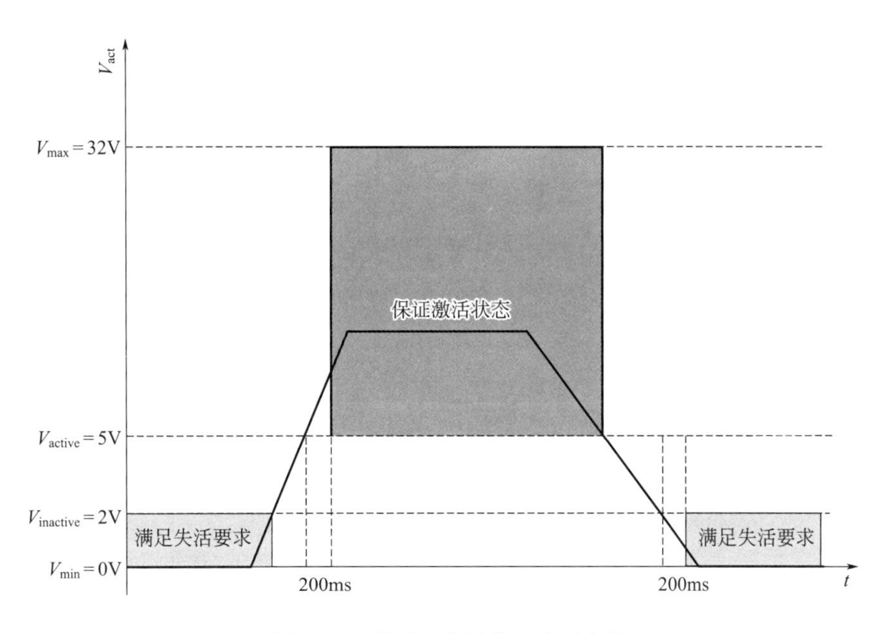

图 3-18 激活和失活状态电平定义

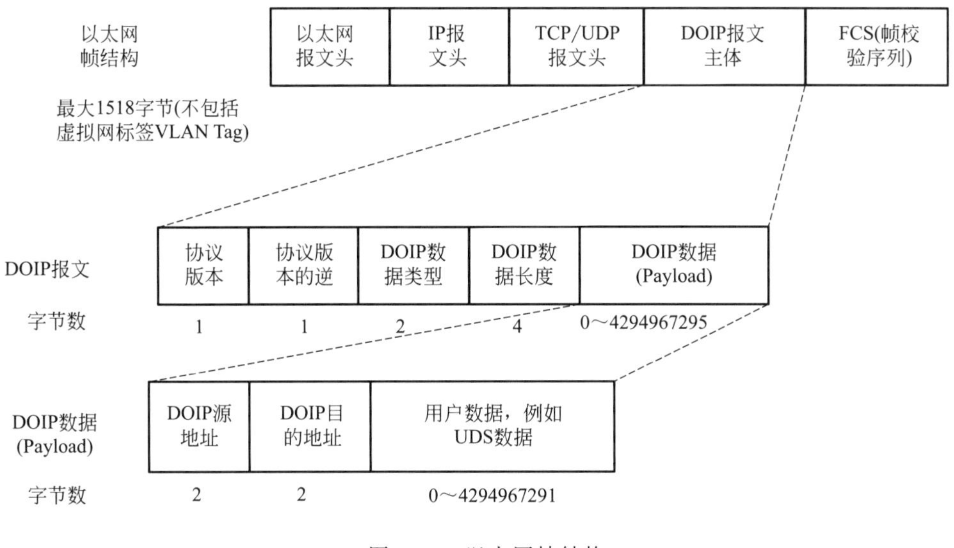

图 3-19 以太网帧结构

3.3.3 DOIP 的通信方式

DOIP 的车辆网络架构如图 3-20 所示，外接诊断设备通过 DOIP 的车辆边缘节点与车内设备相连。

DOIP 通信是基于 TCP/UDP 的传输层之上的，其 IP 协议支持 IPV6 和 IPV4。

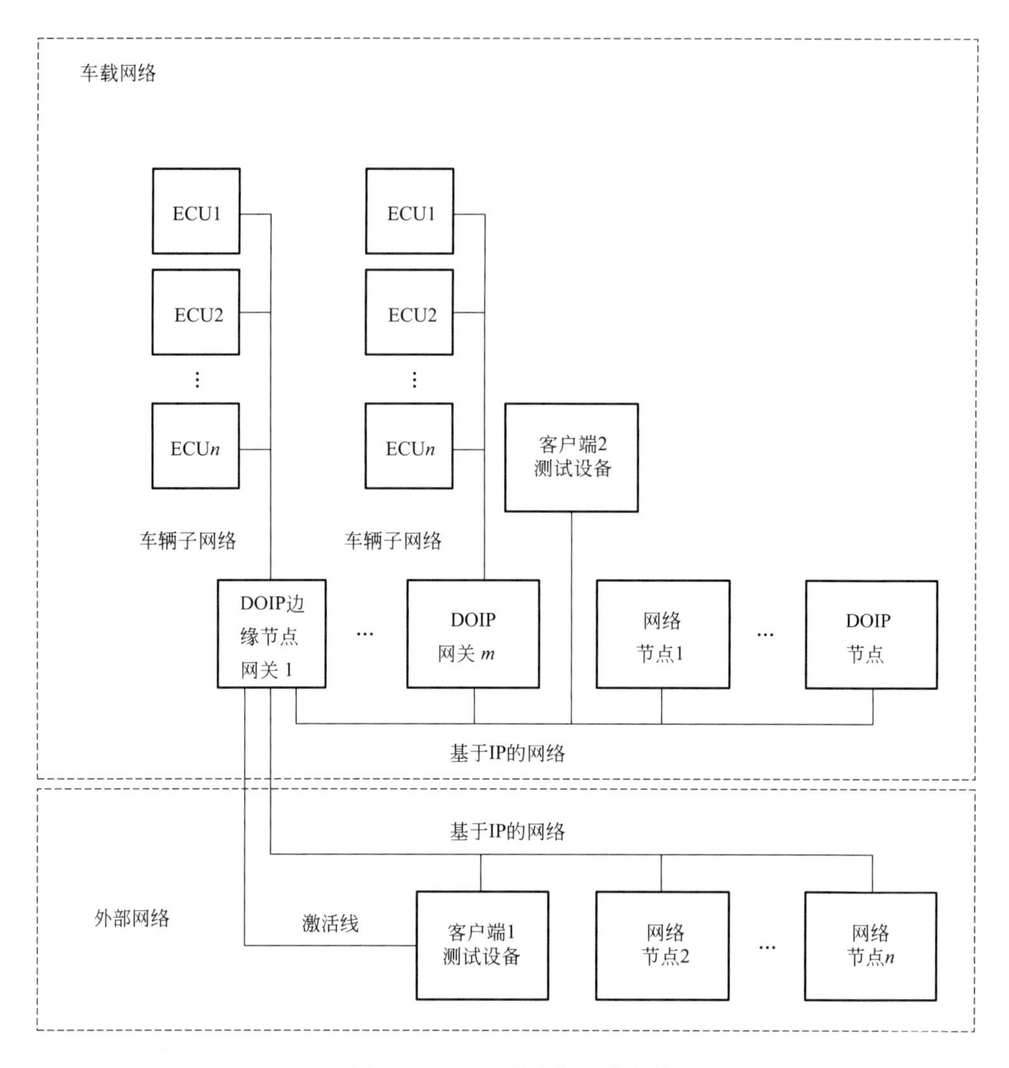

图 3-20 DOIP 的车辆网络架构

(1) TCP 通信

在 DOIP 中，TCP 协议通常用作诊断通信，使用 TCP 传输时，TCP 使用一对端口号（一个发送，称为远程端口；一个接收，称为本地端口）来识别连接。一台主机上的发送端口将成为另一台主机上的接收端口，反之亦然。DOIP 使用的端口号为 13400 端口，外部测试设备和 DOIP 实体之间的 TCP 连接需使用这个端口。

每个 DOIP 实体通过监听指定的端口（13400 端口）TCP_DATA 与外部测试设备建立连接。为了防止有多个外部测试设备连接 ECU 进行诊断测试，每个 DOIP 实体应支持 $n+1$ 个并发的 TCP SOCKET 连接，n 是 DOIP 实体支持的并发 TCP 数据连接数。外部测试设备可以创建自动选择的本地端口（即源端口），外部设备的远程端口则必须选择指定端口（13400）。TCP 建立连接的过程如图 3-21 所示。

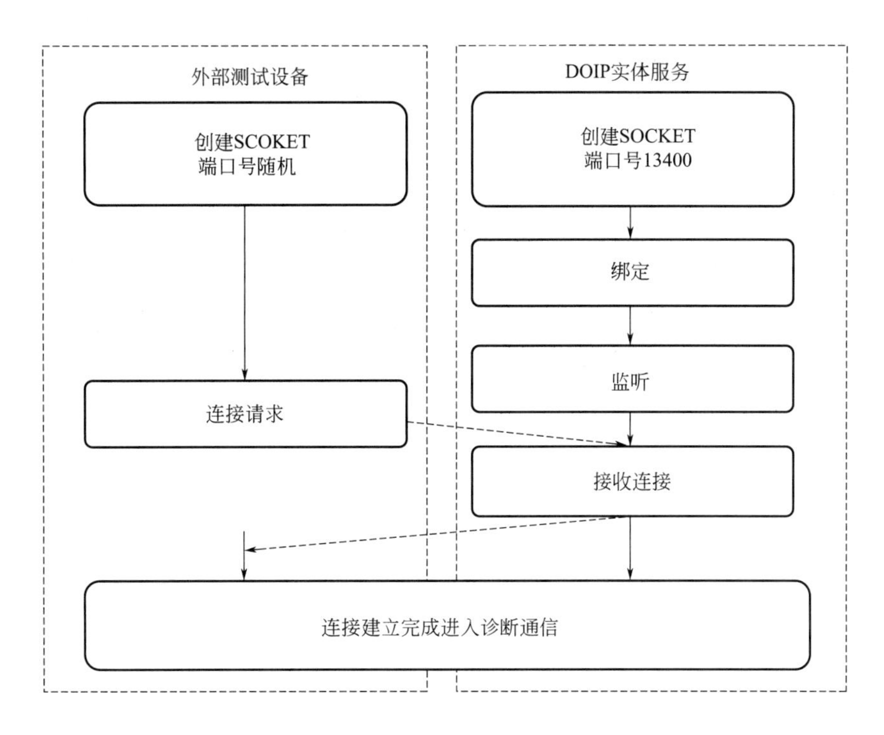

图 3-21　TCP 建立连接的过程

（2）UDP 通信

当外部测试设备需要对车内 ECU 中 DOIP 实体广播或多播信息时，需要通过 UDP 实现。因而 DOIP 中 UDP 协议主要用于车辆信息服务，UDP 模式下使用的端口见表 3-4。

表 3-4　UDP 模式下使用的端口

名称	协议	端口号	描述	支持条件
UDP_DISC OVERY	UDP	13400	用于从外部测试设备到车辆的 DOIP 实体的车辆信息请求和控制命令。该端口用作外部测试设备发送的 UDP 数据包中的目标端口 用于 DOIP 实体在没有收到请求的情况下发送的 UDP 数据包(如车辆公告消息)。此端口用作这些 UDP 数据包中的目标端口。这些 UDP 数据包的源端口可以设置为 UDP_DISCOVERY，也可以动态分配	强制
UDP_TEST_ EQUIPMENT_ REQUEST	UDP	动态分配	此端口由外部测试设备动态分配，并在将消息(目标端口设置为 UDP_DISCOVERY)传输到 DOIP 时用作 UDP 数据包中的源端口实体 此端口将用作 DOIP 实体发送的 UDP 数据包中的目标端口，作为对相应消息的响应。这些 UDP 数据包的源端口可以设置为 UDP_DISCOVERY，也可以动态分配	强制

注：表中未列出实现 ISO 13400 本部分规定的其他标准协议所需的 UDP 端口，只指定了 DOIP 通信使用的其他端口。

外部测试设备获取车辆信息的两种方式：DOIP 设备启动后，通过 UDP 向 13400 端口广播发送车辆信息，源端口号为 13400 或随机，里面包含此 DOIP 设备的基本信息，外部测试设备需要监听 13400 端口来接收这些信息；外部测试设备通过 UDP 广播发送请求消息，目标端口号是 13400，DOIP 设备监听 13400 端口，接收此请求并响应。

图 3-22 和图 3-23 描述了不同方式下 UDP 端口的使用方式。

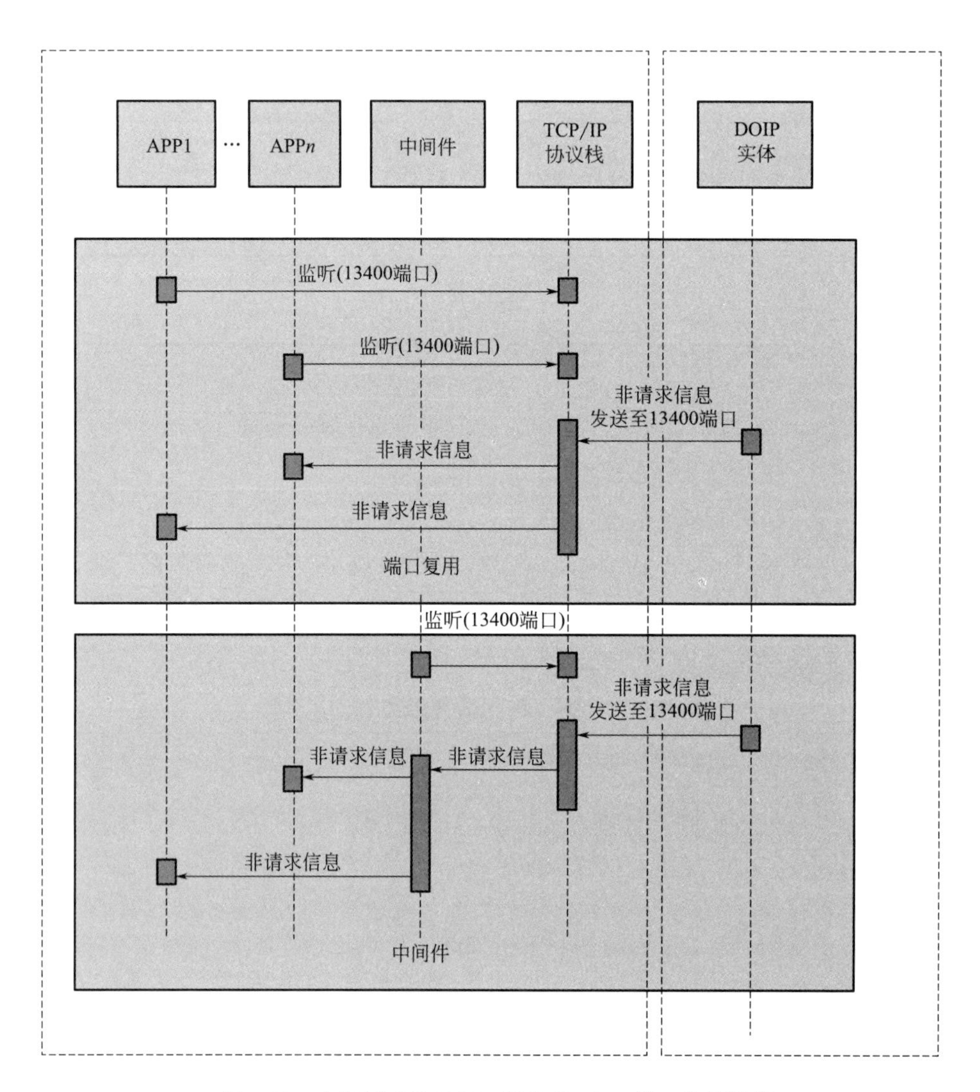

图 3-22　未经请求的 DOIP 消息的 UDP 端口使用情况

DOIP 实体在启动时会发送 UDP 广播报文（IPV4）或组播报文（IPV6），告知外部测试设备车辆信息，这就是车辆公告消息，这个 UDP 广播报文的目标端口是 13400，源端口可以是 13400，也可以随机，外部测试设备需要提前监听 13400 端口，以便接收 DOIP 实体的车辆信息。

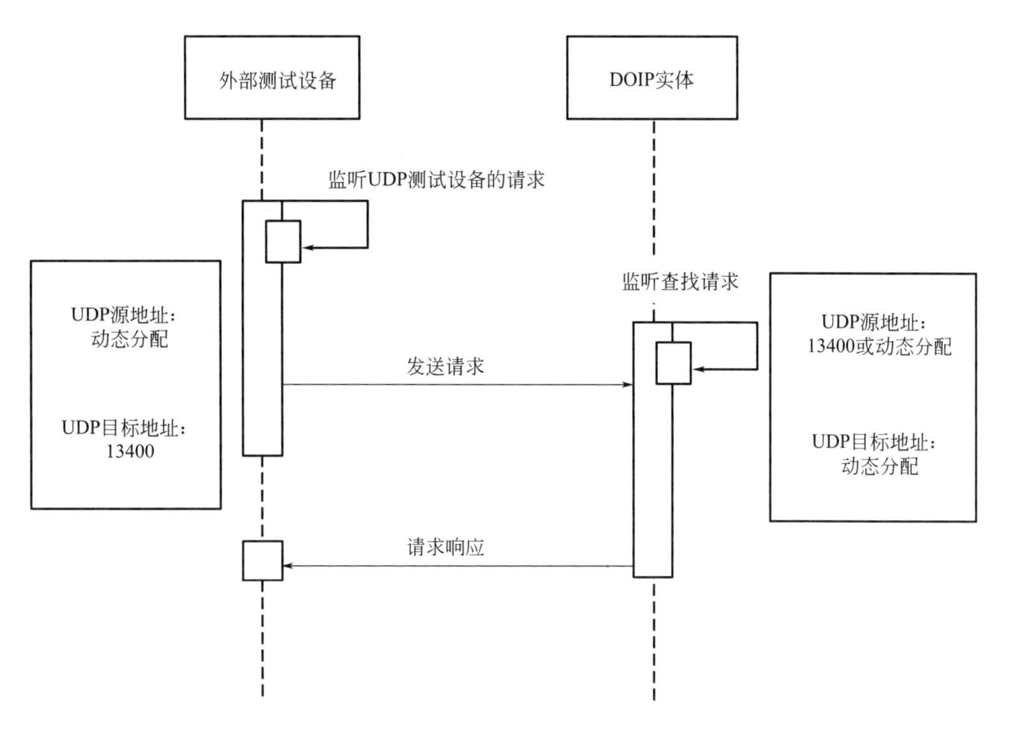

图 3-23 DOIP 请求和响应消息的 UDP 端口使用情况

(3) DOIP 诊断通信过程

DOIP 设备启动后，首先通过 UDP 广播的形式把一条车辆信息的 DOIP 报文（车辆公告消息，有效数据类型为 0X0004）发送到网络上，目标端口是 13400，其中这条消息携带了 DOIP 设备的 DOIP 版本、VIN、逻辑地址等信息，这条消息会发送三次，而之前监听在 13400 端口的诊断仪接收到这条消息，就知道了 DOIP 设备的基本信息，流程参考图 3-22.

如果诊断仪没有接收到信息，还有一种办法，就是诊断仪主动请求，通过 UDP 广播的形式，主动发一条 DOIP 请求消息（有效数据类型为 0X0001），目标端口号是 13400，而之前启动后就一直监听在 13400 端口的 DOIP 设备，接收到这条消息后，就会回复一条携带自己信息的响应给诊断仪，流程参考图 3-23。

诊断仪通过创建 TCP SOCKET，然后调用 CONNECT 方法向 DOIP 设备发起 TCP 连接请求（目标 IP 是 DOIP 设备 IP，目的端口号是 13400），而 DOIP 设备在启动前已经通过创建 TCP SOCKET 监听在 13400 端口，接收到 TCP 连接请求后就会完成三次握手，流程参考图 3-21。

在 TCP 连接建立后，诊断仪还需要发送一条“Routing activation request”的 DOIP 报文给 DOIP 设备，DOIP 设备收到后会回复一条“Routing activation response”的 DOIP 报文，此时诊断连接建立，双方可以诊断通信。

之后的诊断流程参考 UDS 标准，相关内容将在本书第 6 章涉及。

3.4 SOME/IP

3.4.1 SOME/IP 概述

随着汽车智能化的提高，传统的基于信号的车载通信协议（CAN、LIN、MOST 和 FlexRay）等在大数据流量下逐渐显现出带宽有限、难以更新升级、扩展能力差等局限性，为此宝马集团于 2011 年推出了一种中间件协议，用于任何 ECU 的各种异构单元之间的数据通信，即可扩展面向服务的 MiddlewarE over IP（SOME/IP）。该协议是基于以太网的面向服务的一种中间件协议，旨在实现具有不同硬件平台、不同操作系统或嵌入式固件以及不同应用软件的异构设备之间的可扩展性和互操作性，数据通过中间件（即应用层）使用 TCP/IP 或 UDP 协议通过网络电缆进行通信；该协议与 AutoSAR 4.x 标准兼容，适用于车辆，SOME/IP 在 OSI 层级中的位置如图 3-24 所示，是在 TCP/IP 和 UDP 基础上的传输协议，为车辆应用层提供支持。

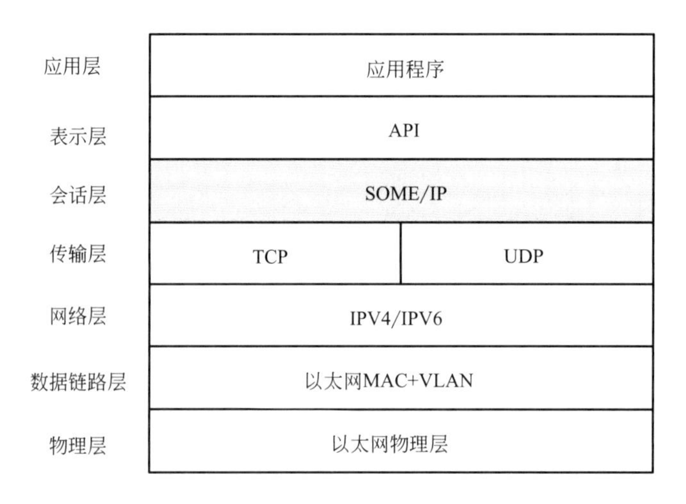

图 3-24 SOME/IP 在 OSI 层级中的位置

SOME/IP 协议提供了以车载以太网为基础的面向服务的通信方式，SOME/IP 是实现服务器和客户端之间远程服务调用的接口。一个服务包含了 0 个或多个字段、事件以及方法的组合。服务数据通过 UDP 或 TCP 协议在服务器 ECU 和客户端 ECU 之间进行通信。当服务器需要将数据发送到所有活动订阅者时（如在通告程序字段和事件的情况下），使用 UDP 协议，数据传输可以通过单播、多播或广播进行。当客户端需要将数据发送到服务器时，客户端需要使用 TCP/UDP 协议与服务器建立连接。服务器提供服务，客户端调用服务。对于同一个服务，只能存在一个服务器，但可以同时存在多个客户端调用服务。与 CAN 相比，面向服务的通信方式能够大大降低总线的负载率。

SOME/IP 报文在以太网报文中的位置如图 3-25 所示。

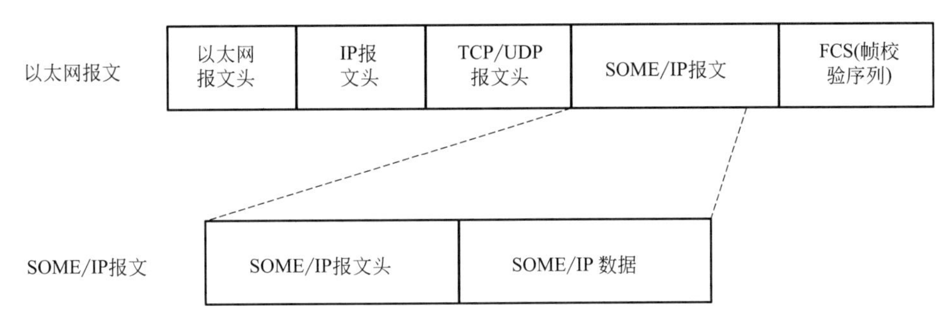

图 3-25 SOME/IP 报文在以太网报文中的位置

3.4.2 SOME/IP 报文标准帧格式

SOME/IP 报文标准帧格式如图 3-26 所示。

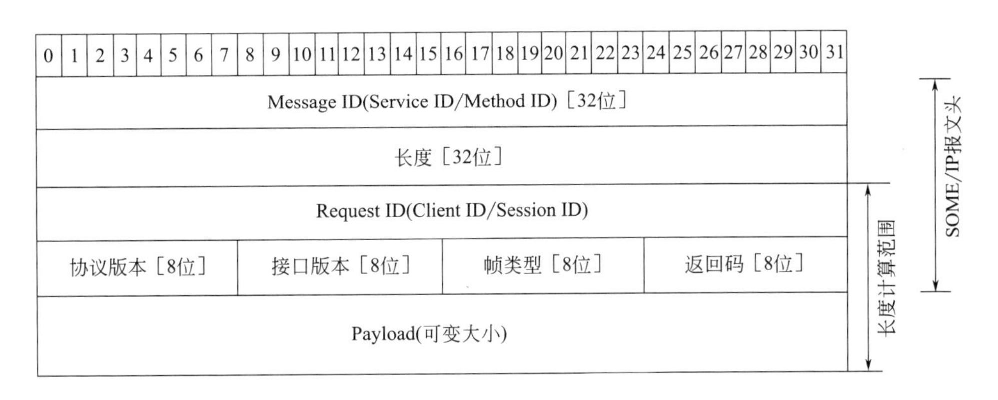

图 3-26 SOME/IP 报文标准帧格式

类似于 CAN 报文，一帧 SOME/IP 报文包含了帧头（Header）和有效数据（Payload）两部分。在使用端点对端点（E2E）保护通信时，SOME/IP 报文在报文头后面增加了一个 E2E 报文头，如图 3-27 所示。

SOME/IP 报文头各部分含义如下。

① Message ID 是 32 位标识符，用于识别远程过程调用一个应用的方法或识别一个事件。在进行方法（Method）调用时，Message ID 包含两个部分，即 16 位的 Service ID 和 15 位的 Method ID，中间标志位为 0。在使用 RPC 传输事

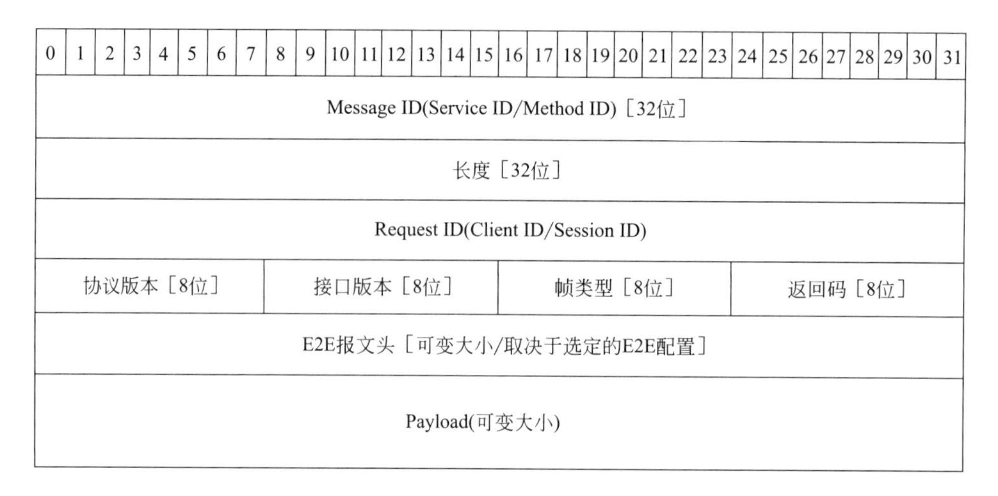

图 3-27 使用 E2E 通信时 SOME/IP 报文格式

件和通知时，Message ID 包含两部分，即 16 位的 Service ID 和 15 位的 Method ID，中间标志位为 1。

② 长度字段应包含以字节为单位的长度，长度计算从 Request ID/Client ID 开始直到 SOME/IP 消息结束所占的字节。

③ Request ID 包含了 16 位的客户端 ID（Client ID）和一个 16 位的会话 ID（Session ID），客户端 ID 表示了事件或方法的订阅者。会话 ID 的作用是将来自同一发送者的连续消息或请求彼此区分开来，类似于一个计数器，在未激活一组会话之前这个值为 0，当会话激活后这个值在每次调用后递增，计满 0Xffff 后又从 1 开始递增。

④ Protocol Version 表示协议版本。

⑤ Interface Version 表示接口版本。

⑥ Message Type 表示信息类型，表 3-5 给出了 SOME/IP 的几种信息类型。

表 3-5 SOME/IP 信息类型定义

数值	定义	描述
0X00	REQUEST	一个需要响应的请求(即使是空请求)
0X01	REQUEST_NO_RETURN	一个无需应答的请求
0X02	NOTIFICATION	没有响应的通知/事件回调请求
0X80	RESPONSE	响应信息
0X81	ERROR	包含错误的响应
0X20	TP_REQUEST	一个需要响应的 TP 请求(即使是空请求)
0X21	TP_REQUEST_NO_RETURN	一个无需应答的 TP 请求

续表

数值	定义	描述
0X22	TP_NOTIFICATION	没有响应的通知/事件回调 TP 请求
0XA0	TP_RESPONSE	TP 响应信息
0XA1	TP_ERROR	包含错误的 TP 响应

SOME/IP 的 UDP 绑定只能传输直接适合于 IP 数据包的 SOME/IP 消息。如果需要通过 UDP（如 32KB）传输较大的 SOME/IP 消息，则应使用 SOME/IP 传输协议（SOME/IP-TP）。SOME/IP 消息太大时，无法直接通过 UDP 绑定传输，这种消息被称为原始 SOME/IP 消息。当数据包过长时，原始消息会被分段发送，信息类型中从高到低第三位标志的是分段标记，当这一位为 1 时，在报文头后添加 4 个字节的段偏移标志，用于表示后面分段的有效数据在整个数据中的位置，这四个字节中的高 28 位表示数据的偏移，最低位则表示是否是最后一段数据，若为 0 则表示这个是最后一段数据，若为 1 则表示不是最后一段数据（图 3-28）。

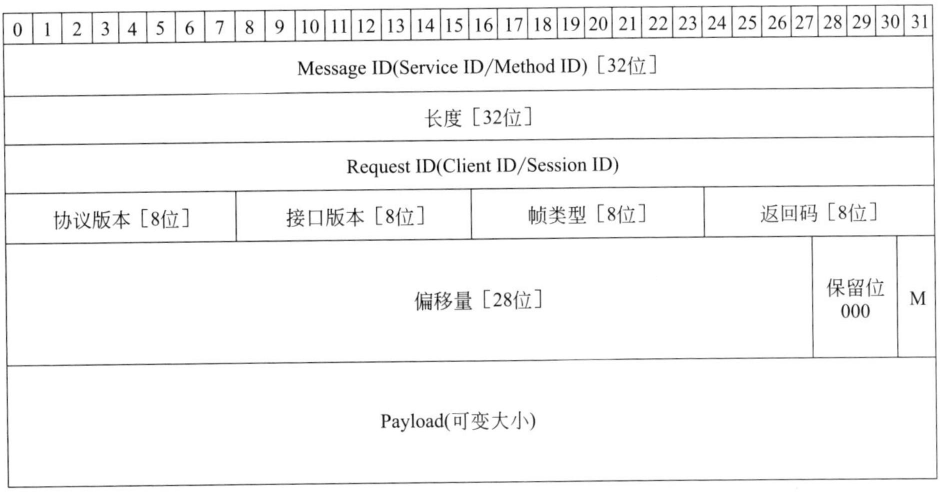

<table>
<tr><td>0</td><td>1</td><td>2</td><td>3</td><td>4</td><td>5</td><td>6</td><td>7</td><td>8</td><td>9</td><td>10</td><td>11</td><td>12</td><td>13</td><td>14</td><td>15</td><td>16</td><td>17</td><td>18</td><td>19</td><td>20</td><td>21</td><td>22</td><td>23</td><td>24</td><td>25</td><td>26</td><td>27</td><td>28</td><td>29</td><td>30</td><td>31</td></tr>
<tr><td colspan="32">Message ID(Service ID/Method ID)［32位］</td></tr>
<tr><td colspan="32">长度［32位］</td></tr>
<tr><td colspan="32">Request ID(Client ID/Session ID)</td></tr>
<tr><td colspan="8">协议版本［8位］</td><td colspan="8">接口版本［8位］</td><td colspan="8">帧类型［8位］</td><td colspan="8">返回码［8位］</td></tr>
<tr><td colspan="28">偏移量［28位］</td><td colspan="3">保留位
000</td><td>M</td></tr>
<tr><td colspan="32">Payload(可变大小)</td></tr>
</table>

图 3-28　SOME/IP-TP 报文头

⑦ Return Code 表示返回码（表 3-6）。

表 3-6　特定类型消息对应的返回码

消息类型	
REQUEST	不适用，设置为 0X00(E_OK)
REQUEST_NO_RETURN N/A set to 0x00(E_OK)	不适用，设置为 0X00(E_OK)
NOTIFICATION N/A set to 0x00(E_OK)	不适用，设置为 0X00(E_OK)

续表

消息类型	
RESPONSE	参考协议
ERROR	参考协议，不能设置为 0X00

⑧ 有效数据（Payload）字段的大小取决于所使用的传输协议。使用 UDP 时，SOME/IP 数据应在 0～1400 字节之间。需要限制为 1400 字节，以便将来更改协议堆栈（如更改为 IPV6 或添加安全手段）。由于 TCP 支持有效数据的分段，因此自动支持更大的尺寸。有效数据可能由事件的数据元素或方法的参数组成。

序列化基于接口规范定义的参数列表。

SOME/IP 目前支持的数据类型包括 8 位、16 位、32 位、64 位的有符号和无符号整数，32 位和 64 位浮点数，同时也支持上述类型的数组和结构体数据，具体的数据存放格式可参考协议文档。

图 3-29 给出了一个 SOME/IP 的示例，该示例描述了如何传输 5880 字节有效数据的原始 SOME/IP 消息。这个原始 SOME/IP 消息的长度字段设置为 8+5880 字节。

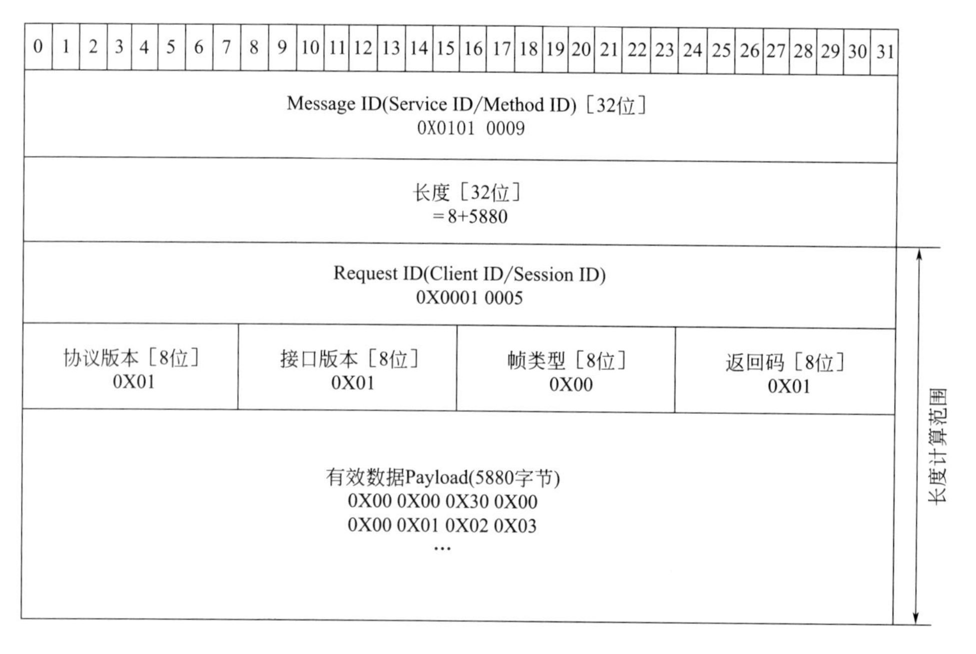

图 3-29 原始的 SOME/IP 消息报文头

这个原始的 SOME/IP 消息被分割成五个连续的 SOME/IP 段。在本例中，每段的有效数据最多为 1392 个字节。

对于这些段，SOME/IP-TP模块添加了额外的TP字段（图3-31、图3-32中阴影部分）。SOME/IP的长度字段携带SOME/IP段的总长度，包括请求ID、协议版本、接口版本、消息类型和返回代码的8个字节。由于添加了TP字段（4个字节），该信息扩展了4个额外的SOME/IP-TP字节。图3-30描述了和TP相关的SOME/IP报文头参数设置。

图3-30中的偏移字段中提供的值以16字节为单位，即87的偏移值对应1392字节。

	长度(字节)	帧类型(TP_Flag)	偏移量	是否有后续帧
第一段	8+4+1392=1404	TP_Flag="1"	0	1
第二段	8+4+1392=1404	TP_Flag="1"	87	1
第三段	8+4+1392=1404	TP_Flag="1"	174	1
第四段	8+4+1392=1404	TP_Flag="1"	261	1
第五段	8+4+312=324	TP_Flag="1"	348	0

图3-30　和TP相关的SOME/IP报文头参数设置

图3-31对应的是前四段数据的报文头格式，因为前四段数据有相同的数据长度，因此报文头格式相同。图3-32对应的是最后一段数据的报文头格式。前四段包含1392个有效数据字节，每个字节的更多段标志“M”设置为“1”。最后一段包含了剩余的312字节，标记“M”为“0”。

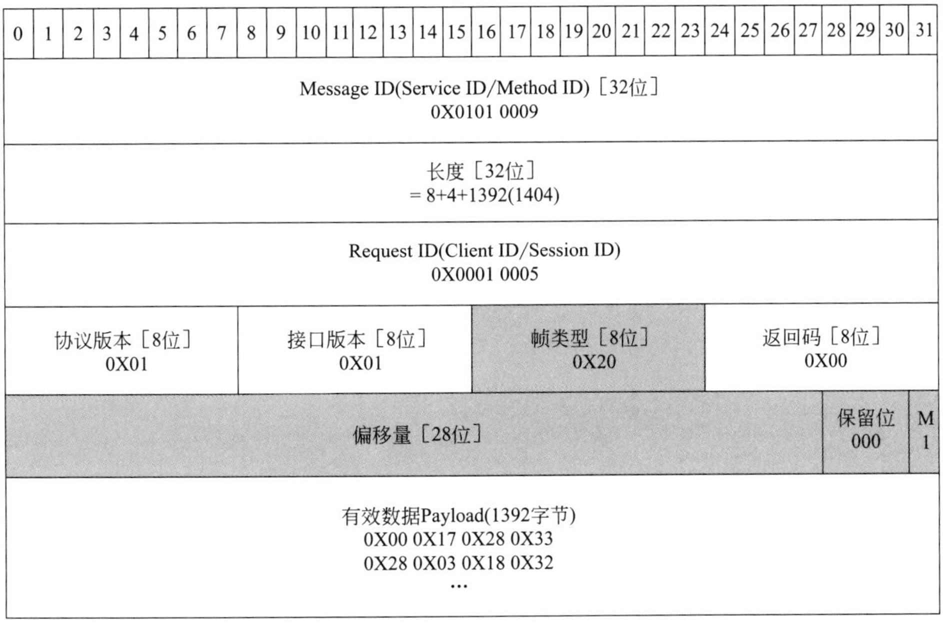

0 1 2 3 4 5 6 7 8 9 10 11 12 13 14 15 16 17 18 19 20 21 22 23 24 25 26 27 28 29 30 31

Message ID(Service ID/Method ID)［32位］
0X0101 0009

长度［32位］
=8+4+1392(1404)

Request ID(Client ID/Session ID)
0X0001 0005

协议版本［8位］ 0X01 | 接口版本［8位］ 0X01 | 帧类型［8位］ 0X20 | 返回码［8位］ 0X00

偏移量［28位］ | 保留位 000 | M 1

有效数据Payload(1392字节)
0X00 0X17 0X28 0X33
0X28 0X03 0X18 0X32
…

图3-31　前四段报文头格式

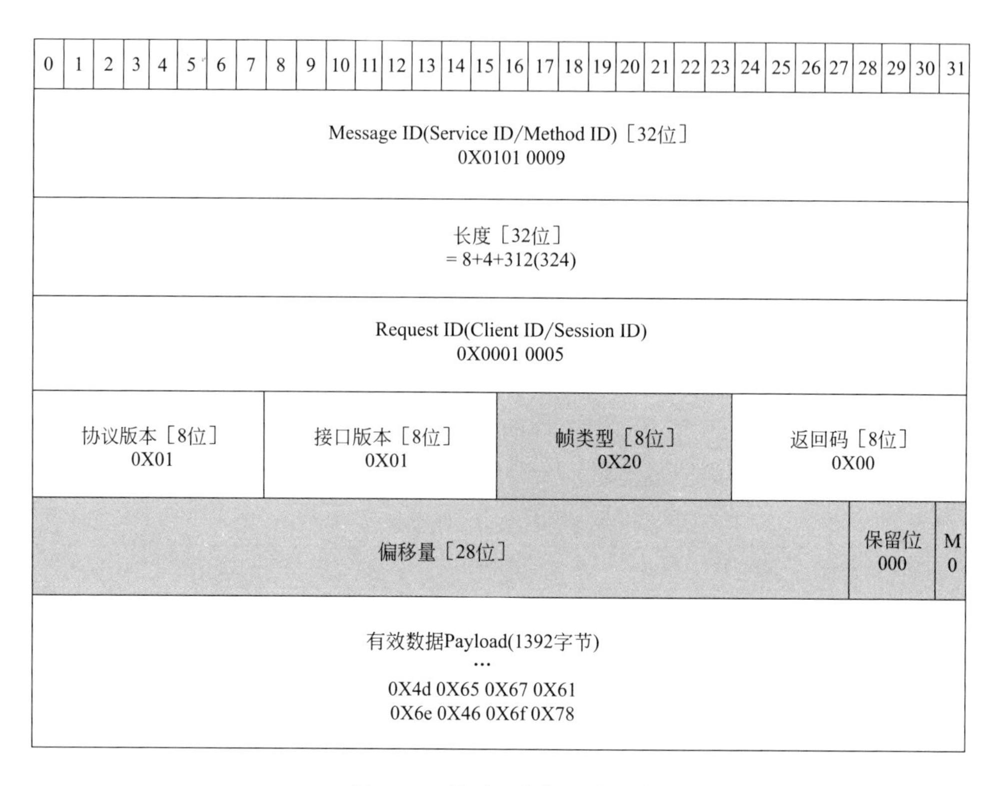

图 3-32　最后一段报文头格式

3.4.3　SOME/IP 的通信方式

Some/IP 面向服务的通信方式：请求/响应（Request/Response）通信（图 3-33），请求/无响应（Fire&Forget）通信（图 3-34），事件通知通信，字段（Field）通知通信。

一个通信伙伴（客户端）发送请求消息，由另一个通信伙伴（服务器）响应。有下述两种通信方式（图 3-33、图 3-34）。

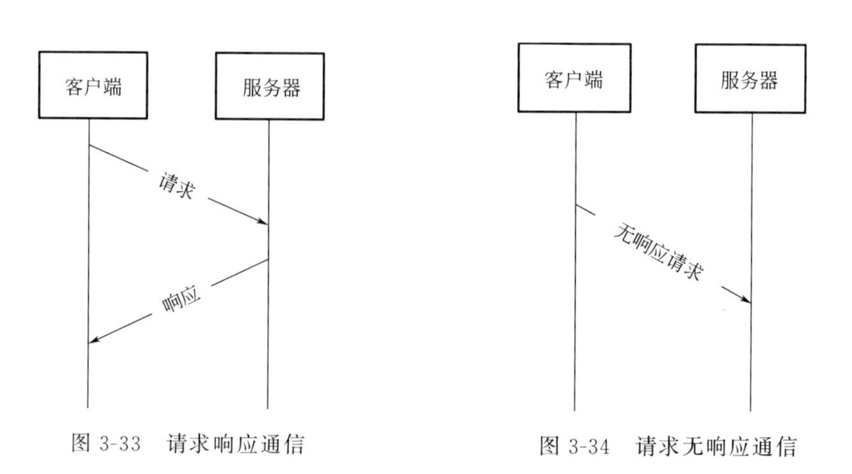

图 3-33　请求响应通信

图 3-34　请求无响应通信

事件通知描述了一般的发布/订阅概念。通常，服务器发布客户端订阅的服务。在某些情况下，服务器会向客户端发送一个事件，如更新的值或发生的事件。SOME/IP仅用于传输更新的值，而不用于发布和订阅机制。这些机制由SOME/IP-SD实现，实现方式如图3-35所示。

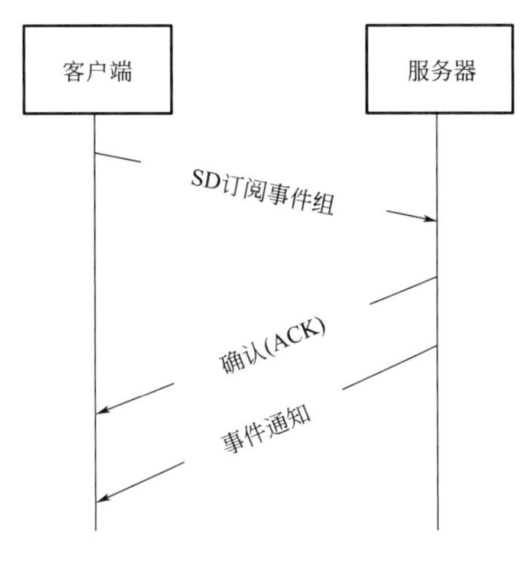

图3-35 事件通知通信

字段通知通信包括三种类型，即Setter、Getter、Notifier，不存在没有Setter、Getter和Notifier的字段，字段应至少包含一个Getter、Setter或Notifier。其中Setter和Getter是客户端向服务器发送的一种请求通信（图3-37），而Notifier是订阅后服务器的通知（图3-36）。与事件通知不同的是，事件通知中的Notifier仅仅是某个事件的发生，事件没有初始值，同时事件的生命周期没有定义，而字段通知除了事件通知外，还具有Getter和Setter的功能，即对信息进行读写的操作，同时带有初始化的事件仅仅在字段通知中。

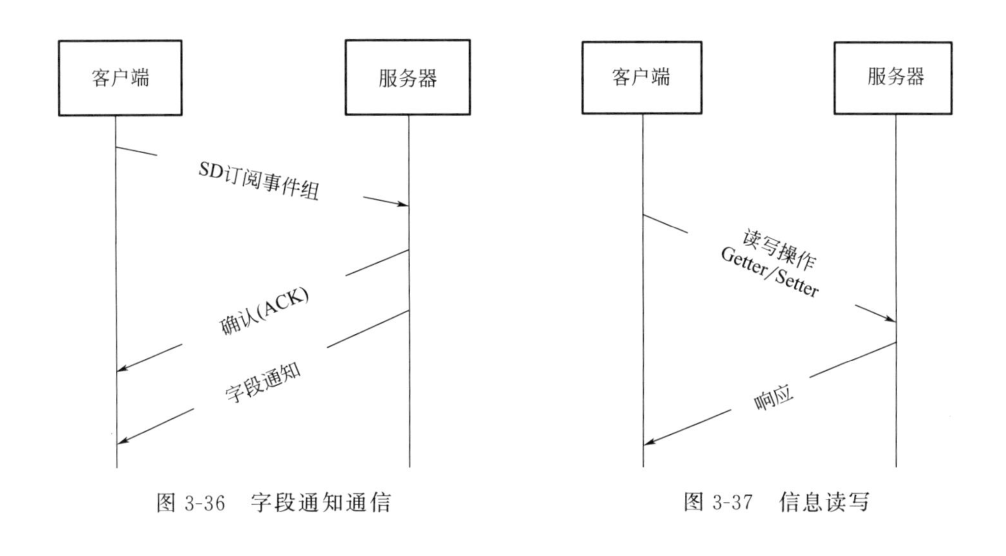

图3-36 字段通知通信

图3-37 信息读写

3.4.4 SOME/IP-SD 简介

在 SOME/IP 中为了使客户端能够有效地发现服务、订阅服务，并且在服务器的服务不可用时通知客户端，SOME/IP 在其基本协议层的基础上定义了 SOME/IP-SD 标准，其在协议中的位置如图 3-38 所示，该协议是依赖于 SOME/IP 的。

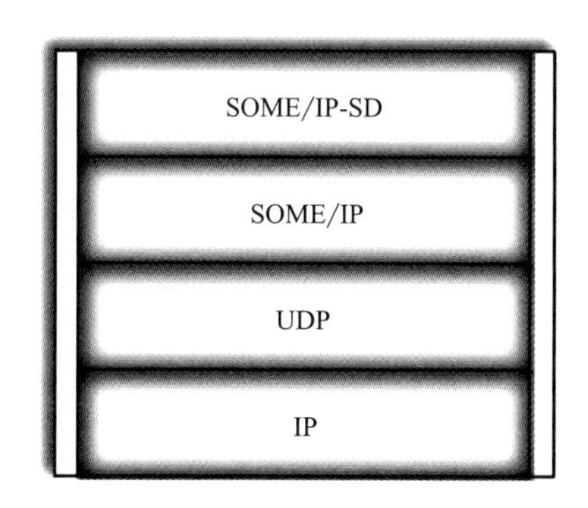

图 3-38 SOME/IP-SD 在协议中的位置

SOME/IP-SD 报文头格式如图 3-39 所示。

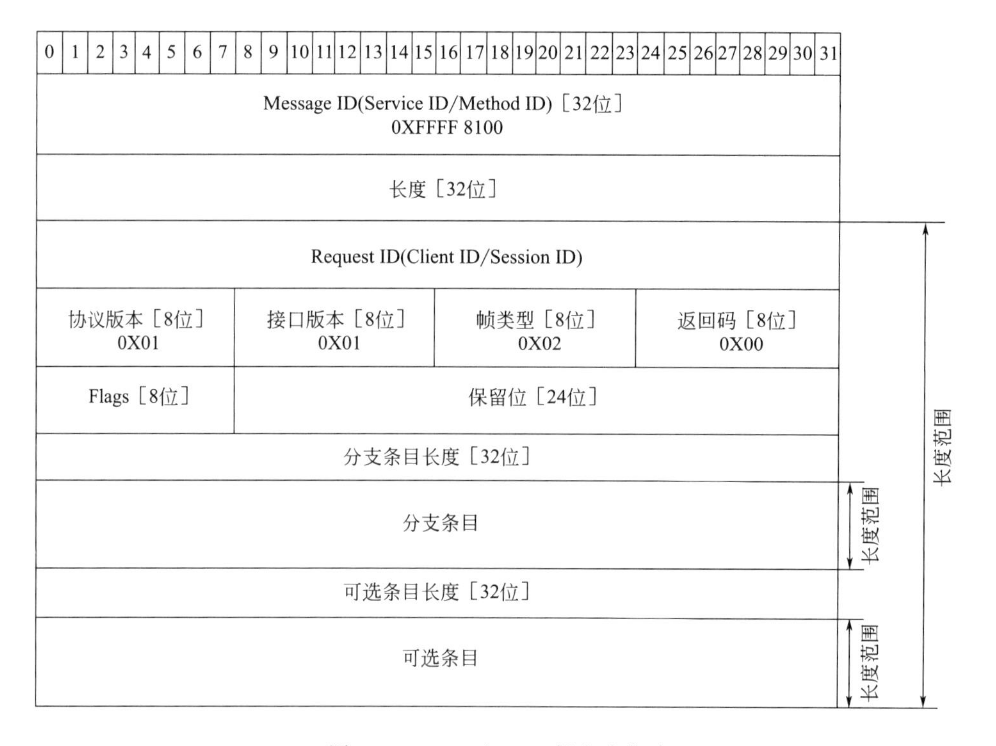

图 3-39 SOM/IP-SD 报文头格式

SOME/IP 基础字段中的 Message ID 固定为 0XFFFF 8100，Client ID 设置为 0X0000，Session ID 应以 1 开头，不得设置为 0，每发一条 SOME/IP-SD 消息 Session ID 递增，协议版本和接口版本目前定义为 1，Message Type 设置为 2（即通知信息 Notification），返回码在 SD 中不适用，因此返回码设置为 0X00。

SOME/IP 基础字段之后就是 SOME/IP-SD 的字段，定义如下。

Flags 字段包括重新启动标志（Reboot Flag）、单播标志（Unicast Flag）、显示初始数据控制标志（Explicit initial Data Control Flag），如图 3-40 所示。

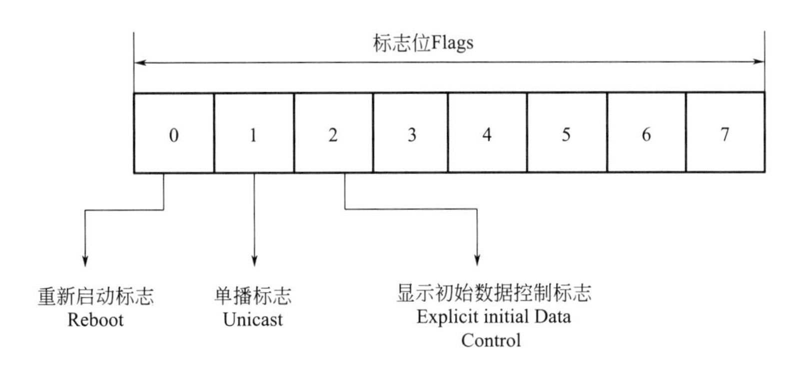

图 3-40 标志位定义

服务重新启动后，所有消息的 Reboot Flag 置为 1，直到 Session ID 重新从 1 开始计数，之后的 Reboot Flag 置为 0。

当 SOME/IP-SD 查找或提供服务实例或处理订阅时，是通过条目（Entry）来完成的，一条 SD 报文可以包含多个条目。有两类条目，即用于服务的 1 类条目和用于事件的 2 类条目。

1 类条目中包含以下几个部分（图 3-41）。

<table>
<tr><td>0</td><td>1</td><td>2</td><td>3</td><td>4</td><td>5</td><td>6</td><td>7</td><td>8</td><td>9</td><td>10</td><td>11</td><td>12</td><td>13</td><td>14</td><td>15</td><td>16</td><td>17</td><td>18</td><td>19</td><td>20</td><td>21</td><td>22</td><td>23</td><td>24</td><td>25</td><td>26</td><td>27</td><td>28</td><td>29</td><td>30</td><td>31</td></tr>
<tr><td colspan="8">Type</td><td colspan="8">Index 1st options</td><td colspan="8">Index 2st options</td><td colspan="4"># of opt 1</td><td colspan="4"># of opt 2</td></tr>
<tr><td colspan="16">服务ID(Service ID)</td><td colspan="16">实例ID(Instance ID)</td></tr>
<tr><td colspan="8">服务主版本号
Major Version</td><td colspan="24">TTL</td></tr>
<tr><td colspan="32">服务次版本号
Minor Version</td></tr>
</table>

图 3-41 SOME/IP-SD 1 类条目结构

Type 字段表示 SD 条目的类型，有三种类型，即查找服务（Find Service）、提供服务（Offer Service）、停止提供服务（Stop Offer Service）。

条目中 Index 1st options 字段和 Index 2st options 字段表示两个可选项在选项参数表中（Array）的编号；＃ of opt 1 字段和＃ of opt 2 字段表示两个可选项的参数表个数，0 表示该可选项不存在。

服务 ID（Service ID）和实例 ID（Instance ID）对应标识符，ID 静态配置参数具体取决于是服务器条目还是客户端条目。

Major Version：服务的主版本号。

TTL：“入口”的生命周期，单位为 s，表示查找、订阅信息的有效时间。

Minor Version：服务的次版本号。

2 类条目中不包含 Minor Version，代之的是 12 位保留位、计数器和事件组 ID，事件组 ID 是该服务中事件组的唯一标识符，计数器字段则用于区分具有相同 ID、版本号、TTL 的不同的订阅（图 3-42）。

选项参数包括四个部分，即 16 位的参数数据长度、8 位的参数类型、8 位保留位以及最后传输的参数（图 3-43）。

<table>
<tr><td>0</td><td>1</td><td>2</td><td>3</td><td>4</td><td>5</td><td>6</td><td>7</td><td>8</td><td>9</td><td>10</td><td>11</td><td>12</td><td>13</td><td>14</td><td>15</td><td>16</td><td>17</td><td>18</td><td>19</td><td>20</td><td>21</td><td>22</td><td>23</td><td>24</td><td>25</td><td>26</td><td>27</td><td>28</td><td>29</td><td>30</td><td>31</td></tr>
<tr><td colspan="8">Type</td><td colspan="8">Index 1st options</td><td colspan="8">Index 2st options</td><td colspan="4"># of opt
1</td><td colspan="4"># of opt
2</td></tr>
<tr><td colspan="16">服务ID(Service ID)</td><td colspan="16">实例ID(Instance ID)</td></tr>
<tr><td colspan="8">服务主版本号
Major Version</td><td colspan="24">TTL</td></tr>
<tr><td colspan="12">保留位
0X000</td><td colspan="4">计数器
Counter</td><td colspan="16">事件组ID
Eventgroup ID</td></tr>
</table>

图 3-42　SOME/IP-SD 2 类条目结构（事件组条目）

<table>
<tr><td>0</td><td>1</td><td>2</td><td>3</td><td>4</td><td>5</td><td>6</td><td>7</td><td>8</td><td>9</td><td>10</td><td>11</td><td>12</td><td>13</td><td>14</td><td>15</td><td>16</td><td>17</td><td>18</td><td>19</td><td>20</td><td>21</td><td>22</td><td>23</td><td>24</td><td>25</td><td>26</td><td>27</td><td>28</td><td>29</td><td>30</td><td>31</td></tr>
<tr><td colspan="16">数据长度</td><td colspan="8">参数类型</td><td colspan="8">保留位</td></tr>
<tr><td colspan="32">配置参数</td></tr>
</table>

图 3-43　SOME/IP-SD 选项参数格式

参数数据长度为参数所占的字节数+1，当前协议版本支持的参数类型有以下几类。

① Type=0X01 对应任意 8 位二进制的数组，如字符串等，字符串的第一个字节为该字符串的长度，参数必须以 0 结束，表示后面没有字符串。例如配置 abc=x def=123 这两个字符串，第一个字符串占 5 个字节，第二个字符串占 7 个字节，参数表示如图 3-44 所示，［5］表示数值 5，其余字符用 ASCII 表示。

<table>
<tr><td>0</td><td>1</td><td>2</td><td>3</td><td>4</td><td>5</td><td>6</td><td>7</td><td>8</td><td>9</td><td>10</td><td>11</td><td>12</td><td>13</td><td>14</td><td>15</td><td>16</td><td>17</td><td>18</td><td>19</td><td>20</td><td>21</td><td>22</td><td>23</td><td>24</td><td>25</td><td>26</td><td>27</td><td>28</td><td>29</td><td>30</td><td>31</td></tr>
<tr><td colspan="16">数据长度=0X0010</td><td colspan="8">参数类型=0X01</td><td colspan="8">保留位=0X00</td></tr>
<tr><td colspan="8">［5］</td><td colspan="8">a</td><td colspan="8">b</td><td colspan="8">c</td></tr>
<tr><td colspan="8">=</td><td colspan="8">x</td><td colspan="8">［7］</td><td colspan="8">d</td></tr>
<tr><td colspan="8">e</td><td colspan="8">f</td><td colspan="8">=</td><td colspan="8">1</td></tr>
<tr><td colspan="8">2</td><td colspan="8">3</td><td colspan="8">［0］</td></tr>
</table>

图 3-44 SOME/IP-SD 参数配置示例

② Type=0X02 表示权重和优先级配置，用于确定服务的不同实例的优先级以及权重，以便客户端根据这些设置选择服务实例。

③ Type=0X04 表示 IPV4 端点配置。

④ Type=0X06 表示 IPV6 端点配置。

⑤ Type=0X14 表示 IPV4 多播模式的端点配置。

⑥ Type=0X16 表示 IPV6 多播模式的端点配置。

⑦ Type=0X24 表示 IPV4 SD 端点配置。

⑧ Type=0X26 表示 IPV6 SD 端点配置。

图 3-45 演示了一个 SOME/IP-SD 的应用实例，该实例包含两个服务。第一个服务是查找服务，用于查找 ID=0X4711 的任意版本的所有实例，两个可选参数个数都为 0，因此没有可选参数。第二个是提供服务，提供了一个 ID 为 0X1234、主版本号为 1、次版本号为 0X32、实例为 0X0001 的服务，该服务有一个编号为 1 的可选参数，所以紧随其后的第一个参数为其可选参数，参数类型为 0X04，对应 IPV4 配置，配置的参数是地址为 192.168.0.1、端口为 55555 的 UDP 协议。

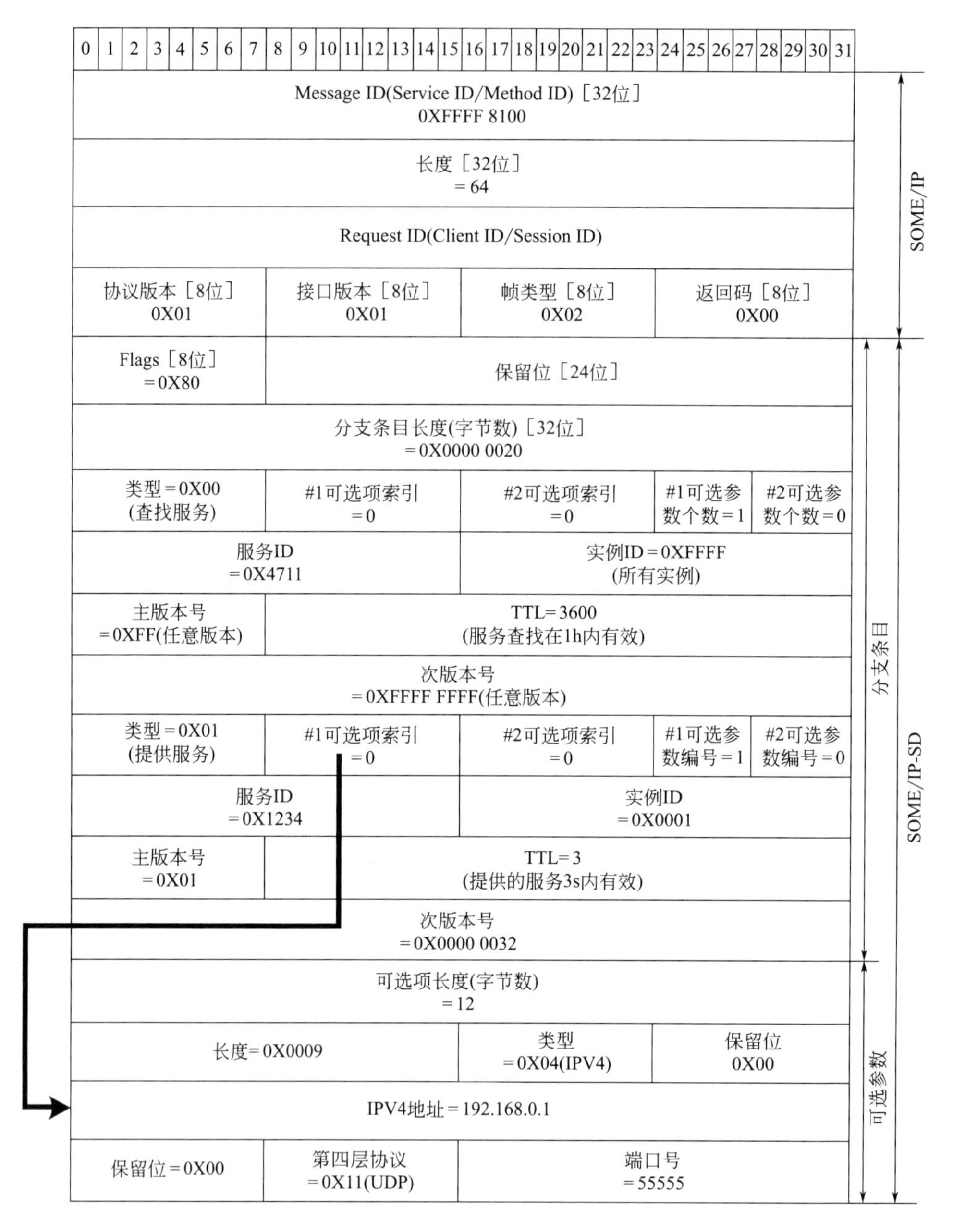

图 3-45　SOME/IP-SD 配置实例

3.5 AVB 协议

考虑到传统以太网在传输语音、多媒体及其他动态内容等动态数据传输的延时和不同步，IEEE 在原先的 802.3 物理层的基础上制定了音频、视频桥接技术系列标准（AVB），在保持完全兼容现有以太网体系的基础上，对现有的以太网进行功能扩展，通过保障带宽（Bandwidth）、限制延时（Latency）和精确时钟同步（Time synchronization），通过建立高质量、低延时、时间同步的音视频以太网络，提供各种普通数据及实时音视频流的局域网配套解决方案。

AVB体系主要包括以下几个标准。

① IEEE 802.1AS精准时间同步协议（简称PTP），提供低延时、低抖动的时钟。

② IEEE 802.1Qat流预留协议（简称SRP）：解决网络中AV实时流量与普通异步TCP流量之间的竞争问题。通过协商机制，在AV流从源设备到不同交换机再到终端设备的整个路径上预留出所需的带宽资源，以提供端到端（End-to-End）的服务质量及延迟保障。

③ IEEE 802.1Qav队列及转发协议（简称Qav）：解决网络中AV实时流量与普通异步TCP流量之间的竞争问题。通过协商机制，在AV流从源设备到不同交换机再到终端设备的整个路径上预留出所需的带宽资源，以提供端到端（End-to-End）的服务质量及延迟保障。

④ IEEE 1722—2016：音视频传输协议（简称AVTP）。

⑤ IEEE 1722.1—2013：音视频管理协议（简称AVDECC），负责服务发现、节点能力遍历、链接管理等控制功能。

⑥ IEEE 1733—2011：基于AVB的RTP/RTCP传输协议，主要是将传统的RTP/RTCP流映射到二层的AVB流，使用二层AVB的性能，从而降低延时、提高同步精度。

标准体系中的各部分在OSI中的位置如图3-46所示。

可见，AVB总线与TCP/IP采用的是完全不同的网络层。

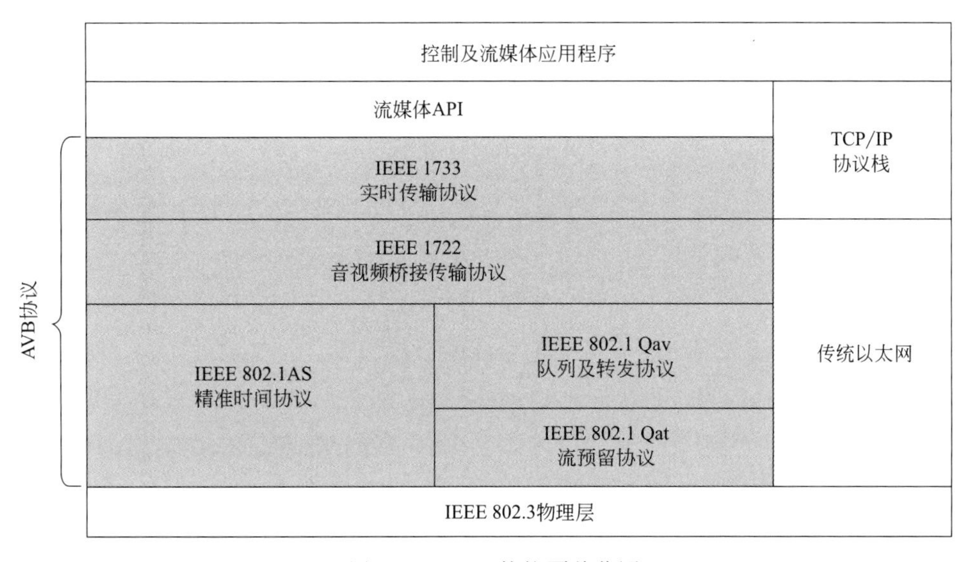

图3-46　AVB协议覆盖范围

3.5.1 AVB中的时间同步机制

AVB中的时间同步机制gPTP（IEEE 802.1AS）确保所有局域网里节点的时间完全一致（纳秒级别的误差），gPTP定义有两种设备类型，即TaeS（Time-aware-end Station）和TaB（Time-aware Bridge）。每种设备都具有本地时钟，本地时钟都是通过晶振的振荡周期进行度量的，设备内部硬件计数器负责对振荡周期进行计数。设备中用来发布时间同步报文的网络端口称为主端口，用来接收时间同步报文的端口称为从端口。一个简单的gPTP系统结构如图3-47所示。

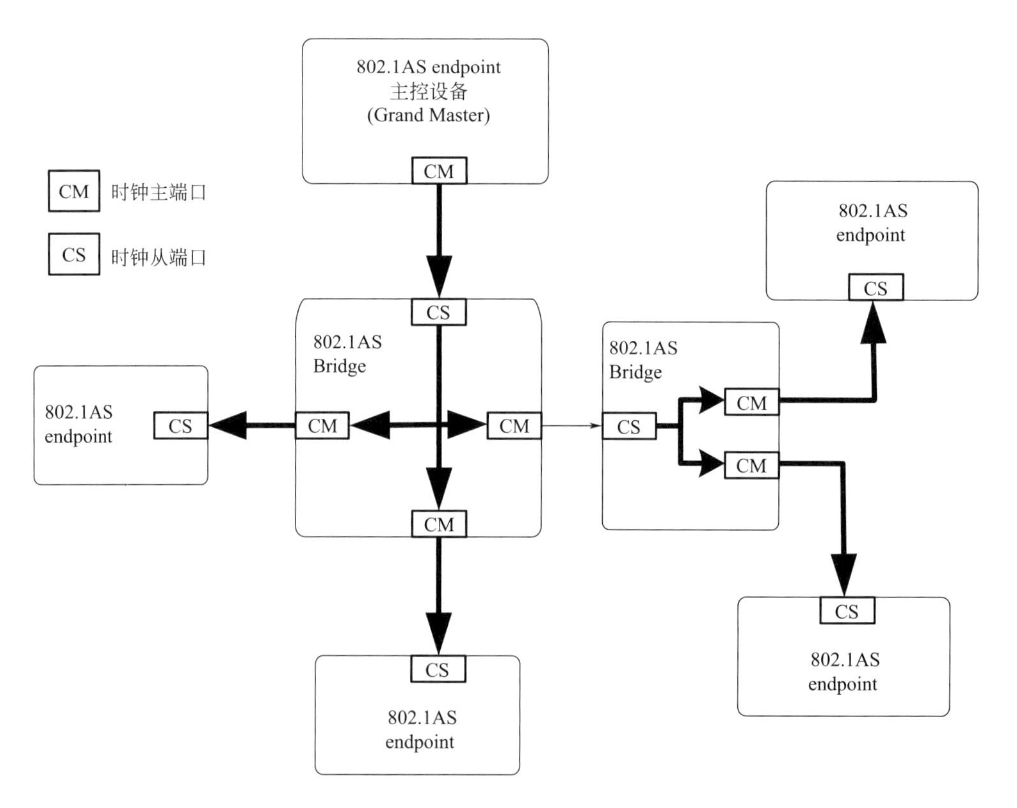

图3-47 AVB系统时钟传递结构示意

TaeS设备可以是系统内的主时钟（时间源，Grandmaster），也可以是从时钟（被校时的设备），图3-47中标注了802.1AS endpoint的就是这种设备。TaB设备可以是主时钟，也可以仅仅是个桥接设备，连接网络内的其他设备。作为中转设备，它需要接收主时钟的时间信息并将该信息转发出去（在转发时，需要矫正链路传输时延和驻留时间）。图中标注了802.1AS Bridge的就是这种设备。

图 3-47 展示了一个简单的 gPTP 系统，包含 1 个主时钟，2 个桥接设备，4 个从时钟。主时钟是系统内的时间基准，一般具有更高精度的本地时钟，同时需要能够被高精度准时钟源（如卫星系统、原子钟等）授时。主时钟在系统内可以动态分配，也可以预先分配（对于车载固定拓扑应用场景，多采用预先分配的原则）。

时间同步方式如图 3-48 所示，gPTP 规定一个局域网里只能有一个 Master，其他全部是 Slave，同时只有 endpoint 能参与作为时钟节点，Bridge 不能作为时钟节点，只能作为透明时钟。Master 节点通过发送 Sync 和 Follow_up 这两个帧告知 Slave 当前时间，Slave 把在网线上传输的时间 Pdelay 加上，得到和 Master 相同的时间。Slave 利用 Master 发来的 Sync、Follow-up 帧和测量的 Pdelay 来纠正 MAC 里面的 timer 计数器里的值，以消除晶振误差。有了 gPTP 的协议支持，不管是 Master 的代码去读 timer 的值，还是 Slave 的代码去读 timer 的值，理论上认为获得的值都是一样的。

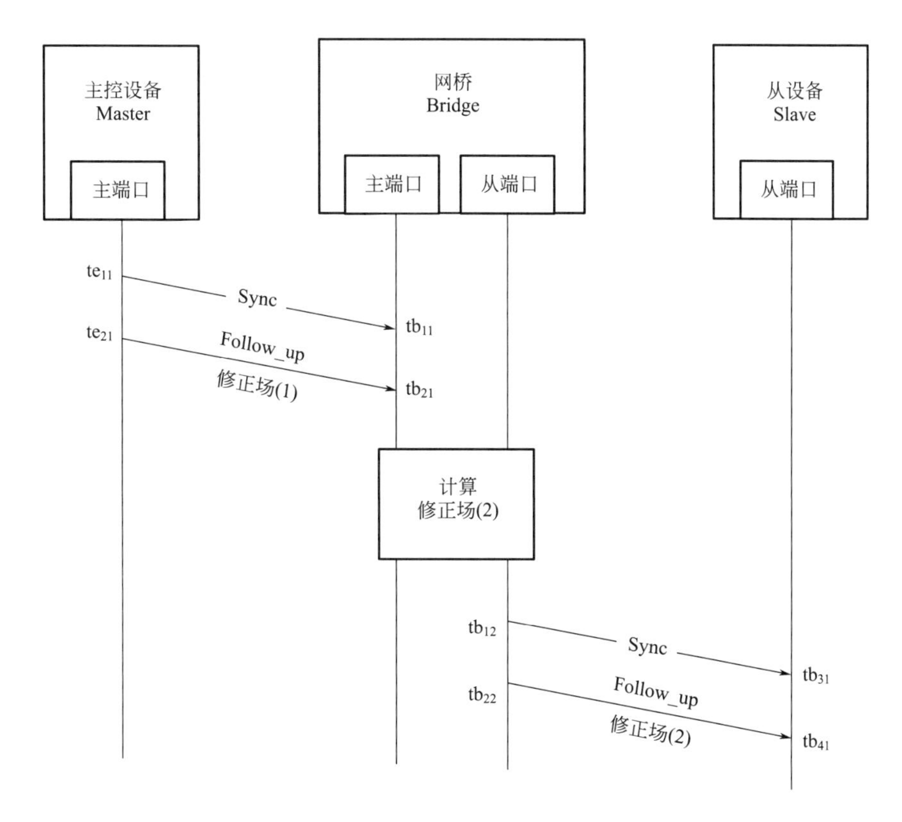

图 3-48　gPTP 时间同步方式

在汽车以太网中，测量延时 Pdelay 过程 A 和 B 会互相发起，但不用太频繁，因为这个值主要受线的长度影响，一旦固定下来，就不会有大的变化了。测量时间的方法如图 3-49 所示。

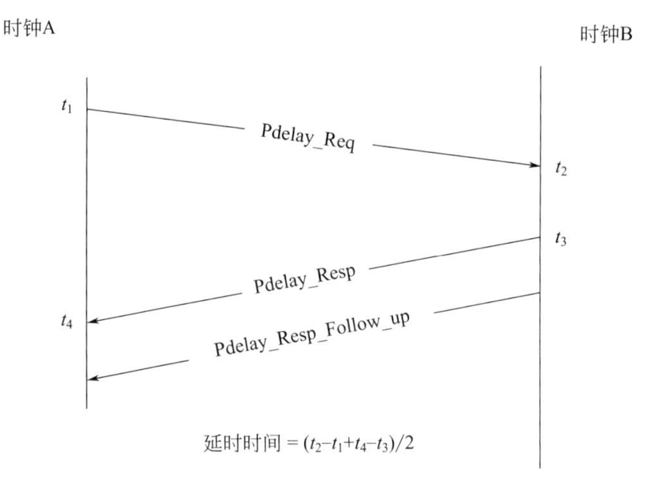

图 3-49　gPTP 时间测量方法

3.5.2　SRP 协议

流注册协议（SRP）用于注册数据流并通过其路径将资源分配给流。该协议由 IEEE 802.1Q 规范，当信息提供者和一个或多个接收者通过网络路径注册其对同一数据流的意图时，端点之间的网络桥会维护带宽预留记录足够的带宽和其他资源。SRP 在多注册协议（MRP）上实现，这个由 IEEE 802.1Qak 规范。MRP 是一种通用协议，允许其参与者注册可能以特定于应用程序的方式在整个 LAN 中传播的属性。它也是多 VLAN 注册协议（MVRP）和多 MAC 注册协议（MMRP）的基础协议，这两个协议以前都存在，并且可以与 SRP 一起使用。SRP 提供了一种新的 MRP 应用程序，称为多流注册协议（MSRP），用于管理与流带宽预留相关的属性。

图 3-50 所示为 AVB 系统网络拓扑结构，网络中所有节点都共享由 gPTP 确定的同一个虚拟时钟。其中有以下两类节点：收发音视频数据的端点；音视频网桥。

收发音视频数据的端点 endpoint，可以进一步分为接收音视频数据的节点 Listener 和输出音视频数据的节点 Talker 两种，一个节点可以包含多个 Talker，即产生多条音视频数据流，也可以具有 Talker 和 Listener 的双重身份，既对外输出，又接收别人的数据。

在 SRP 中，流服务的提供者称为 Talker，流服务的接收者称为 Listener。同一个 Talker 提供的流服务可同时被多个 Listener 接收，SRP 允许只保障从 Talker 到 Listener 的单向数据流流动。只要从 Talker 到多个 Listener

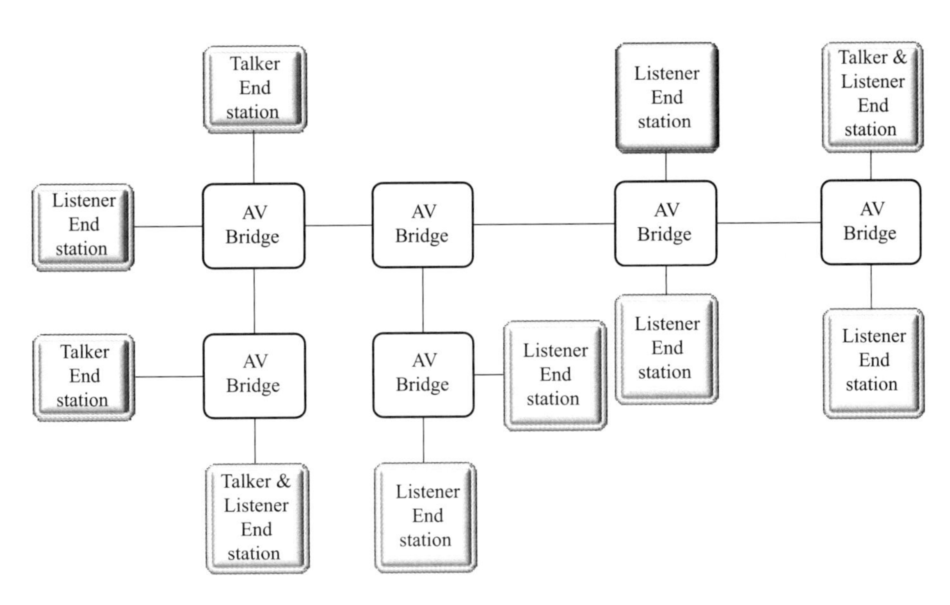

图 3-50　AVB 系统网络拓扑结构

中的任意一条路径上的带宽资源能够协商并锁定，Talker 就可以开始提供实时数据流传输服务。SRP 内部周期性的状态机制维护着 Talker 及 Listener 的注册信息，能够动态地对网络节点状态进行监测并更新其内部注册信息数据库，以适应网络拓扑的动态改变。无论 Talker 还是 Listener，都可以随时加入或者离开 AVB 的网络，而不会对 AVB 网络的整体功能和状态造成不可恢复的影响。

由于 SRP 在 AVB 网络的网桥中运行，它在每个网桥中维护一组表，记录与其运行相关的信息，这些数据包括一些通用的网桥数据、每个端口数据、每个数据流和保留数据，其目的是跟踪哪些端口参与了 SRP 协议，对等点之间的通信延迟，潜在的带宽要求、等级和优先级，以及所有注册预订尝试的状态、描述和错误报告信息。该信息由网桥用于实现时间敏感流（FQT，单独标准化为 IEEE 802. 1Qav）的转发和排队，以通过 LAN 的保留路径为流提供有保证的带宽管理。

发送端（Talker）需要发送信息时，先发送广播信息尝试注册，信息中包含了流 ID（StreamID）、数据流目标（StreamDA）、网络 ID（VLAN-ID）、音视频流类型（SR CLASS）等。信息通过网桥发送到接收端（Listener），若接收端接收到广播信息，则通过 MVRP 注册，并按 MSRP 协议声明需要使用的流 ID（StreamID），发送端接收到接收端的反馈信息，则将需要使用的流数据发送出去。

在整个数据发送过程中，发送者并不需要知道接收者信息。广播注册（Talker Advertise）的返回信息有三种情况：Ready，表示所有接收端都能接收并保存处理信息；Ready Failed，表示至少有一个接收端打算侦听并已成功保留信息，但至少有一个其他接收端打算侦听但无法保留资源；Asking Failed，没有一个接收端同时打算侦听并成功保留资源。

SRP 的关键在于支持 SRP 的网桥，网桥需要确定每个端口参与者是否是同一 SRP 域的成员，任何没有域属性注册或域属性与该端口上声明的域不匹配的网桥端口都被视为域的边界端口，不允许跨边界端口保留流，但 MSRP 属性将在它们之间传播，并进行修改以指示失败。

3.5.3 AVTP 简介

AVB 协议上层为音视频传输协议 IEEE 1722，是 AVB 中的链路层传输协议，其主要作用有两个：音视频数据封装，将音视频数据封装成相应的格式在链路层传输；媒体时钟同步，不同的媒体类型有自己的媒体时钟，这些媒体时钟都映射到 gPTP 时间（同一个时间坐标系），接收端可以轻松进行媒体时钟恢复。AVTP 是链路层的传输协议，并且是基于 VLAN 的。针对不同的音视频格式，AVTP 有不同的 Header 和 Payload 格式。AVTP 的报文头分为多个层级，包含通用部分和随音视频格式变化部分，这里不再详细介绍。

第4章 新能源汽车动力底盘域

4.1 常见新能源汽车动力域

新能源汽车是指除汽油、柴油发动机之外所有其他能源汽车。新能源汽车种类繁多，包括燃料电池汽车、混合动力汽车、纯电动汽车以及其他新能源汽车（如氢能源、太阳能汽车）等，目前市面上较为普及的主要是混合动力汽车和纯电动汽车。

4.1.1 混合动力汽车动力域

4.1.1.1 混合动力汽车的动力域类型

混合动力通常指的是电池动力和燃油动力的混合，混合动力汽车的结构较复杂，具有传统汽车与纯电动汽车的双重部件，混合动力汽车配置有内燃机、动力电池、动力驱动单元、DC/DC 转换器，如果是插电式混合动力汽车还配置有车载充电器等。根据混合动力电动汽车零部件的种类、数量和连接关系，可以将其分为三类：串联式混合动力汽车、并联式混合动力汽车和混联式混合动力汽车。

(1) 串联式混合动力汽车动力域

串联式混合动力汽车电机作为电动机或发电机使用，发动机不直接驱动汽车行驶，发动机和发电机系统只用来提供电能，结构如图 4-1 所示。按电能的传输方式分，车辆有以下几种工作模式。

① 纯电池驱动，此时发动机关闭，车辆从车载电池组中获得电能，驱动车辆前进。

② 纯发动机驱动，车辆驱动功率来源于发动机-发电机组成的发电单元，这时车载电池组既不供电也不从发电单元获取电能。

③ 混合驱动，驱动电动机同时从电池组和发动机-发电机发电单元获取电能，驱动车辆。

④ 行车充电，发动机-发电机除向车辆提供行驶所需功率外，还向电池组充电。

⑤ 制动能量回收，即再生制动能量回收，由牵引电动机作为发电机回收减速或制动过程的能量并向电池组充电。

⑥ 停车充电，牵引电动机不接收功率，车辆停驶，发动机-发电机组仅向蓄电池组充电。

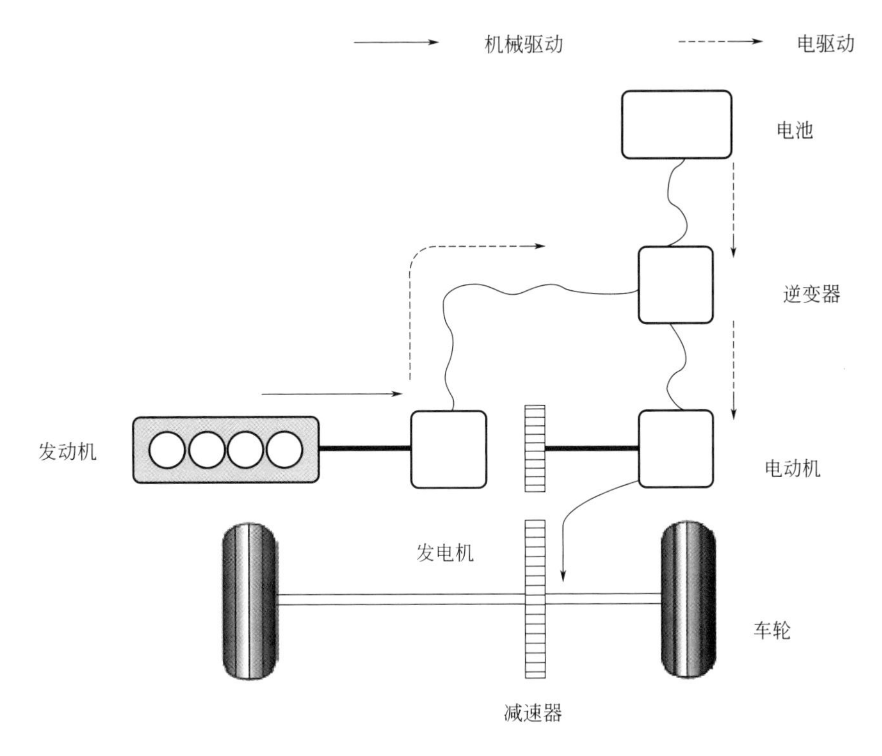

图 4-1　串联式混合动力汽车结构

在串联式混合动力汽车中的发动机工作状态不受行驶工况的限制，可以始终工作在一个较为稳定高效的区域，使油耗和有害气体排放降至最低值。

串联式混合动力汽车具有如下优点。

① 发动机工作稳定，排放相对较小。

② 结构较简单，控制相对简单；

③ 由于电机是汽车唯一的动力源，所以电机的额定功率应足够大，使制动时回收制动能量的潜力较大。

同时，其也存在如下缺点。

① 所需的电机额定功率较大，电池容量也较大，因而其尺寸和重量都较大，使在小型电动汽车如轿车上布置较困难。

② 发动机不能直接进行驱动，输出能量需经发电机转化为电能，再通过电动机进行驱动，能量转换次数多，效率较低。

③ 成本较高。

(2) 并联式混合动力汽车动力域

并联式混合动力汽车可由发动机和电动机共同驱动或单独驱动，结构如图 4-2 所示。根据不同的工况要求和能量分配方案可将并联式混合动力汽车工作模式分为以下六种。

① 怠速/停车模式，此时电机和发动机关闭，如果电池电量不足，则发动机工作，电机处于发电机状态向电池充电。

② 纯电动模式，在输出功率要求较低且电池电量充足情况下，发动机关闭，由电池驱动电机提供动力，此时电机处于电动机状态。

③ 纯发动机模式，在车辆中等输出功率情况下，且电池无需充电时，发动机独立工作，电机关闭，这与传统车辆工作模式相同。

④ 混合驱动模式，当车辆负荷过大或急加速等情况下，电机与发动机共同工作，提供较大的动力输出。

⑤ 行车充电模式，若电池电量较低时，发动机在提供车辆动力的同时还驱动电机发电给电池充电。

⑥ 再生制动模式，在车辆制动、减速时，电机作为发电机回收车辆减速、制动的能量。

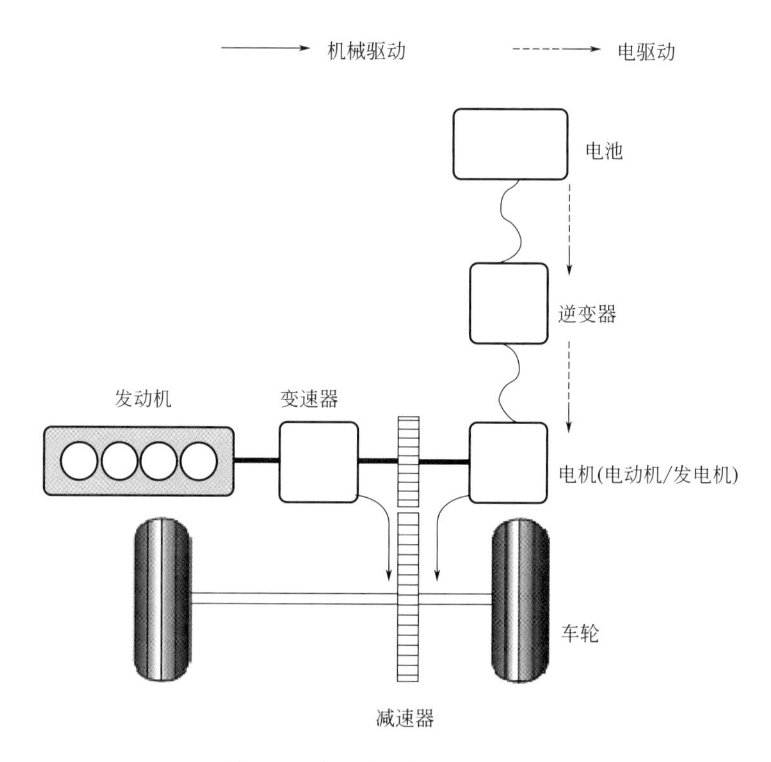

图 4-2 并联式混合动力汽车结构

并联式混合动力汽车具有如下优点。

① 发动机可以直接通过传动系统驱动车轮，其能量损失相对较小，效率较高。

② 电机既可作为电动机使用，又可作为发电机使用，因此不需要单独的发电机。

③ 发动机和电机可以并行驱动，可以选取较小功率的发动机和电机，另外也可选取容量较小的动力电池，因而各动力部件尺寸和重量都相对较小，适合应用在小型电动汽车上。

④ 成本相对较低。

同时，其也存在如下缺点。

① 发动机工作点受汽车行驶工况的影响，因此不适于汽车行驶工况变化较多、较大的情况。

② 发动机和电机之间需通过机械装置连接，增加了布置的难度。

(3) 混联式混合动力汽车动力域

混联式混合动力汽车的动力系统结合了并联式和串联式混合动力汽车动力系统的特点，发动机连接了发电机，发动机可以直接驱动车辆，也可以给电池充电，增加的发电机可以在电动机工作时给电池充电，结构如图 4-3 所示。混联式混合动力汽车可以实现上述串联式和并联式混合动力汽车的所有工作模式。在低速行驶时，主要以串联方式进行工作；在高速行驶时，主要以并联方式进行工作。因此，混联式混合动力汽车能够适应各种工况，在各种不同工况下，系统都能工作在最优状态。然而，混联式混合动力汽车结构相比并联式更为复杂，实现方式也很复杂，对车企优化控制策略水平要求较高，成本相对也较高。

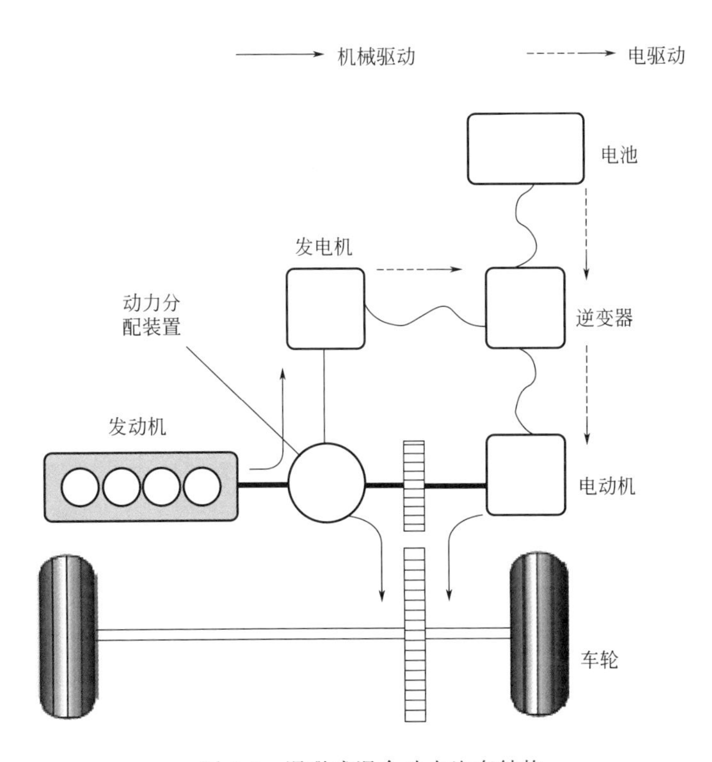

图 4-3　混联式混合动力汽车结构

4.1.1.2 混合动力汽车的动力域结构

混合动力汽车动力域包含多个部件，由于各部件之间的耦合关系复杂，在各种运行工况下模式切换复杂，域控制器需要以多核安全微处理器为核心的硬件平台对动力域内子控制器进行功能整合。其功能主要包括车辆行驶工作模式的识别、动力系统能量管理和优化、动力总成的优化与控制、智能故障诊断以及车辆系统热管理分析和通信管理等功能。动力域子系统采用 CAN 或 FlexRay 总线实现实时控制，动力域控制器与其他域之间的主干通信网络采用车载以太网。混合动力汽车的动力域结构如图 4-4 所示。

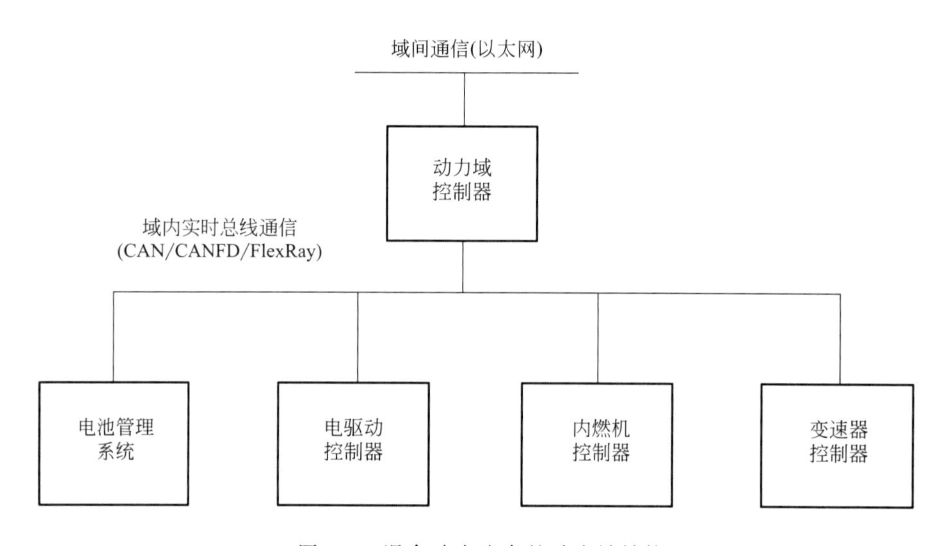

图 4-4 混合动力汽车的动力域结构

(1) 电驱动子系统

电驱动子系统包含电机、电源逆变器和 ECU 控制器。电驱动子系统的主要功能是依据驾驶员操作意图、混合动力管理策略和车辆当前状态对输出转矩的要求实现电机转矩控制。永磁同步电机（PMSM）具有较高效率、高功率密度和低转子惯性的优点，因此目前在新能源汽车领域的驱动电机中被广泛采用。考虑到车载应用中的电磁兼容性要求以及可靠性要求，车辆驱动用永磁同步电机常用两种控制方式，即磁场定向控制（FOC）和直接转矩控制（DTC）。

如图 4-5 所示，FOC 控制过程中，首先采集三相电机的其中两相的电流矢量 ia、ib（最后一相 ic 可以通过基尔霍夫电流定律计算得出），将其输入 Clarke 变换模块，经过处理后可得到两个正交的时变电流矢量 iα 和 iβ，将以上得出的两个正交时变电流矢量 iα 和 iβ 输入至 Park 变换模块，经处理可得两个正交的常矢量 id 和 iq，将以上得出的常矢量输入 PI 控制器，经处理输出要作用于电机的电压矢量 Vq 和 Vd，将以上得到的电压矢量经逆 Park 和逆 Clarke 变换后，通过 SVPWM 技术对电机进行下一步控制。这个过程中主要目的是将三个电流矢量转换为两个电流常矢量，然后将这两个常矢量进行 PID 处理后再逆转换为三个电压矢量，最后通过 SVPWM 技术对电机进行控制。

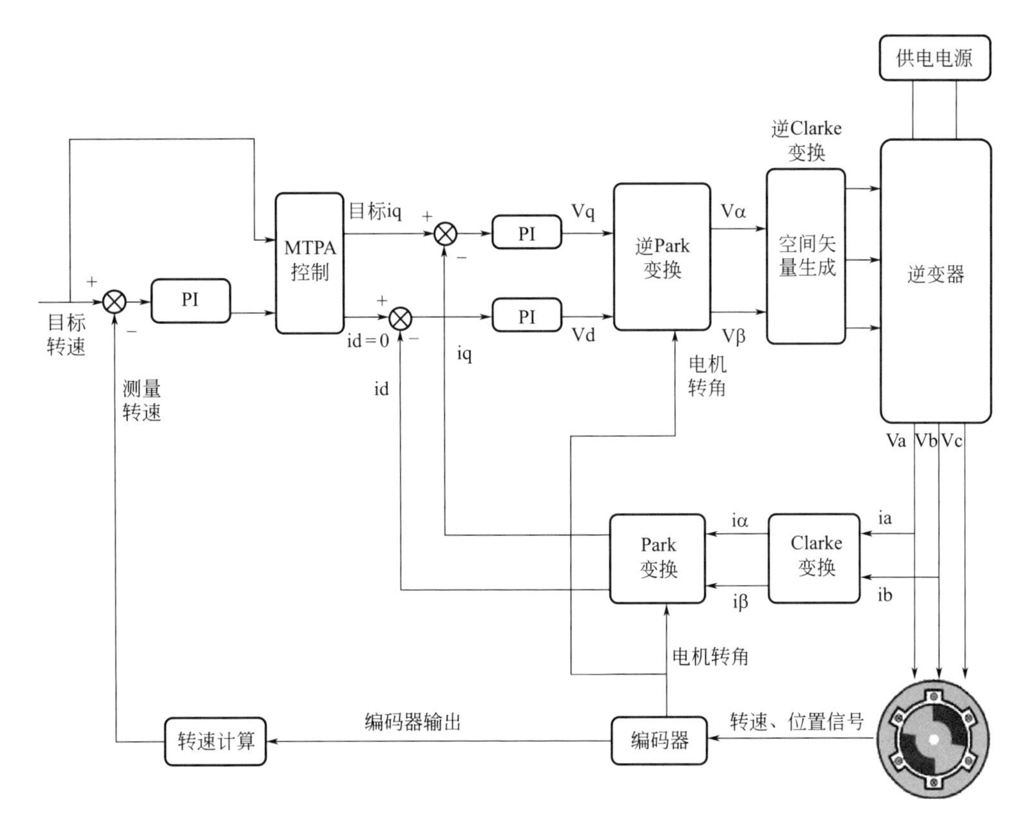

图 4-5　FOC 控制框图

在 FOC 控制方式中，闭环控制从内到外为电流环、速度环、位置环，电流反馈以控制电机电流（转矩），然后通过控制转矩来控制电机的转速，再通过控制电机的转速控制电机位置。动力域驱动电机多数情况下是控制目标转矩，因此主要使用了 id、iq 电流环闭环控制，是 FOC 控制的最内环。

DTC 是 20 世纪 80 年代中期由德国学者 Depenbrock 教授提出的电机简化控制方式，其基本思路是不再将定子侧的相关变量折算到转子的旋转坐标系下，放弃了矢量控制中电流解耦的控制思想，去掉了 PI 调节模块、逆 Clarke-Park 变换和 SVPWM 模块，转而通过检测母线电压和定子电流，直接计算出电机的磁链和转矩，并利用两个滞环比较器直接实现对定子磁链和转矩的解耦控制，控制框图如图 4-6 所示。

图 4-6 所示的 DTC 控制方案是将转子磁通定向更换为定子磁通定向，取消了旋转坐标变换，减弱了系统对电机参数的依赖性，通过实时检测电机定子电压和电流，计算转矩和磁链的幅值，并分别与转矩和磁链的给定值比较，利用

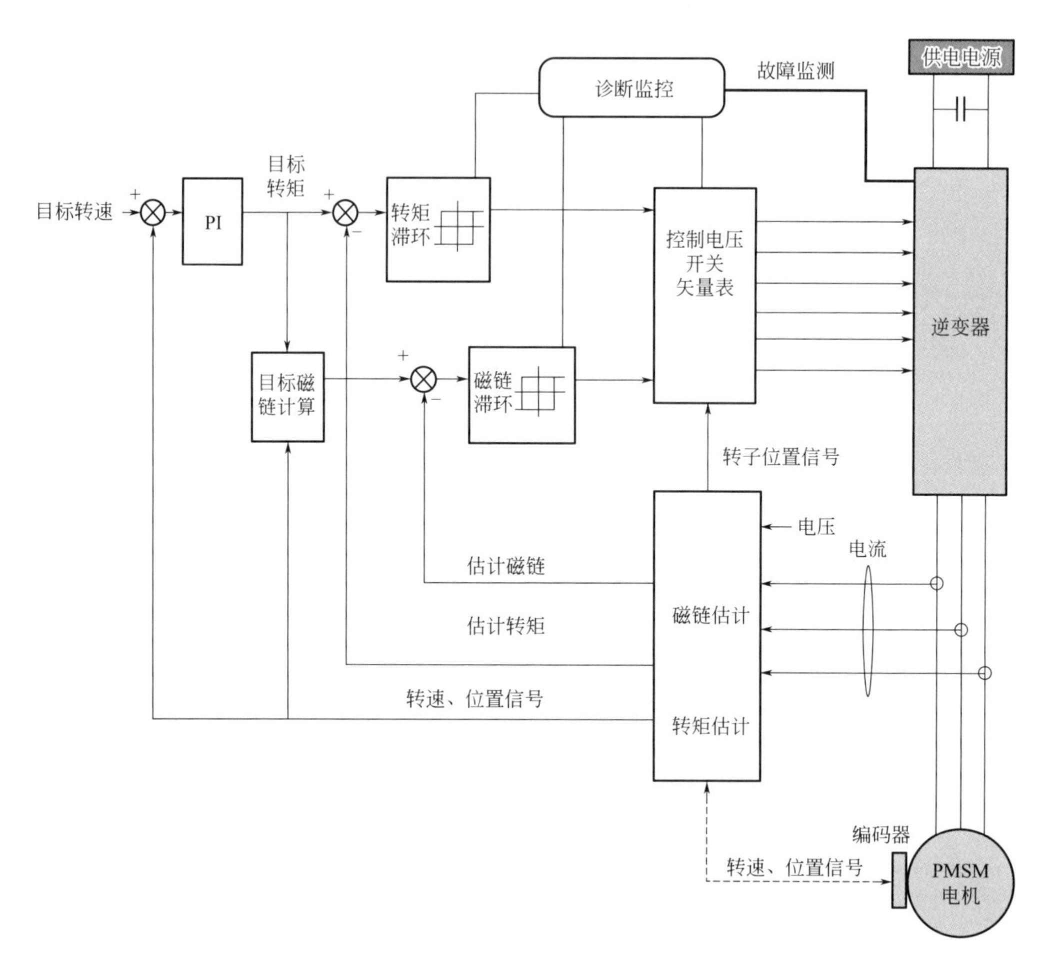

图 4-6　DTC 控制框图

所得差值来控制定子磁链的幅值及该矢量相对于磁链的夹角，由转矩和磁链调节器直接输出所需的空间电压矢量，从而达到直接控制转矩和磁链的目的。

经典的 DTC 方案比 FOC 方案更容易实现，但由于 DTC 的定子磁链不是正圆形，因而在理想情况下也存在转矩波动，可以通过提高软件运行的频率来减小锯齿，也可以采用更复杂的 DTC 方案，如采用混合 SVM-DTC 的控制方法来减小锯齿，通过恒定开关将转矩和磁通纹波降至最低。

电驱动子系统的可靠性设计是保障车辆正常工作的重要条件。可靠性设计包括故障管理、保护和诊断以及通信。在故障处理和保护中，考虑到子系统的整体性能，必须强调功率器件的热保护和传感器故障保护。同时对于通信系统的实时性和确定性要求也是电驱动子系统可靠性的基本要求。

(2) 发动机子系统

不同结构的混合动力系统中内燃机对排放和油耗的影响不同，对于微型、轻度甚至全混合动力系统，由于混合程度较低，内燃机对车辆排放和油耗有较大影响，在具有高混合度的串联结构中燃油发动机的作用不那么重要，其运行模式和功能要求也不那么严格。因此针对某些插电式的串联混合动力系统，很多企业开发出了新一代低功率、尺寸重量优化和高效率的内燃机作为增程器。与传统内燃机技术相同，混合动力汽车的内燃机控制包含电子节气门控制、燃油喷射控制、可变几何涡轮增压器控制、排放控制、蒸发排放控制以及电动泵和风扇控制等，作为一种成熟的动力设备，内燃机在混合动力电动汽车上的应用难度不大。

(3) 变速器子系统

不同的混合动力系统架构的变速器有很大差别，在并联式和混联式系统中，内燃机可以直接驱动车轮，变速器使用的是传统的变速器技术，包括传统的手动、自动多挡甚至连续可变变速器等。在电动机直接驱动车轮的状态下，由于电动机具备良好的转矩-转速特性，因此常使用固定速比的减速器或挡位数较少（如两挡或三挡）的变速器，大多数纯电动汽车和串联结构的插电式混合动力汽车中都用此类方式。而并联式和串联式混合动力汽车比较多的情况是将电动机加装在变速器输入轴上，电动机与发动机之间加入一个切换离合器。

利用传统的成熟的自动变速器加装电驱动系统的动力传动模式虽然研发周期短，能够快速满足市场需求，然而成本高昂，系统复杂，在混合动力汽车量产时，考虑到性价比，就需要厂家开发新型专用混合动力变速器。目前，众多主流汽车企业大力开发多种专用混合动力变速器，也证明了这种趋势。

混合动力专用变速器（DHT）一般是通过集成一个或多个电动机到变速器中形成带电动机的自动变速器系统，加上发动机输入后即可实现混合动力驱动的功能。考虑到混合动力系统可以通过电动机驱动帮助发动机工作在较好的区域，混合动力变速器的挡位数比传统变速器要少，这样系统的结构相对简单紧凑，成本相对较低。

较早使用的专用混合动力变速器是丰田 1997 年推出的普锐斯车上所用的混合动力系统 THS（Toyota Hybrid System），其结构如图 4-7 所示。

其核心是一套行星齿轮构成的动力分配系统，其原理类似于差速器，行星齿轮可将一根传动轴上的动力自动分配给左右两根半轴，从而实现转矩耦合。行星齿轮的太阳齿轮与发动机连接（其间由电控离合器控制动力的通断），环形齿轮与 MG2 电机（电动机）连接，并通过齿轮与输出轴刚性连接在一起，行星齿轮架与 MG1 电机（发电机）相连。

在 THS 之后，各大汽车厂家也纷纷推出了自己的 DHT 系统，如本田 iM-MD 智能多模式混动系统、大众专用混合动力变速器 TwinDrive 等。

国内汽车厂家也研制出了自己的 DHT 系统，如长城柠檬混动 DHT（图 4-8）、奇瑞鲲鹏混动 DHT（图 4-9），采用了高效率的发电机、双电机结构，比亚迪 DM-i 和 DM-p 混动系统、广汽绿擎混动系统等。

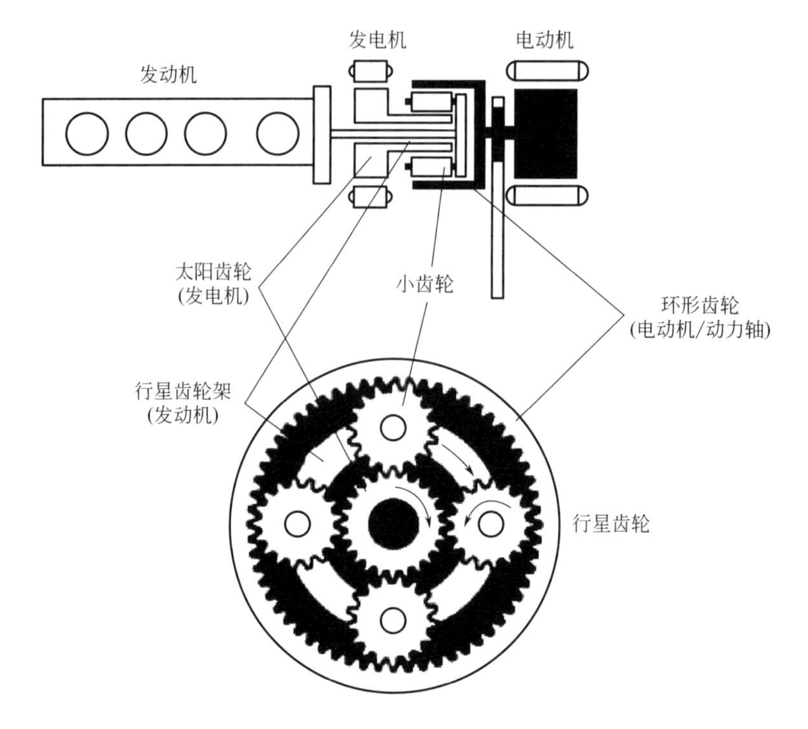

图 4-7 丰田 THS 系统结构

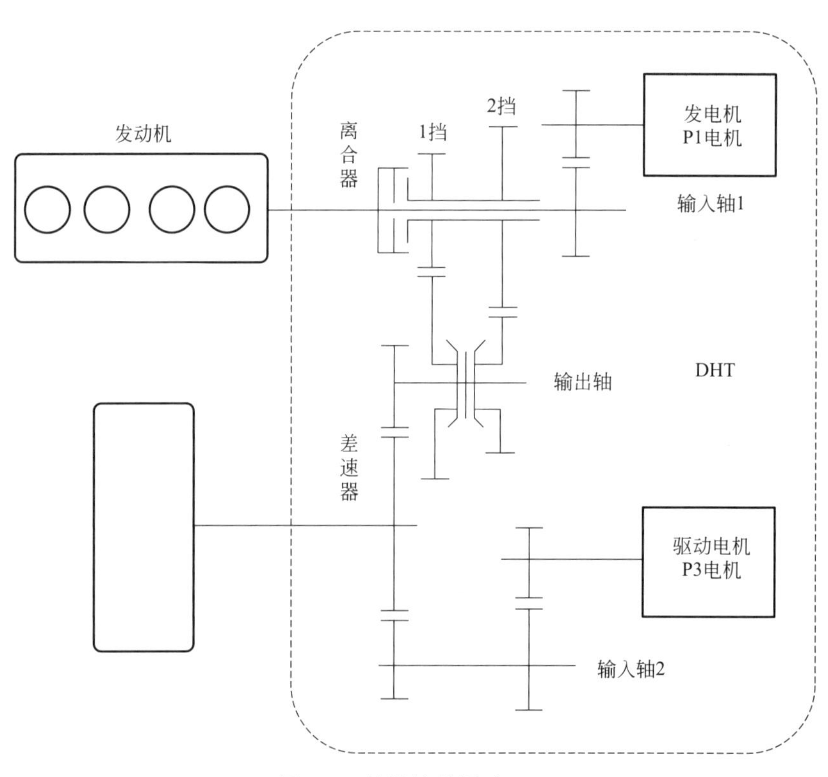

图 4-8 长城柠檬混动 DHT

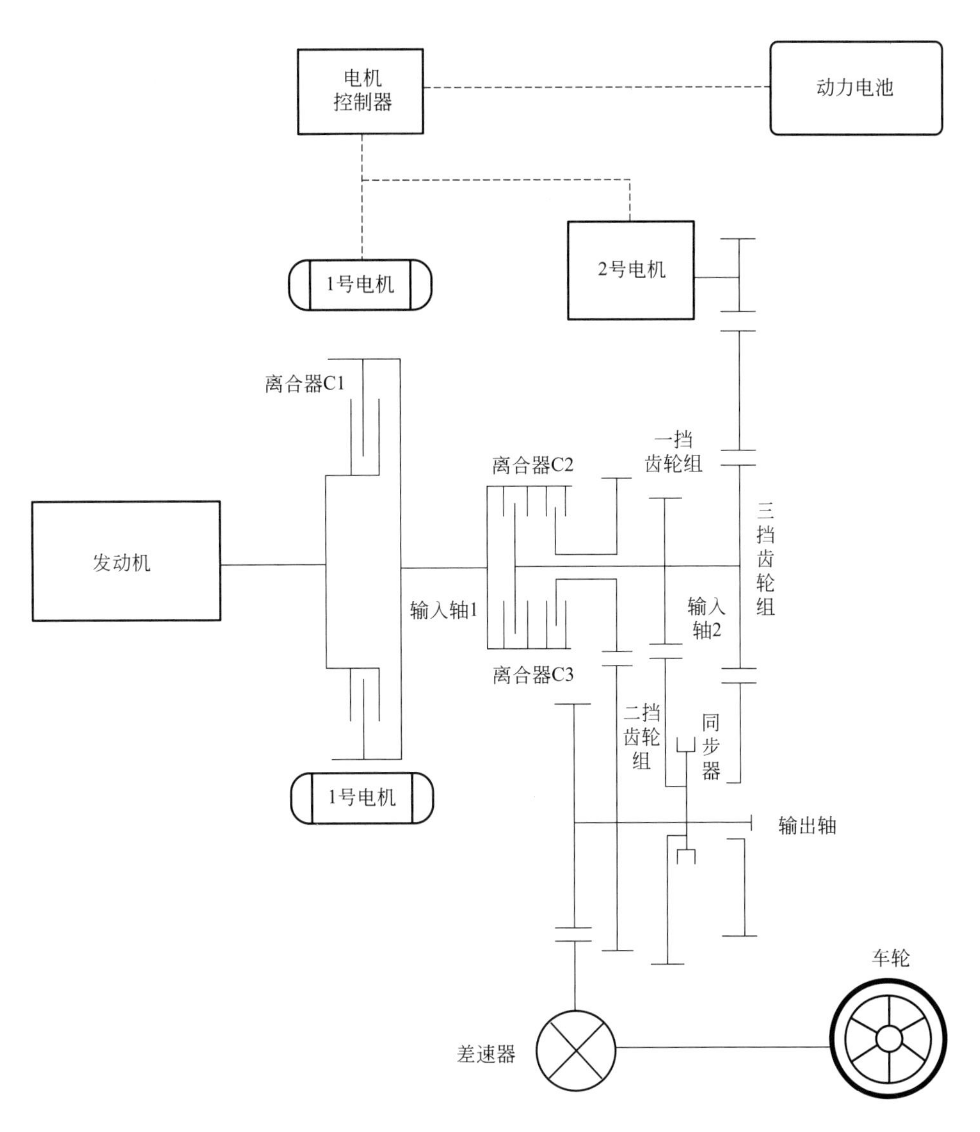

图 4-9　奇瑞鲲鹏混动 DHT

(4) 储能系统

储能系统存储能量并将其提供给电驱动系统。目前常见的混合动力汽车储能方式是由锂离子电芯串并联成电池包，以达到所需的电压和电流水平。电池包的尺寸必须满足纯电动模式下车辆运行规定的范围和加速性能要求，并且还必须满足所需的寿命和循环次数。当要求续驶里程超过 100 公里时，纯电动汽车的电池组重量大、体积大且价格昂贵。与传统车辆中使用的内燃机系统相比，电池高功率密度和高成本是主要缺点。

电池管理系统（BMS）是新能源汽车动力域的关键技术之一。BMS 的主要任务是保护和监督所有电池单元，以延长其使用寿命，同时满足电驱动功率需求。此外，BMS 计算一些状态变量，如充电状态（SOC）和健康状态（SOH），与动力域内的 ECU 或其他车辆域共享此信息。

BMS 系统传感器需要采集电池组内各部分的电压、电流和温度，用于 SOC 和 SOH 的估算。同时 BMS 控制电池组主接触器启动方式，以防止某些电池中出现过压或欠压时损坏，此外 BMS 中的热管理系统对电池组的冷却和加热进行控制，以将电池温度保持在最佳范围内。BMS 的另一个重要作用是监控电池充、放电过程，以确保所有电池均匀充、放电，防止充电过程中电池过压或过温，充、放电过程中各项指标满足阈值要求。

BMS 基本功能：单体电池电压采集；单体电池温度采集；电池组电流检测；单体/电池组 SOC 测算；电池组 SOH 评估；均衡充、放电；绝缘检测及漏电保护；热管理控制及通信；关键数据记录；电池故障分析与在线报警。

（5）能量管理和监控系统

在混合动力系统中，因为需要协调和管理电驱动和发动机驱动的组合，能量管理和监控显得尤为重要。混合动力需要监控车辆的运行模式，并选择合适的策略来管理电机和发动机之间的功率分配，以保证满足车辆动力性的同时，也使能耗（油耗和电耗）、排放、运行成本、寿命周期等最小化。该系统主要包含以下几个方面功能。

① 输出功率分配：能量管理系统需要根据混合动力的结构、驾驶员的功率请求、电池 SOC、发动机和电驱动状态以及当前驱动模式计算电机驱动功率和发动机输出功率的分配，并计算不同工作状态下电池的充、放电状态，以改善不同混合动力架构的燃油消耗、排放、总能耗、行车里程以及行程成本等。

② 再生制动管理：车辆减速或制动时，电动汽车或混合动力汽车能够将其一部分动能转化为其他形式的能量储存起来以备驱动时使用，制动能量回收系统在整个车辆制动过程中需要协调主制动系统和储能系统的工作，且在具备 ABS、ESP 等车辆安全控制的制动系统中还必须对回收能量加以限制，以保证车辆安全，新能源汽车的域控制器需要能够协调电机驱动系统和制动系统的工作。

③ 监控功能：该功能对动力传动系统的整体运行进行监督和协调，根据子系统的状态和其他车辆域的子系统状态计算不同的状态，动力总成接通和断开的一些顺序，以及车辆充电模式等，也由该功能执行和监督。

④ 其他高级控制：在该子系统中还可以执行其他高级功能，如分布式电机驱动用于驱动时的转矩管理。

能量管理和监控系统实现了多个控制回路和监控功能，同时该系统还要协调车辆其他域如底盘域、自动驾驶域等的工作，因此要具有高计算能力、毫秒级采样时间、多任务处理能力和具有确定性处理的硬实时约束的微控制器来执行这些关键的控制功能任务，在具备域控制器架构的新能源汽车中通常该功能由域控制器来实现。

4.1.2 纯电动汽车动力域

纯电动汽车动力系统结构相对比较简单。如图 4-10 所示，纯电动汽车的动力域主要包含电机控制模块、电池管理模块、变速器调节模块以及 DC/DC 电源等子控制器模块。纯电动汽车的动力域控制器主要实现能量管理、动力总成的优化与控制、智能故障诊断、智能节电、总线通信等功能。

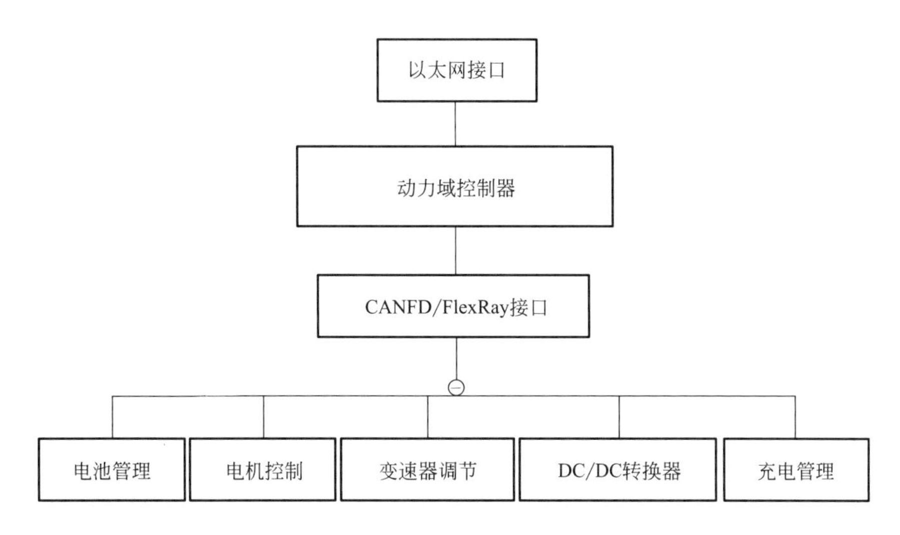

图 4-10 纯电动汽车动力域结构

(1) 纯电动汽车的大三电系统

纯电动汽车的大三电系统通常是指电机、电池和电控这三个部分，这三个部分与前述的混合动力汽车类似，差别在于参数和结构的不同。纯电动汽车的电机多采用永磁同步电机，然而与混合动力汽车不同的是，纯电动汽车动力完全依靠电机提供，随着电动汽车动力性能要求不断提高，电机功率通常要远大于混合动力汽车，对电机的效率和电磁兼容性要求也越来越高，由此带来了电机驱动系统的改变。

在相同的电压下，永磁同步电机的功率越大，电流越大，这就导致了定子绕组铜损大大增加，铜损与电流的平方成正比，显然功率提高导致了电机损耗大大增加，同时电流的升高增大了绕组的线径以及电机的散热需求，这就导致了电机的体积、重量大大增加。为了解决这个问题，目前纯电动汽车的电驱动系统开始向着高压的方向发展。各大厂家的乘用车从 400V 系统向 800V 系统发展，华为在新能源汽车上开始力推大于 800V 的“千伏平台”。使用 800V 电源与 400V 电源相比，损耗通常会减少 4 倍。这就提供了减小铜绕组线径的机会，既减小总体积，又提高包装效率，使电机更小。800V 系统具有较低的电流要求，不仅能降低电机铜损，还能降低整个系统接线器的损耗，从而带来了重量、空间和成本的减少。

电池作为大三电中能量的来源，必须和车辆性能要求以及驱动电机相匹配，高压平台的普及使电池输出电压大大提高，这就要求电池电芯的串联数量增大，充电电压提高，然而高电压充电存在电池稳定性和安全性的问题，通过电解液添加剂、各向同性石墨、石墨烯等材料的使用，可以在一定程度上提升电池材料的电导率，改善高电压下三元材料的稳定性，同时高控制精度的电池管理系统对于确保电池模组在持续的高电压和大电流下的安全性也起着至关重要的作用。

大三电中的电控主要是指电机控制器系统，其原理与混合动力汽车类似，大多采用的是永磁同步电机，但考虑到纯电动汽车电压提高的趋势，尤其是在千伏平台上，高压系统对功率器件的要求也大大提高，相对于混合动力汽车上的电控系统，功率器件的要求更高，一般来说，对于 800V 额定电压的电池，需要搭配 1.5kV 汽车级 MOSFET 使用，目前满足车规级标准的功率半导体器件中，能在 800V 以上的平台上使用高压 IGBT 产品并不多。

(2) 纯电动汽车的充电配电系统

充电配电系统包括高压配电盒 PDU、车载 AC/DC 充电器和车载 DC/DC 转换器这三个关键部件，就是一般所指的“小三电”。

高压配电盒是新能源汽车高压系统解决方案中的高压电源分配单元。纯电动汽车高压配电盒里面有铜排、断路器、空开、接触器、软启动器、变频器、变压器、高压继电器、熔断器、浪涌保护器、互感器、电流表、电压表、转换开关等。

车载充电器是车辆上的充电装置，在结构上分为前级与后级两大部分。前级是将输入的电网供电转换成直流电的整流装置，为了保证供电设备的容量效率，前级必须进行功率因数校正（PFC）。后级将整流后的直流电升压后，满足高压蓄电池的充电要求，这部分必须进行电气隔离，并且需要实现电池充电策略，控制蓄电池的充电电流与电压。车辆上低压用电设备的用电需要采用较低电压的辅助电池供电，辅助电池由主电池通过同样带有电气隔离与电池充电策略的 DC/DC 直流转换器来充电。

各车企有不同的车载充电配电系统方案，有的车型采用的是三个独立部件，有的车型采用的是三合一集成产品。早期的系统大都采用三个独立部件，考虑到汽车的整车空间有限，独立部件设计难以解决节约整车空间的问题，因此三合一车载电源系统成为目前车载电源的主流方案。三合一车载电源系统的结构如图 4-11 所示。

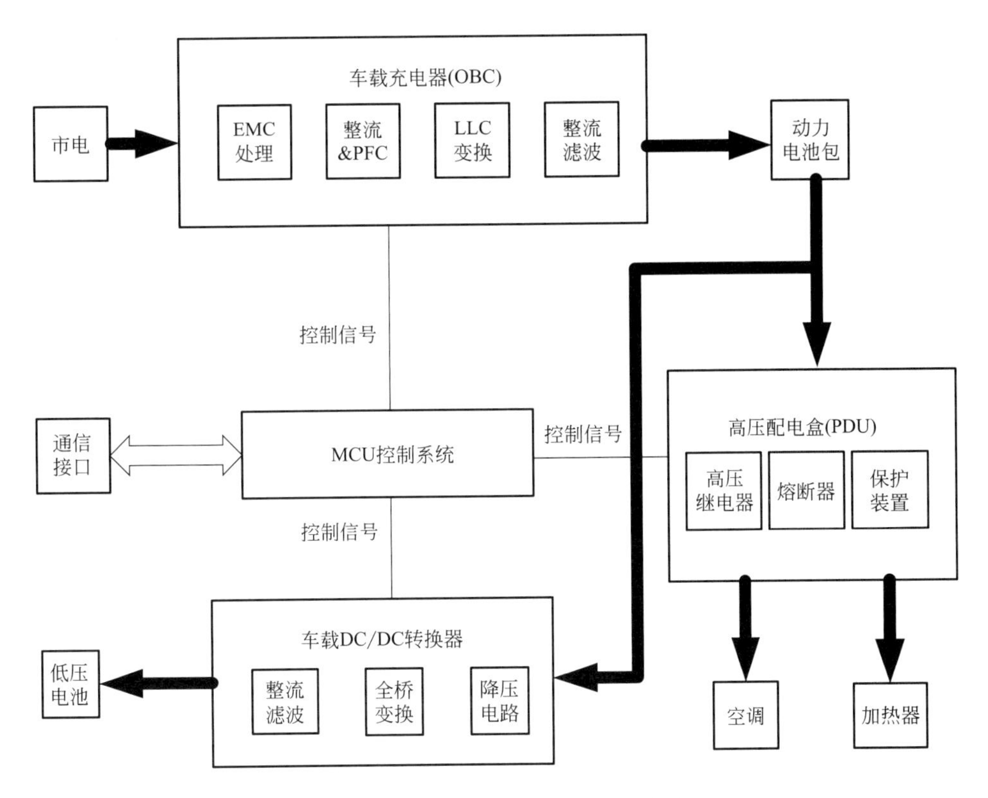

图 4-11　三合一车载电源系统结构

4.2 新能源汽车底盘域控制器

底盘域的主要功能是操控车辆行驶，与车辆运动状态相关，其核心部分包括传动控制、转向控制、制动控制以及悬架控制等几大部分。区别于传统的内燃机汽车，大多数新能源汽车的主要动力源是由电池提供的，如纯电动汽车、燃料电池汽车以及重混式的混合动力汽车等，这也导致了传统汽车上的行驶控制方式的改变。传统汽车的液压系统、气压系统在电池供电的模式下存在高能耗、高成本、结构复杂等缺陷，这导致了传统的液压、气压制动及液压助力转向等系统的使用受到制约，同时随着汽车智能化发展，满足自动驾驶需要的执行机构要求车辆的运动控制实现电动化。因此，新能源汽车迫切需要新型的电控执行机构，底盘电控化是新能源汽车的发展趋势。电控底盘带来的是操控技术的变化，传统的机械操控方式不适应电控底盘的控制。为了适应智能驾驶和电控操作的需要，线控底盘的发展成为必然。

4.2.1 线控底盘基本功能

线控底盘主要由线控转向、线控制动、线控换挡、线控油门及线控悬架五大子系统构成。线控底盘域内部控制信号的传输采用车载总线实现，常见的用于底盘的通信类型包括CAN、CANFD、FlexRay，底盘域通过以太网网关与其他各域通信，底盘域控制系统结构如图4-12所示。

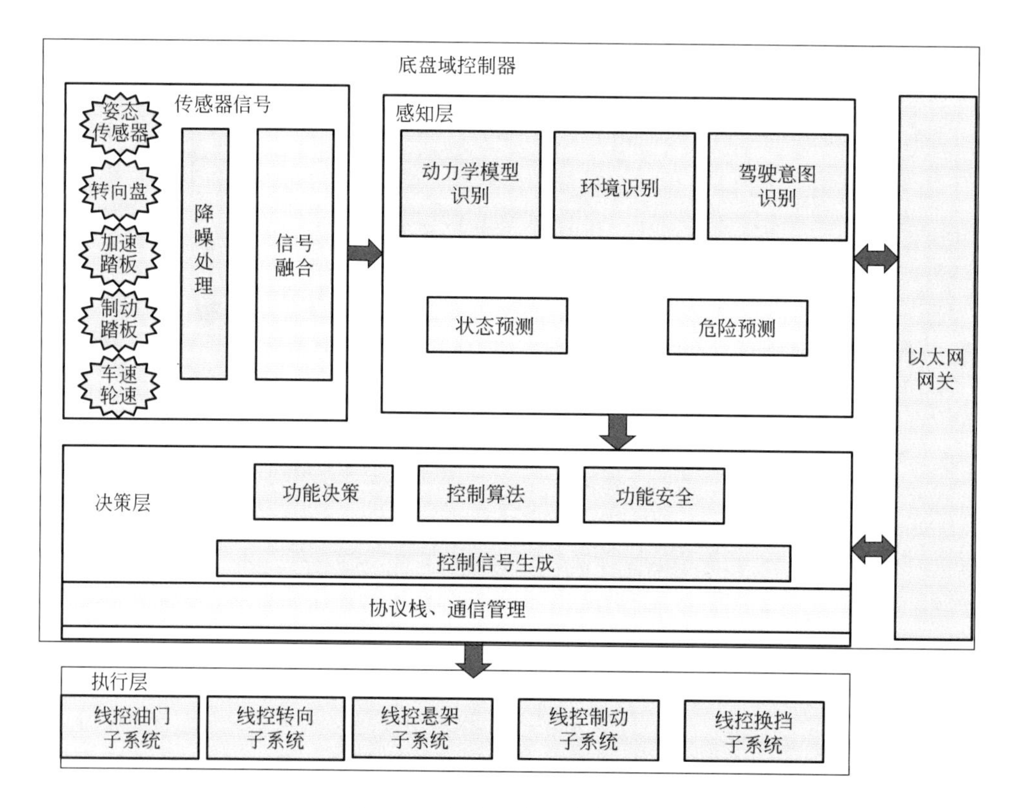

图4-12 底盘域控制器功能结构

底盘域主要实现车辆行驶控制，域控制器通过综合自动驾驶域、座舱域等其他域的信号，结合整车车辆状态稳定性、安全性、舒适性要求做出综合判断，决策底盘域的各个子系统协调工作，实现车辆纵向、横向和垂直运动的综合控制。

如图4-12所示，底盘域控制器系统功能感知层、决策层和通信管理层三部分的功能如下。

感知层用于处理传感器和通过以太网从其他域获得的信号，并通过处理得到实时的车辆状态及行车环境信息，这些信息包括周边车辆状态、道路情况（障碍物、车道线、路面附着系数等）、驾驶员操作意图、车辆姿态的检测，同时预测车辆的状态和可能的危险，并将结果提供给决策层。

决策层利用感知层获得的信息，依据车辆动力学模型和车辆功能安全要求协调底盘域的五大线控子系统的动作，对车辆横向、纵向、垂直方向六个自由度协同控制，以保证车辆的正常行驶。决策层除了要保证车辆运动状态满足驾驶员的操作意图要求，还要控制车辆的姿态以满足整车稳定性要求，这就要求对车辆的悬架、车轮、转向、制动、驱动等系统协调控制。舒适性也是底盘域控制的重要目标，这要求决策系统需要在悬架的控制策略、转向的助力特性等方面综合考虑。为了保证功能安全，底盘域控制器需要在硬件上有一定的冗余设计，包括传感器冗余设计、域控制器主控芯片的冗余设计、电源管理芯片的冗余设计及冗余的网络设计等。

通信管理层负责依据设定的协议与子系统以及其他域控制器之间的通信，通信协议包含了诊断协议、刷写协议、标定协议等，底盘域的子系统与其他域的通信采用车载以太网，而域内通信考虑可扩展性、实时性、成本等各方面因素，采用 CAN、CANFD、FlexRay 等车载总线通信。

4.2.2 CANFD、FlexRay 网络结构及通信方式

线控技术的发展对车载通信提出了更高的要求，考虑底盘域和动力域系统中对网络的可靠性、实时性的要求，传统的 CAN 总线存在负载率和传输速率较低，且传统 CAN 总线传输过程中由于其设计上的缺陷存在的不一致性、不可预测性以及信道出错堵塞等问题，在更为严格的线控底盘这类控制系统中，它将会造成巨大的风险，无法满足安全、环保、节能的要求。为了解决这类问题，底盘域、动力域目前逐步采用 CANFD 或 FlexRay 总线替代传统的 CAN 总线。

4.2.2.1 CANFD 简介

CANFD 是传统 CAN 的升级版，支持最大 5Mbps 可变速率，支持最长 64 字节数据。CANFD 继承了 CAN 的主要特性，CANFD 的开发成本和传统 CAN 开发成本相差不大，可以与传统 CAN 很好地兼容，且弥补了 CAN 总线带宽和数据场长度的制约，目前广泛用于替代传统的 CAN。相比于传统 CAN，CANFD 有以下改变。

(1) CANFD 数据帧格式

CANFD 数据帧在控制场新添加 EDL 位、BRS 位、ESI 位，采用了新的 DLC 编码方式和 CRC 算法。CANFD 数据帧格式如图 4-13 所示。

CANFD 采用了两种位速率：从控制场中的 BRS 位到 ACK 场之前（含 CRC 分界符）为可变速率，包括仲裁场在内的其余部分为原 CAN 总线用的速率。两种速率各有一套位时间定义寄存器，它们除了采用不同的位时间单位 TQ

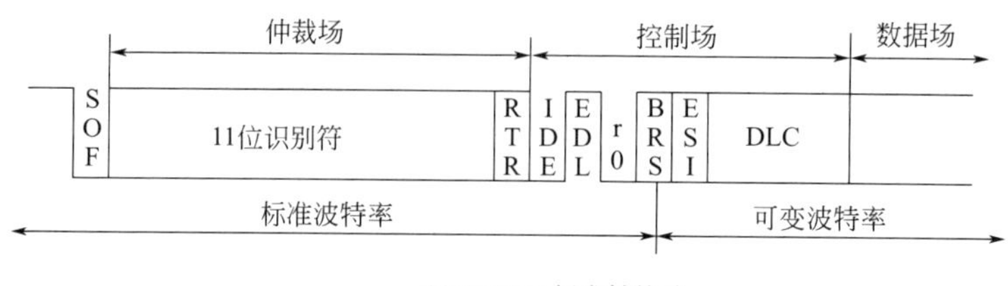

(a) CANFD标准帧格式

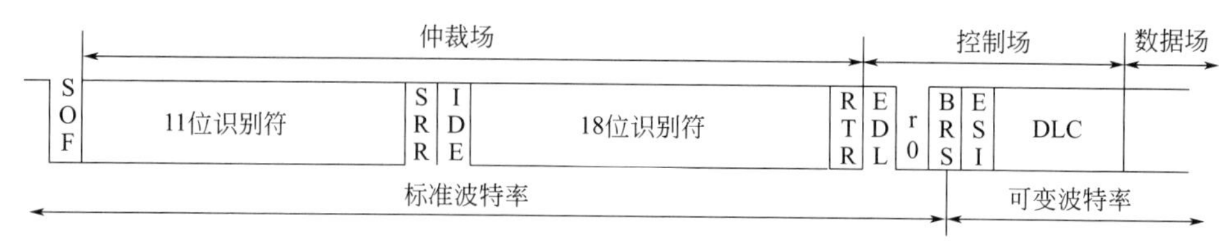

(b) CANFD扩展帧格式

图 4-13　CANFD 数据帧格式

外，位时间各段的分配比例也可不同。

（2）CANFD 新添加位介绍

EDL 位可以表示 CAN 报文还是 CANFD 报文；BRS 位表示位速率转换，该位为隐性位时，从 BRS 位到 CRC 分界符使用转换速率传输，其他位场使用标准位速率，该位为显性时，以正常的 CANFD 总线速率传输；通过添加 ESI 位，可以很方便地知道当前发送节点所处的状态。

（3）新的 CRC 算法

CAN 由于位填充规则对 CRC 的干扰，造成错帧漏检率未达到设计意图。CANFD 对 CRC 算法进行了修改，即 CRC 以含填充位的位流进行计算。在校验和部分为避免再有连续位超过 6 个，就确定在第一位以及以后每四位添加一个填充位加以分割，这个填充位的值是上一位的反码，作为格式检查，如果填充位不是上一位的反码，就按出错处理。CANFD 的 CRC 场扩展到了 21 位。数据场长度有很大变化区间，要根据 DLC 大小应用不同的 CRC 生成多项式，CRC_17 适用于帧长小于 210 位的帧，CRC_21 适用于帧长小于 1023 位的帧。

（4）新的 DLC 编码

CANFD 数据帧采用了新的 DLC 编码方式，在数据场长度为 0～8 个字节时，采用线性规则，数据场长度为 12～64 个字节时，使用非线性规则（表 4-1）。

表 4-1　CANFD 数据场长度编码方式

	数据字节数	数据场长度编码			
		DLC3	DLC2	DLC1	DLC0
ISO 11898-1 标准定义	0	0	0	0	0
	1	0	0	0	1

续表

	数据字节数	数据场长度编码			
		DLC3	DLC2	DLC1	DLC0
ISO 11898-1标准定义	2	0	0	1	0
	3	0	0	1	1
	4	0	1	0	0
	5	0	1	0	1
	6	0	1	1	0
	7	0	1	1	1
	8	1	0	0	0
CANFD附加定义	12	1	0	0	1
	16	1	0	1	0
	20	1	0	1	1
	24	1	1	0	0
	32	1	1	0	1
	48	1	1	1	0
	64	1	1	1	1

4.2.2.2 FlexRay 简介

传统的CAN是基于事件驱动的通信方法，这意味着通信系统的每个总线节点都能够随时访问总线。由于事件驱动的通信系统中没有严格的调度表，因此添加和删除总线节点会影响通信流。严格来说，此类更改需要对整个系统进行全面的重新验证。事件驱动的通信系统不具有可组合性。CAN由于缺少冗余结构和机制，无法满足对容错的高要求，且数据传输速率较低。由此可见，CAN很难满足汽车线控系统的要求，虽然升级后的CANFD增大了数据传输速率，但其基于事件触发的通信方式以及缺少冗余的缺点仍旧限制了其在线控系统中的应用。

FlexRay是宝马和戴姆勒克莱斯勒合作规范并开发的面向未来、标准统一、时间触发且具有容错性的通信技术。FlexRay联盟于2010年发布了3.0.1版规范，并将其提交为ISO标准，即ISO 17458。ISO 17458描述了FlexRay协议和物理层，以及相应的一致性测试。

FlexRay提供了传统车内通信协议不具备的大量特性，具体如下。

① 高传输速率：FlexRay的每个信道具有10Mbps带宽，由于它不仅可以

像CAN和LIN网络这样的单信道系统一般运行，而且还可以作为一个双信道系统运行，因此可以达到20Mbps的最大传输速率，是当前CAN最高运行速率的20倍。

② 同步时基：FlexRay中使用的访问方法是基于同步时基的，该时基通过协议自动建立和同步，并提供给应用，时基的精确度介于0.5μs和10μs之间（通常为1～2μs）。

③ 确定性：通信是在不断循环的周期中进行的，特定消息在通信周期中拥有固定位置，因此接收器已经提前知道了消息到达的时间，到达时间的临时偏差幅度会非常小，并能得到保证。

④ 高容错能力：强大的错误检测性能和容错功能是FlexRay设计时考虑的重要方面，FlexRay使用循环冗余校验CRC（Cyclic Redundancy Check）来检验通信中的差错，FlexRay通过双通道通信，能够提供冗余功能，并且使用星型拓扑可完全解决容错问题。

⑤ 灵活性：在FlexRay协议的开发过程中，关注的主要问题是灵活性，反映在如下几个方面。

a. 支持多种方式的网络拓扑结构。

b. 消息长度可配置，可根据实际控制应用需求，为其设定相应的有效数据长度。

c. 使用双通道拓扑时，即可用于增加带宽，也可用于传输冗余的消息。

d. 周期内静态和动态消息传输部分的时间都可随具体应用而定。

（1）FLexRay网络拓扑结构

FlexRay通信系统由多个FlexRay节点和节点间互连的物理传输介质（FlexRay总线）构成。FlexRay通信不限于任何特定的物理拓扑，因此FlexRay的拓扑有多种结构，基本结构有总线型、星型和混合型三大类，再结合单通道和双通道的使用（FlexRay的两通道可相互独立实现，所以两通道可采用不同的拓扑结构，如一通道为主动星型拓扑，另一通道为总线型拓扑结构），最终组合的结果可形成很多种。例如既有点对点的线性结构和多节点的线性结构，也有增加冗余性的双通道星型拓扑结构等。

① 单信道总线型　单信道的总线长度 $L \leqslant 24\text{m}$，子模块数量 $4 \leqslant n \leqslant 22$（图4-14）。

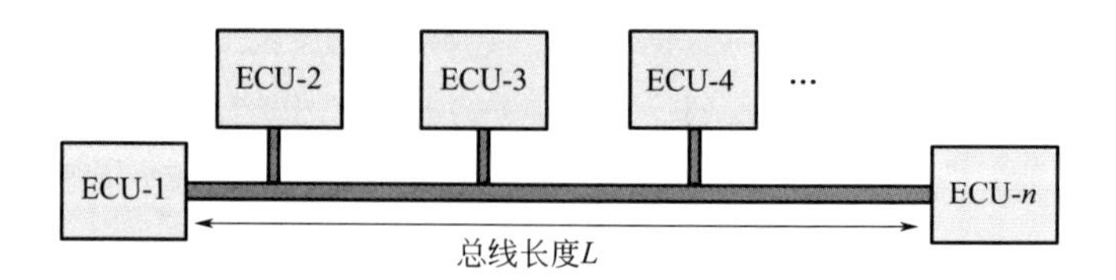

图4-14　单信道总线型拓扑结构

② 单信道星型　星型结构有两种，即无源星型（图 4-15）和有源星型（图 4-16）。

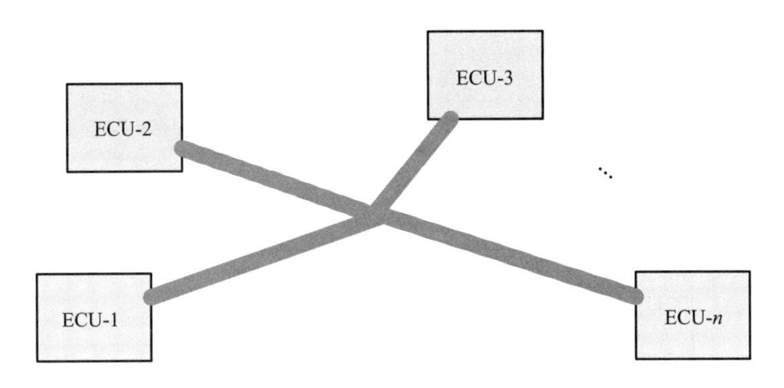

图 4-15　单信道无源星型拓扑结构

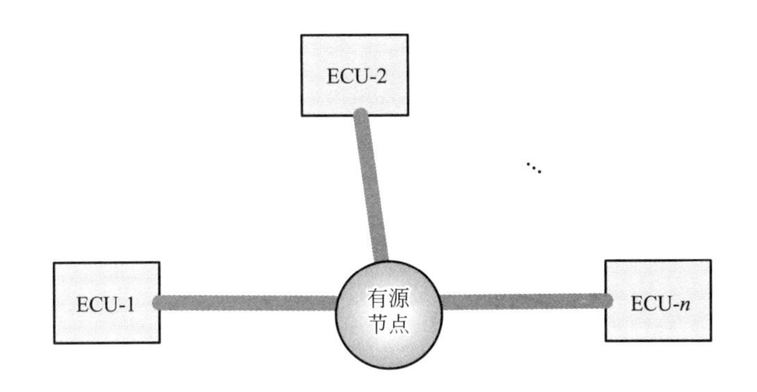

图 4-16　单信道有源星型拓扑结构

连接两个以上的 ECU，可使用无源星型结构。在无源星型结构上，所有 ECU 都连接到单个接头。无源星型网络各支路的总线长度和 ECU 数量是相互影响的，且受电缆类型、终端类型等物理参数的限制。

主动星型网络使用有源节点和 ECU 之间的点对点连接。与 ECU 连接的有源节点具有将一个分支上的数据流传输到其他分支的功能。由于有源节点装置包含用于每个支路的发射器和接收器电路，因此每条支路实际上彼此独立。

③ 单信道混合型　在有源星型网络中，有源星型的一个或多个分支可以构建为线性无源总线或无源星型结构（图 4-17）。

④ 双信道拓扑结构　FlexRay 通信模块可提供两个信道，可用于增加带宽，也可加入冗余信道，以提高容错水平。两信道可以采用不同的拓扑结构，互不影响。图 4-18 所示为一个信道采用总线型，另一个信道采用星型。

（2）FlexRay 节点

FlexRay 节点是接入车载网络中的独立完成相应功能的控制单元。主要由

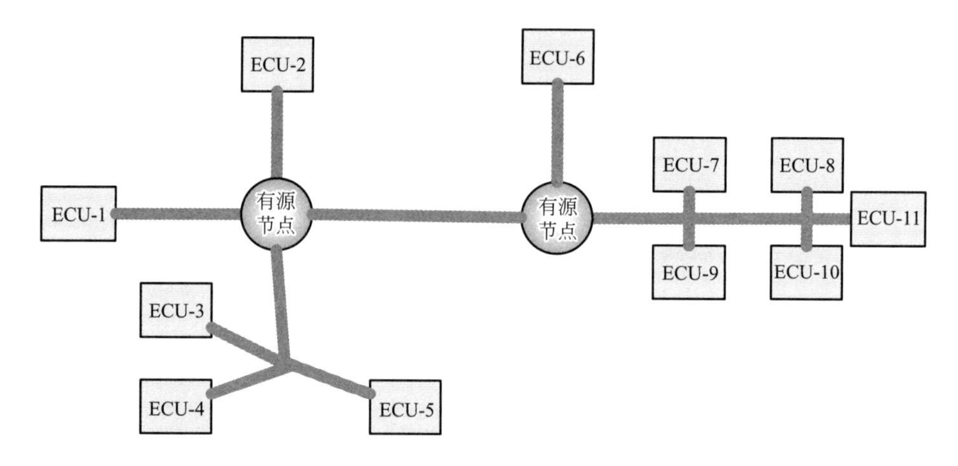

图 4-17　单信道混合型拓扑结构

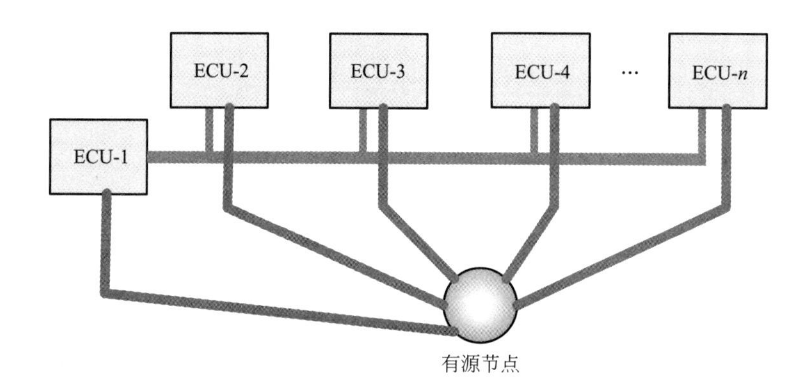

图 4-18　双信道拓扑结构

电源供给系统（Power Supply）、主控制器（Host）、FlexRay 通信控制器（Communication Controller，简称 CC）、可选的总线监控器（Bus Guardian，简称 BG）和总线驱动器（Bus Driver，简称 BD）组成，如图 4-19 所示。主控制器提供和产生数据，并通过 FlexRay 通信控制器传送出去。其中 BD 和 BG 的个数对应于通道数，与通信控制器和微处理器相连。总线监控逻辑必须独立于其他的通信控制器。总线驱动器连接通信控制器和总线，或是连接总线监控器和总线。

节点的两个通信过程如下。

① 发送数据：Host 将有效的数据送给 CC，在 CC 中进行编码，形成数据位流，通过 BD 发送到相应的信道上。

② 接收数据：在某一时刻，由 BD 访问栈，将数据位流送到 CC 进行解码，将数据部分由 CC 传送给 Host。

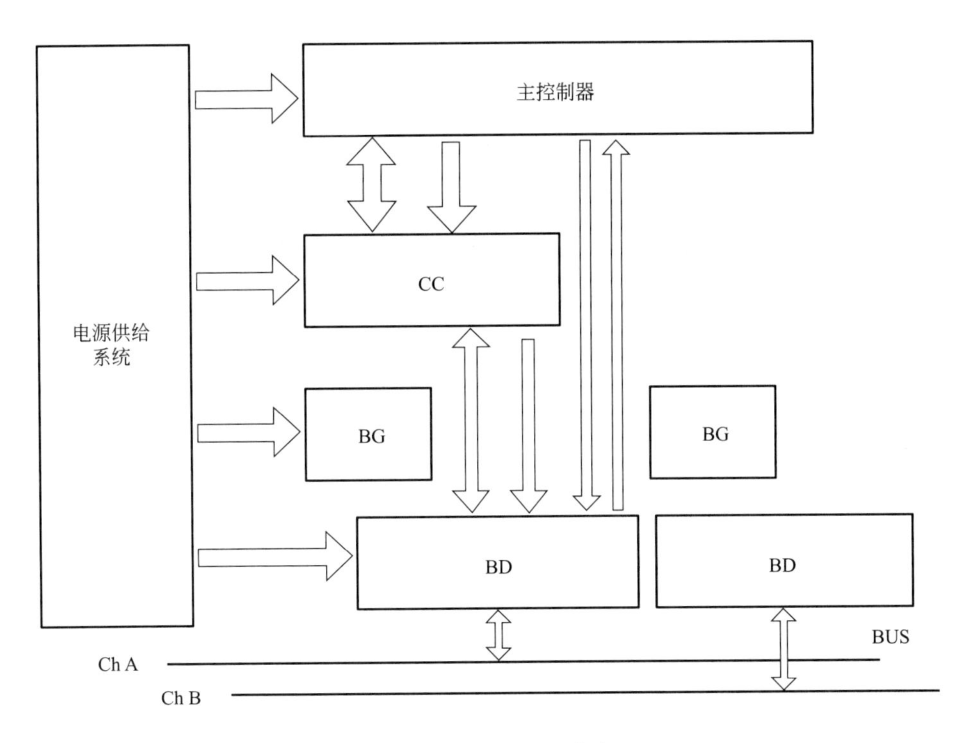

图 4-19 FlexRay 节点

(3) FlexRay 数据帧结构

数据帧由帧头（Header Segment）、有效数据段（Payload Segment）和尾端校验段（Trailer Segment）三部分组成。FlexRay 数据帧格式如图 4-20 所示。

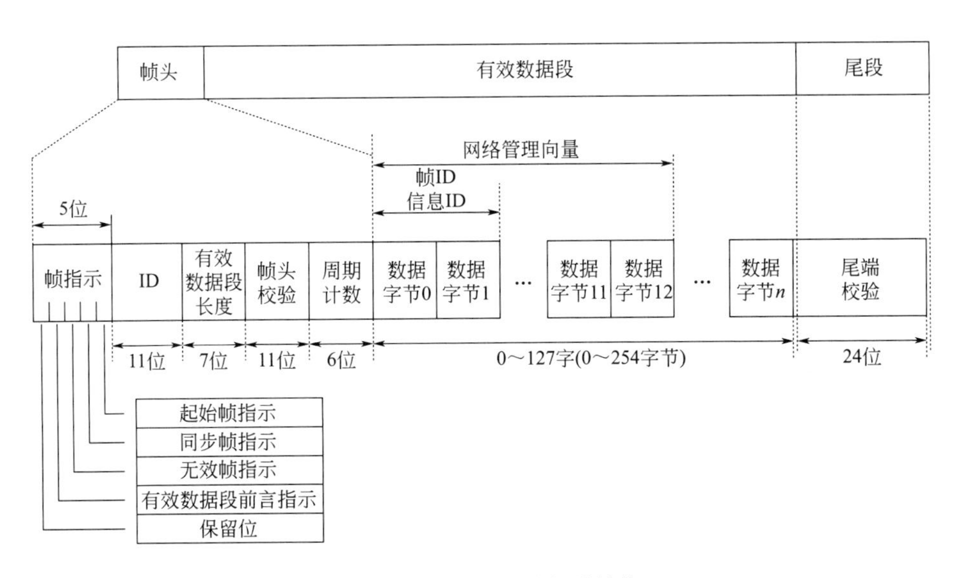

图 4-20 FlexRay 数据帧结构

① 帧头共由5个字节（40位）组成，包括以下几位。

a. 保留位（1位）：为日后的扩展做准备。

b. 有效数据段前言指示（1位）：指明有效数据段的向量信息。

c. 无效帧指示（1位）：指明该帧是否为无效帧。

d. 同步帧指示（1位）：指明该帧是否为同步帧。

e. 起始帧指示（1位）：指明该帧是否为起始帧。

f. 帧ID（11位）：用于识别该帧和该帧在时间触发帧中的优先级。

g. 有效数据段长度（7位）：标注一帧中能传送的字数。

h. 帧头校验CRC（11位）：用于检测传输中的错误。

i. 周期计数（6位）：每一通信开始，所有节点的周期计数器增加1。

② 有效数据段是用于传送数据的部分，FlexRay有效数据段包含0～254个字节数据。

对于动态帧，有效数据段的前两个字节通常用作信息ID，接收节点根据接收的ID来判断是否为需要的数据帧。

对于静态帧，有效数据段的前13个字节为网络管理向量（NM），用于网络管理。

③ 尾段只含有24位的校验域，包含由头段与有效数据段计算得出的CRC校验码。计算CRC时，根据网络传输顺序将从保留位到有效数据段最后一位的数据放入CRC生成器进行计算。

（4）FlexRay通信方式

FlexRay节点包含两种通信方式——TDMA（Time Division Multiple Access，时分多路访问）和FTDMA（Flexible Time Division Multiple Access，柔性时分多路访问），后者的核心包含TDMA。

TDMA基于通信调度表。通信调度表由若干等长的静态时隙（Static Slot）组成，每个静态时隙分配给一个FlexRay节点。通信期间，FlexRay节点可以根据此调度表访问通信介质（总线）。从第一个静态时隙到最后一个静态时隙，每一个静态时隙对应的FlexRay节点可以在该时隙获得对总线的独占访问权，传输分配给静态时隙的报文。

通信期间，所有FlexRay节点会周期性地执行通信调度表。因此，所有静态报文会在指定时间段发送。通信调度表只定义FlexRay通信周期（图4-21）。每个通信周期具有相同的可配置时间间隔，且每个通信周期由静态段（Static Segment）、动态段（Dynamic Segment）、特征窗（Symblo Window）和网络空闲时间（Network Idle Time）四部分构成。

① 静态段　采用TDMA方式，由固定的时隙（Slot）组成，所有时隙大小一致且不可更改。每个节点可占有一个或多个时隙，这样每个节点在每个通信周期内都可在其所占有的时隙内发送数据，两个节点也可在不同的通道上共享

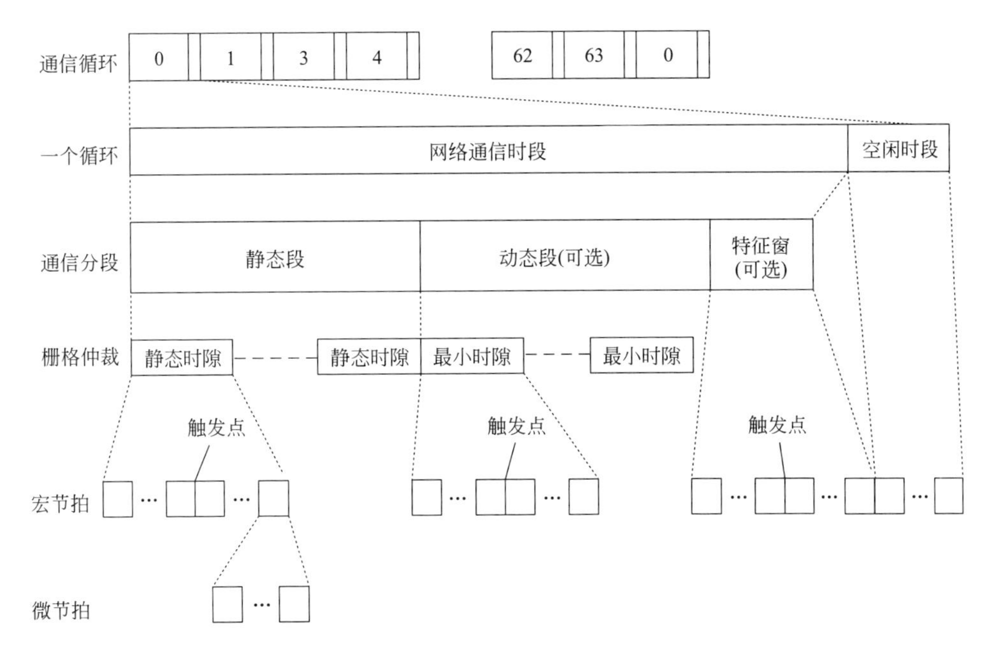

图 4-21　FlexRay 通信周期

同一时隙，单个时隙也可为空（即不被任何节点占用），所有的帧和时隙在静态段都具有相同的长度。单个时隙的长度由总线中最长的 FlexRay 消息决定，其包括四部分：信息触发点、FlexRay 数据帧、通道空闲分隔符（11 个隐性位）和通道空闲标识。

② 动态段　采用 FTDMA 方式，由微时隙（Minislot）组成，空的微时隙的大小都一样，只有很短的时间片段，这个时间可根据需要拓展变动，一般用于传输事件控制型消息。

每个微时隙都是一个发送消息的机会，如果需要发送消息，则微时隙扩展为一个正常的帧发送，如果未发送消息，则微时隙将作为一个短的时间片段使用，所有发送模块都会观察是否需要发送消息，以便计算微时隙在动态段每帧可能的不同长度，动态段具体的时隙长度依赖于帧的长度。

③ 特征窗　用于传输特征符号，FlexRay 的符号有三种：冲突避免符号，用于冷启动节点的通信启动；测试符号，用于总线的测试；唤醒符号，用于唤醒过程的初始化。

④ 网络空闲时间　用于时钟同步处理。

4.2.3　动力底盘域的故障诊断

动力底盘域对可靠性的要求非常高，完善的故障诊断有助于系统功能安全等级的提高。动力底盘域的故障分为两种类型：独立故障，这类故障由域内各子模块依据自身的软、硬件设计进行判断识别，如电池包故障、电驱动系统故障、DC/DC故障、转向系统故障、制动系统故障等；系统故障，某些故障依靠独立子模块自身的软、硬件不易识别，这类故障要综合各执行模块的信息以及传感器甚至其他域的信息加以识别，如动力系统中传动系统机械损伤、电池包性能下降、电驱动系统机械磨损或接触不良等，这些故障识别困难，这就需要通过域控制器结合车辆状态来实现。

(1) 基于信号处理的故障诊断

对获取的信号进行分析和处理是常见的故障诊断方式，常用的信号处理包括谱分析、小波变换以及信息融合等常见的故障诊断方法。谱分析的方法简单，物理意义明确，但对于复杂的信号和噪声较大的信号难以识别；小波变换具有抑制系统振动、高灵敏度及运算量较小的优点；信息融合的优点在于其拥有很强的概括性，且其适用范围较广。

① 小波变换　这种方法既是时间-尺度分析，又是时间-频率分析，它具有多分辨率的特点，且在时频域具有表征信号局部特征的能力，利用小波变换的奇异点（如过零点、极值点）在多尺度下的综合表现来检测信号的局部突变点。小波变换本身对信号的奇异点十分敏感，这个特点可以用来跟踪那些非平稳、非线性和随机信号。它能将不同频率组成的混合信号分解成不同频率的块信号，可有效地进行信噪分离、信号特征提取、故障诊断等。

小波变换的定义如下。

记 $L^2(R)$ 是定义在整个实数轴 R 上，且满足

$$\int_{-\infty}^{+\infty} |f(x)|^2 \mathrm{d}x < +\infty \tag{4-1}$$

的全体可测函数 $f(x)$ 及其相应的函数运算和内积所组成的集合，那么小波就是函数空间 $L^2(R)$ 中的一个函数或信号 $\Psi(t)$，其傅里叶变换 $\Psi(\omega)$ 满足

$$C_{\Psi} = \int_{R^*} \frac{|\Psi(\omega)|^2}{|\omega|} \mathrm{d}\omega < +\infty \tag{4-2}$$

或

$$\int_{R} \Psi(\omega) \mathrm{d}\omega = 0 \tag{4-3}$$

式(4-2)、式(4-3) 称为容许性条件，R^* 代表全体非零实数，$\Psi(t)$ 为基本小波，或小波函数。函数 $f(t) \in L^2(R)$的连续小波变换定义为

$$WT(a,\tau) = \frac{1}{\sqrt{a}} \int_{-\infty}^{\infty} f(t) \Psi\left(\frac{t-\tau}{a}\right) \mathrm{d}t \tag{4-4}$$

式中，a 为尺度因子；τ 为时移。

常见的小波函数有 Daubechies、Haar 及 Morlet 等。

Daubechies 小波函数是由法国学者 Daubechies 提出的一系列二进制小波的总称。该小波没有明确的解析表达式，小波函数与尺度函数的有效支撑长度为

$2N-1$，当 N 取 2 时便成为 Haar 小波函数（式 4-5）。

$$\Psi(t)=\begin{cases}1 & 0\leqslant t\leqslant\frac{1}{2}\\ -1 & \frac{1}{2}\leqslant t\leqslant 1\\ 0 & \text{其他}\end{cases}\tag{4-5}$$

式 4-6 为 Morlet 小波函数。

$$\Psi(t)=\mathrm{e}^{\mathrm{j}\omega_0 t}\mathrm{e}^{\frac{-t^2}{2}}\tag{4-6}$$

由连续小波变换定义可知，$WT(a,\tau)$是尺度与空间位置的函数。小波变换通过 $\Psi(t)$ 在尺度上的伸缩和空间域（时域）上的平移来分析信号。图 4-22 所示为不同尺度下小波变换对信号分析的时频窗口，可以看出，a 增大时，$\Psi(t)$ 在空间域（时域）上伸展，小波变换的空间域分辨率降低；$\Psi(t)$ 在频域上收缩，其中心频率降低，变换的频域分辨率升高。反之，a 减小时，$\Psi(t)$ 在空间域（时域）上收缩，小波变换的空间域分辨率升高；$\Psi(t)$ 在频域上伸展，其中心频率升高，变换的频域分辨率降低。即当检测低频信号时（即对于大的 $a>0$），时间窗会自动变宽，以便在频域用低频对信号进行轮廓分析。反之，当检测高频信息时（即对于小的 $a>0$），时间窗会自动变窄，以便在频域用较高的频率对信号进行细节分析。因此，小波分析具有“数学显微镜”的美誉。

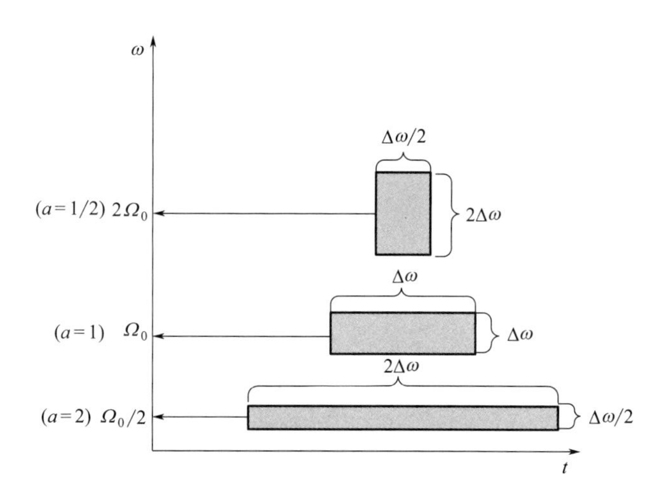

图 4-22　不同尺度下小波变换对信号分析的时频窗口

通过小波变换可以对信号进行联合时频分析得到其特征。

图 4-23 所示为一个小波分析的结果，下图是信号在时域的波形，右上图为该信号的频谱，左上图为联合时频分析一种算法的结果。传统傅里叶变换只能分辨出含有两个频谱的信号，不能从时域上分辨出两个频率信号何时出现，而小波分析可以明确地分析出各个信号的时域和频域特点。

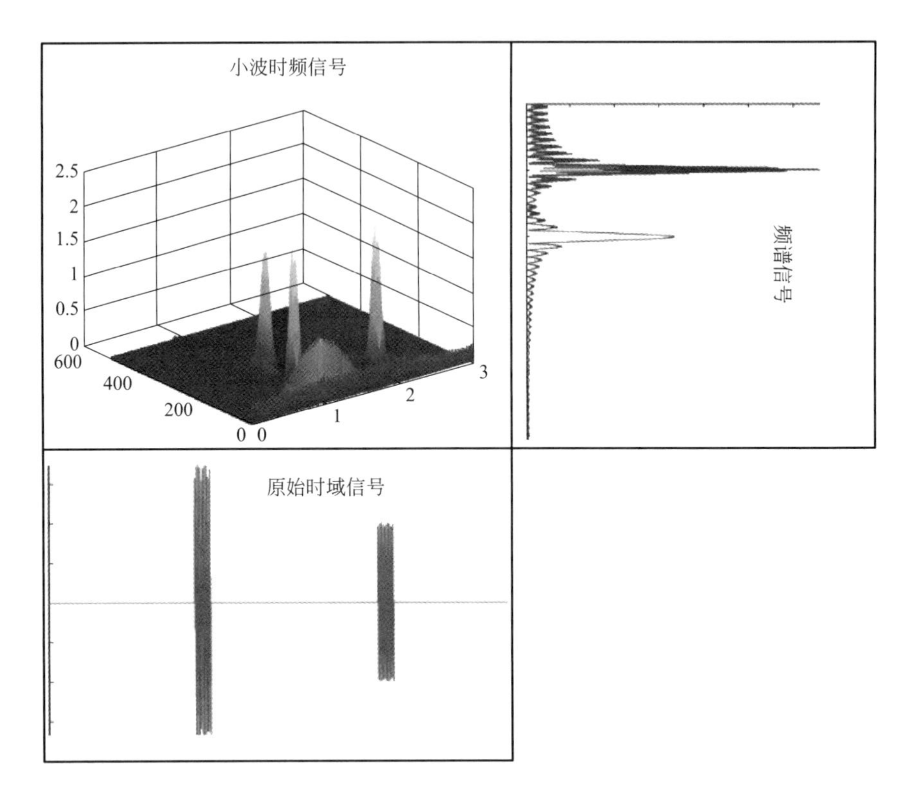

图 4-23　小波变换联合时频分析例

② 信息融合　又称数据融合，是对多种信息的获取、表示及其内在联系进行综合处理和优化的技术。经过融合后的传感器信息具有以下特征：信息冗余性、信息互补性、信息实时性、信息获取的低成本性。常用的信息融合算法见表 4-2。

表 4-2　常用信息融合算法

经典方法		现代方法	
统计方法	估计方法	信息论方法	人工智能方法
贝叶斯估计 经典推理法 D-S 证据推理	加权平均法 极大似然估计 最小二乘法 卡尔曼滤波法	聚类分析 模板法 熵方法	模糊推理 产生式规则 神经网络 遗传算法 模糊积分理论

(2) 基于知识的故障诊断

对于很多系统故障，由于故障的初期有较强的隐蔽性，很难通过信号处理的方式得到明确的结果，然而在故障发生时，系统输出的某些特征会有所变化，根据获取的特征信息，对系统输出结果进行分析，最终得出诊断结果。随着汽车智能网联技术的发展，域控制器能够获得的数据越来越丰富，基于知识的故障诊断方法由于其建模简单、适用范围广，在车辆故障诊断领域有着广阔的应用前景。主流的基于知识的故障诊断技术有模糊故障诊断、专家系统故障诊断、神经网络故障诊断和故障树分析等。

模糊故障诊断是利用模糊逻辑来描述故障原因与故障现象之间的模糊关系，通过隶属函数和模糊关系方程找出故障原因。模糊故障诊断不需要建立精确的系统数学模型，能够模拟人类处理问题的方式。其缺点在于很大程度地依赖人的经验，本身不具有学习能力，系统越复杂，则诊断系统的结构也变得越复杂，诊断时间大大增加。常用的模糊故障诊断的一般步骤是检测信号经过模糊化单元处理后，输入到模糊推理规则库中进行分析，其输出即为故障信息的模糊输出，经过解模糊单元处理后即可得出故障原因。

专家系统故障诊断是将某个领域专家解决特定领域的知识，采用某种知识表示方法编辑或自动生成某种特定表示形式，存放在知识库中，然后用户通过人机接口输入信息、数据或命令，运用推理机构控制知识库及整个系统，分析出系统故障。传统的专家系统的核心主要包括故障数据库、知识规则库、故障推理机、人机接口几个部分。专家系统有三个特点：启发性，能运用专家的知识和经验进行推理和判断；透明性，能解决本身的推理过程，能回答用户提出的问题；灵活性，能不断地增长知识，修改原有的知识。

神经网络故障诊断是利用人工神经网络通过对输入信息的学习、记忆和归纳，得到故障分析结果的方法。神经网络故障诊断不需要建立精确的数学模型，可以处理非线性问题，具有并行计算能力，不需要诊断和推理规则，它通过一组样本的输入与输出之间的映射关系进行，按照设定的准则可以自学习。神经网络以分布的方式存储信息，通过神经元之间拓扑结构和权值分布逼近非线性系统，并能做到并行运算，具有一定的泛化和容错能力。神经网络故障诊断有很多方式，应用 BP 神经网络进行故障诊断是目前比较常用的方法。

故障树分析（FTA）是由上向下的演绎式失效分析法，利用布林逻辑组合低阶事件，分析系统中不希望出现的状态。故障树分析主要用在安全工程以及可靠度工程的领域，用来了解系统失效的原因，并且找到最好的方式降低风险，或是确认某一安全事故或特定系统失效的发生率。

(3) 基于模型的故障诊断

常用的基于模型的故障诊断方法主要包括基于参数估计的故障诊断和基于状态观测器的故障诊断。后者是目前一种较为成熟的故障诊断方法，其原理是先对检测系统的模型进行状态空间建模，通过对于观测器的输出和系统实际输出的差异进行检测，来确定系统是否发生故障，原理如图 4-24 所示。

基于观测器的故障诊断方法的核心在于观测器的设计，常用的有鲁棒观测器、龙伯格观测器、滑模观测器和多重观测器等。

在依赖于模型的故障诊断方法中，与滑模理论相关的研究最为广泛。滑模

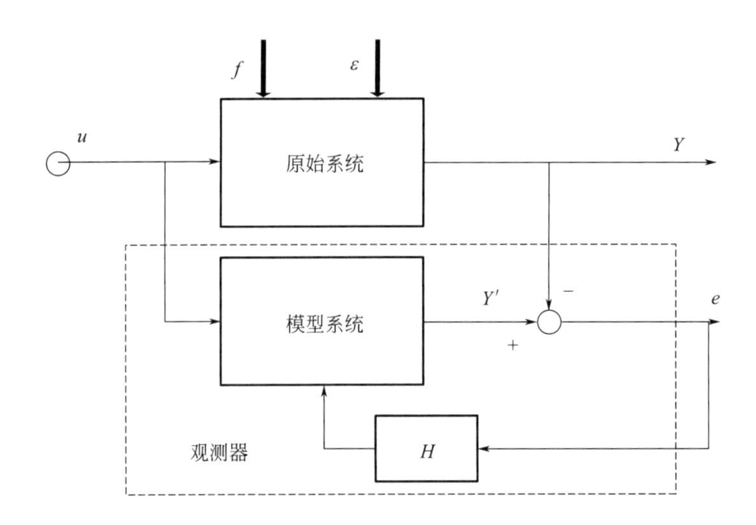

图 4-24 观测器故障检测原理

控制对动态系统的干扰、不确定参数项和非线性项等有抗干扰性，能较为有效地控制不确定参数项和未知干扰项对系统的副作用，在故障诊断的相关领域都具有良好的应用前景。在基于观测器的故障诊断方法中加入滑模控制的方法，基于等值原理分析设计出一种特殊的非线性观测器——滑模观测器，使输出估计误差在有限的时间内趋于零，可对故障进行准确的信号重构。

4.3 线控技术在动力底盘域的应用

随着新能源汽车的电动化、智能化发展，线控底盘由于其控制的灵活性、快速性，是实现高阶智能驾驶的基础。

4.3.1 线控转向

线控转向是一种新型的车辆转向操纵方式，它改变了原有的转向系统的传动结构，取消了转向盘与转向轴之间的机械连接，转向操纵需求以纯电子方式传输至转向轴，转向传动比和转向力回馈可通过电控灵活调节，将驾驶员操作的系统和车轮的执行系统在机械上完全分离，构成了独立的两个子系统，通过控制系统和传感器将两个子系统联系在一起，控制系统通过分析和计算车辆的状态，主动调节汽车转向的力传递特性，而且可以设计汽车转向的角传递特性，给汽车转向特性的设计带来相当大的空间，从而降低驾驶员的操纵负担，提高人-车闭环系统的主动安全性能，其结构原理如图 4-25 所示。

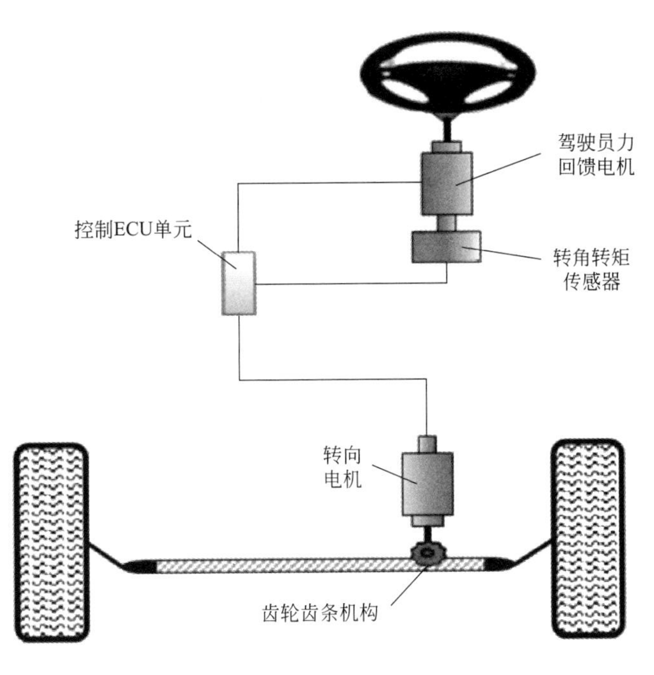

图 4-25 线控转向结构原理

（1）转向盘力回馈系统

传统的转向系统，路面对转向系统的反力会反馈到转向盘上，使驾驶员能够感知车辆的行驶状态，这个回馈力还包含了路面粗糙度导致的振动以及转向系统中机械结构导致的干扰。线控转向系统由于取消了机械连接，这些信号无法直接传递到转向盘，需要通过计算得到理论的回馈力。线控转向系统能够基于车辆的运行条件、车辆行驶状态改变回馈力的大小，使驾驶员获得最佳的驾驶体验。

在车辆行驶过程中，车辆的行驶状态、振动、机械系统干扰等会影响驾驶员对车辆的操纵，线控转向系统的力回馈模块可以过滤转向系统在车辆行驶过程中受到的干扰，使驾驶员获得平顺的转向感觉。

不同车速下驾驶员对车辆的操纵性能要求有所不同，在低速行驶时要求车辆轻便性好、灵活性高，在高速行驶时驾驶员对侧向力的变化比较敏感，要防止车辆高速时侧向力过大导致车辆侧滑的危险。

转向盘力回馈系统回馈力的大小与车辆侧向加速度相关，不同车速下转向盘回馈力矩与侧向加速度的关系曲线如图 4-26 所示。

（2）转向控制系统

线控转向系统的转向角由转向盘控制，线控转向控制模块通过在不同车速下调节转向比，可使车辆在低速时对驾驶员的转向命令响应较为灵活，在较高车速下增加稳定性。

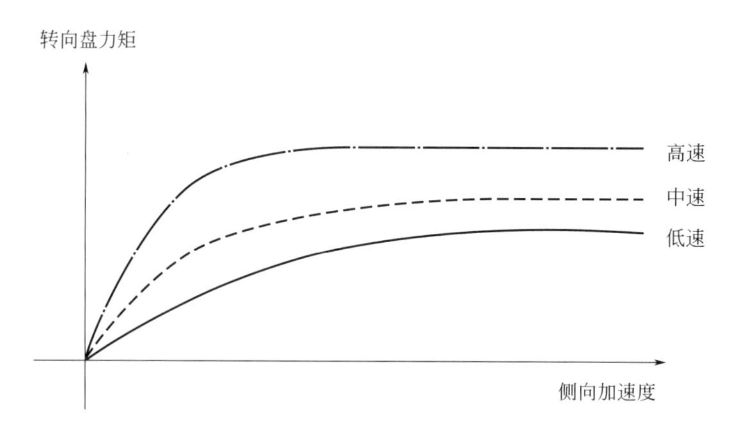

图 4-26　不同车速下的转向盘回馈力矩与侧向加速度的关系曲线

为了提高行车的安全性，线控转向系统除了调节转向比外，还能依据车辆行驶姿态自动调节车轮的转向角，实现车辆的主动安全控制。控制模块接收来自车辆传感器的输入，如横摆角速度、侧向加速度、侧倾等信息，计算出车辆的行驶状态，并估计车辆的危险情况，如通过对车辆姿态的检测判断驾驶员的危险操作，并主动调整转向比，降低危险发生的可能性。

为了减轻驾驶员的操作负担，线控转向系统能够根据车辆动态变化调整转向，并抑制干扰。例如，线控转向系统可以调整转向角以补偿道路牵引或漂移（如侧风、路面倾斜等），从而消除驾驶员持续反向转向的需要。通过驾驶员反馈算法，线控转向系统自动完成转向的细微调整，而不需驾驶员干预，提升了驾驶操作性能。

通过线控转向功能，系统能够实现理想的横摆角速度响应，纠正转向过度或转向不足。线控转向系统还能通过与车辆制动系统、主动差速控制系统的协调工作，确保车辆运动过程达到最优的汽车动力学要求。

4.3.2　线控制动

某些新能源汽车由于没有发动机提供液压制动或气动制动的动力源（如纯电动汽车、燃料电池汽车等），导致传统的制动器应用在这类新能源汽车上时需要额外增加液压泵或空气泵，为了维持制动压力，还需要增加蓄能装置，这就导致了成本和能耗大大提高，且增加了系统的体积，影响到车辆底盘布置安装，因此在新能源汽车上的制动系统升级是必然趋势。

线控制动技术目前常见的有两种解决方案，即电子液压制动（EHB）和电动机械制动（EMB）（图 4-27）。

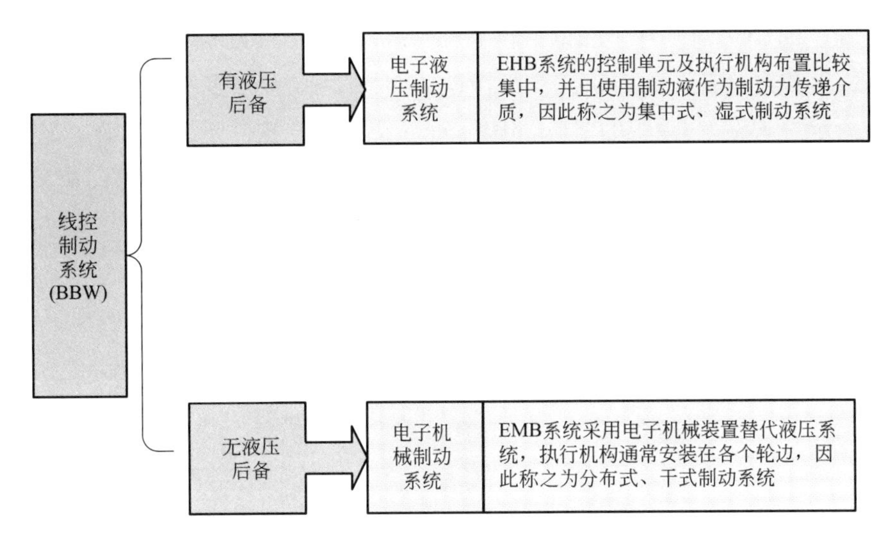

图 4-27　线控制动系统分类

EHB 系统是在传统的液压制动器基础上发展而来的，EHB 系统操纵机构用一个电子制动踏板替代了传统的液压制动踏板，具有备用制动系统，产品安全性及用户可接受度较高，是当前线控制动主流技术方案。典型的 EHB 系统由传感器、电控单元（ECU）、执行器机构等部分构成，如图 4-28 所示。正常工作时，制动踏板与制动器之间的液压连接断开，备用阀处于关闭状态。电子踏板配有踏板感觉模拟器和电子传感器，ECU 可以通过传感器信号判断驾驶员的

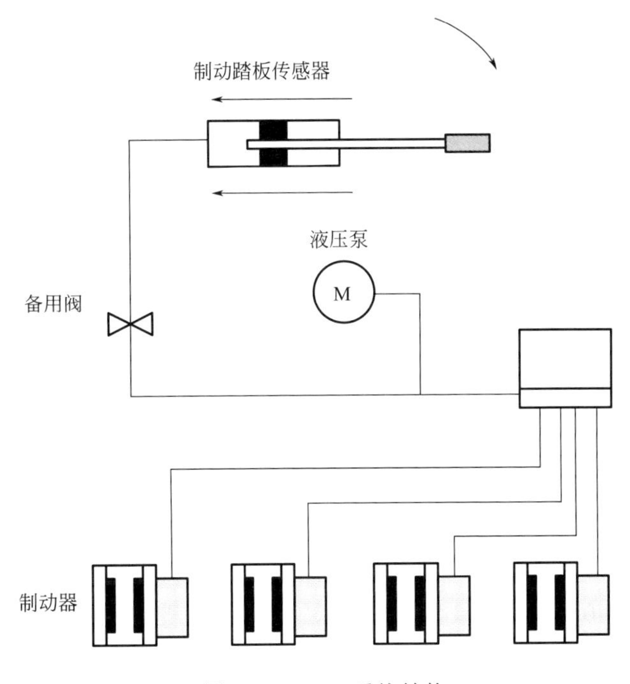

图 4-28　EHB 系统结构

制动意图，并通过电机驱动液压泵进行制动。电子系统发生故障时，备用阀打开，EHB系统变成传统的液压制动系统。

作为较成熟的EHB系统，博世iBooster系统被很多新能源汽车采用，图4-29所示为iBooster系统的结构。iBooster系统可以与ESP系统相结合，提供车辆出于安全原因所需的制动系统冗余。两个系统在制动器上都有直接的机械推送机构，可以在整个减速范围内独立制动车辆，及时反映驾驶员意图，并提供再生制动。其工作过程如下。

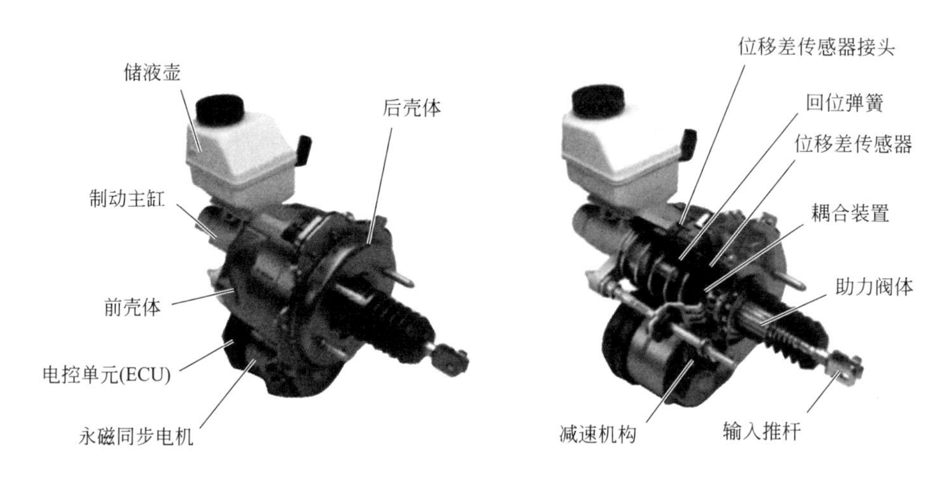

图4-29 博世iBooster系统的结构

① 当驾驶员踩下制动踏板，车辆根据制动踏板行程及汽车加速度信号计算前、后轴制动力，参考车辆运动、电机及电池状态参数，计算出制动助力期望值。

② iBooster控制单元进行制动力仲裁，控制电机运动，并将助力传递给制动主缸推杆。

③ 制动系统的液压控制单元进行前、后轴制动压力分配，并传给制动轮缸。

④ 当制动减速度小于某个阈值，电机控制器控制电机进行再生制动。再生制动力可随车速、电机转速、电池容量等参数实时变化调整。

iBooster系统在与ESP系统的配合下，几乎可以做到百分之百的能量回收，同时还可以加入滑行等节油功能。制动能量回收是利用电机反向拖转产生能量，并给电池充电。但是电机的拖转扭矩并不是非常稳定，而驾驶员希望减速度是非常稳定且非常线性的。由于电机拖转产生的扭矩对车速变化非常敏感，驾驶员在制动时感觉减速度非常不稳定，会影响制动的信心。iBooster系统中制动踏板行程和踏板力与实际制动管路的压力是独立的，因此在再生制动过程中可以计算出驾驶员希望得到的减速度，优先使用电机拖转进行制动，如果不够则使用液压制动进行补偿。这样就实现了最大限度的制动能量回收，同时也满足了驾驶员的制动需求。

iBooster系统的机电设计也为驾驶员辅助系统提供了许多好处。使用电机，iBooster系统可以独立建立压力，无需驾驶员踩下制动踏板。与典型的ESP系统相比，所需制动压力的建立速度快了三倍，并通过电子控制系统以更高的精度进行调整，这为自动紧急制动系统提供了显著的益处。在紧急情况下，iBooster系统可在约120ms内自动建立全制动压力。这不仅有助于缩短制动距离，而且如果碰撞不可避免，也有助于降低碰撞速度和对所有相关方造成伤害的风险。此外，当自适应巡航控制（ACC）处于激活状态时，iBooster系统可以确保舒适减速，直到车辆达到静止状态，在该过程中几乎不会产生噪声或振动。

EMB系统用电子机械执行机构代替了所有的液压装置，包括主缸、液压管路、助力装置等，液压盘和鼓式制动器的调节器也被电机驱动装置取代，执行机构安装在轮边，与制动盘直接相连。EMB系统是名副其实的线控制动系统。相较于传统的制动系统，EMB系统具备许多优点：体积小，结构简洁，布局灵活；制动迟滞小，能有效减小制动距离；制动压力调节平稳，能够实现更为稳定的ABS/TCS控制；无需制动液，系统重量轻且比较环保；可通过软件配置各种制动模式，控制方式灵活；易于实现再生制动。其原理如图4-30所示。

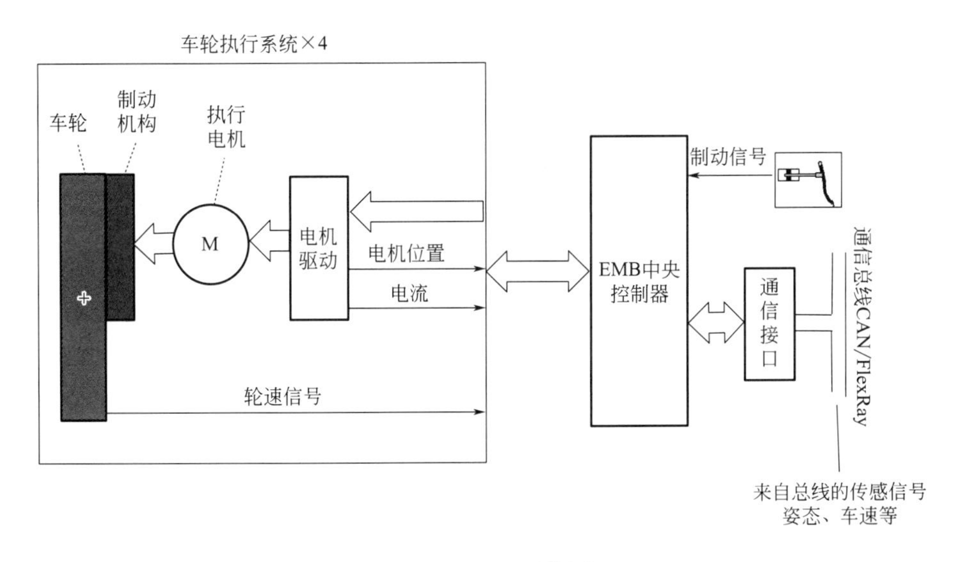

图4-30　EMB系统原理

EMB系统由于没有机械或液压备份系统，可靠性至关重要，系统必须具有容错性。EMB系统需要可靠的电源、容错通信协议（即TTCAN和FlexRay）以及一定程度的硬件冗余等功能。与EHB系统一样，EMB系统旨在改善与其他车辆系统的协调控制，从而使牵引力控制和车辆稳定性控制等高级功能集成更简单。

EMB系统优点很多，但由于技术成熟度相对较低，产品可靠性有待进一步优化，短期内很难大规模上车应用，是未来的技术发展方向。

4.3.3 线控驱动

线控驱动目前在线控系统中较为成熟，主要由加速踏板、踏板位移传感器、ECU、数据总线、驱动执行机构组成，位移传感器通过监测加速踏板的位置，来判断驾驶员的意图，并调节发动机或动力电机的输出转矩。目前电子油门应用广泛，一般具有巡航功能的车辆都配备有线控电子油门，新能源汽车在此基础之上实现线控驱动较为简便。

在新能源汽车的驱动控制系统中，驱动电机或发动机的输出转矩不仅需要依据电子油门的信号控制，还需通过车速、电池信息、电机状态等做出综合判断，线控驱动系统控制器能够根据车辆状态、油门开度及其变化速率，利用内部算法预判驾驶员需求的功率或转矩，然后通过电信号控制动力域中驱动子系统的输出功率和转矩。

4.3.4 线控悬架

线控悬架主要是指悬架系统可以通过通信接口获知车辆状态、路况和驾驶员意图等信息，并由ECU控制悬架执行机构，改变悬架系统的刚度、阻尼及车身高度等参数，以适应不同的路面和行驶状况，改善乘坐舒适性，提高操纵稳定性和车辆通过性。线控悬架执行机构主要包括线控减振器和线控弹簧，悬架中的半主动悬架和主动悬架都能实现线控操作，其中半主动悬架只改变悬架阻尼，工作状态下无需能源，结构较简单。主动悬架可调整悬架的刚度、阻尼以及车身高度，属于有源控制，需要有提供能量的设备和控制作用力的附加装置，能耗较高。主动悬架可根据汽车载质量、路面状况（振动情况）、行驶速度、运行工况（启动、制动、转向等）的变化，自动调整悬架的刚度和阻尼以及车身高度，能同时满足汽车行驶平顺性和操纵稳定性等各方面的要求。

线控减振器主要分为CDC减振器（图4-31）与MRC主动电磁减振器（图4-32）两种。CDC减振器通过调节减振器上的CDC控制阀改变减振器内外两个腔室之间的小孔大小来调节阻尼。CDC技术相对成熟，成本可控。MRC减振器通过改变减振器内油液的密度，进而改变油液的流动性，从而使减振器的阻尼改变。MRC减振器内填充磁性聚合物液体，它利用电磁铁与减振器内的磁流变液配合，不断改变减振器的阻尼。MRC减振器的核心是内部的液体材料——一种被称为磁流变液的可控流体，这种材料在磁场作用下的流变是瞬间的、可逆的，在零磁场时会呈现出液态，而在强磁场时会呈现出固态，因此只要改变磁场就可以改变磁流变液的状态，继而改变减振器内活塞的阻力，MRC减振器通过磁场可以快速改变阻尼，有较高的响应速度以应对路面的冲击，但成本较高。

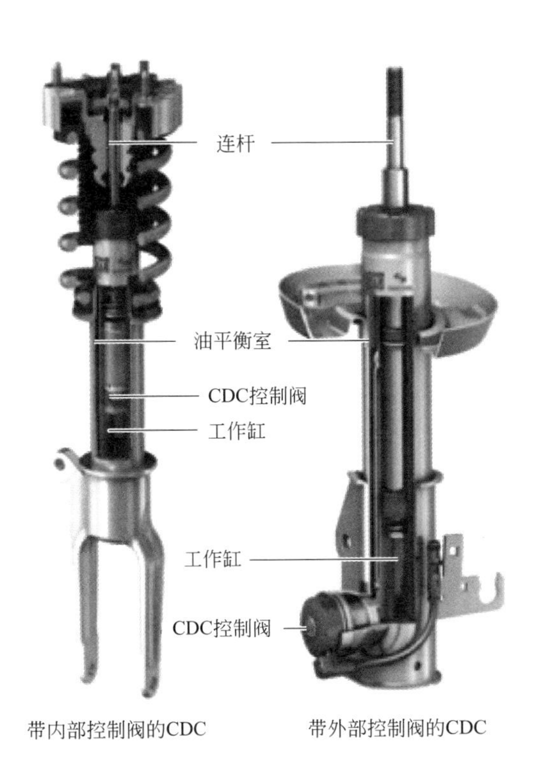

图 4-31　CDC 减振器结构

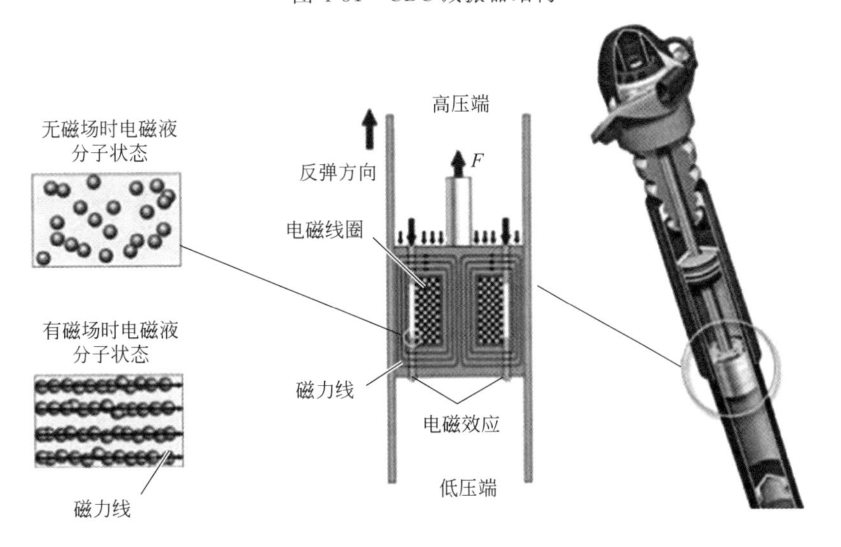

图 4-32　MRC 减振器技术原理

线控弹簧目前主要采用空气弹簧调节弹簧刚度、改变车身高度。空气弹簧是在柔性密封容器中加入压缩空气，利用空气的可压缩性实现弹性作用的一种非金属弹簧，有囊式和膜式两种。空气弹簧具有优良的弹性，且可以利用ECU接收车辆高度、行驶速度和路况信号进行工况判断，通过自主充放气实现刚度和高度调节。空气悬架在轻量化优势显著，更适合在新能源汽车上应用。

线控悬架通常是线控弹簧和线控减振器的组合，如空气弹簧＋CDC减振器、空气弹簧＋电磁减振器等。

第5章 新能源汽车智能座舱和车身域

5.1 智能座舱和车身域结构

在新能源汽车的各个域中，动力域、底盘域经过多年的发展已相对比较成熟，座舱域和车身域直接和驾驶员的感受体验相关，人机交互、操作舒适性大多在这部分实现。智能座舱域是当前汽车行业开发设计和差异化竞争的焦点，包括组合仪表、人机交互设备、驾驶监控系统和车载娱乐信息系统等，其中人机交互设备和车载娱乐信息系统在智能座舱领域的发展迅速，各类新技术、新产品层出不穷。车身域包含车灯、空调、后视镜、座椅等系统，车身域集成种类相对较少，且功能较为简单，部分功能和其他域相重合，有些企业将该域整合到了自动驾驶域或智能座舱域。

车身域控制器一般集成 BCM、PEPS、TPMS、Gateway 等功能，也可拓展增加座椅调节、后视镜控制、空调控制等功能，综合统一管理各执行器，合理有效地分配系统资源。车身域控制器主要功能如图 5-1 所示，且不限于所列功能。

灯光控制	雨刮控制	门窗控制	后视镜控制	PEPS	座椅控制	其他
• 近光灯	• 低速雨刮	• 四门解锁	• 后视镜折展	• 无钥匙启动	• 座椅调节	• LIMHOME
• 远光灯	• 高速雨刮	• 碰撞解锁	• 后视镜镜片调节	• 无钥匙进入	• 座椅加热	• 远程功能
• 位置灯	• 间歇控制	• 自动落锁	• 后视镜加热	• 迎宾功能	• 座椅通风	• OTA
• 转向灯	• 点刮	• 车窗升降		• 发动机防盗		• 诊断刷写
• 制动灯		• 车窗防夹		• 整车电源管理		• …
• 日间行车灯		• 一键降窗				

图 5-1 车身域控制器主要功能

由于车载输入信息量大，信息复杂度高，对智能座舱域系统软件的处理能力提出了较高的要求，目前的汽车座舱逐渐向以人机交互为核心、多屏联动的智能座舱发展，然而传统座舱内的各系统都有着自己独立的控制器，这就导致了控制器成本高，系统之间通信负担重。随着芯片行业的快速发展，车载芯片的算力得到巨大提升，“一芯多屏”的技术方案逐渐成为现实。“一芯多屏”的方案是使用一片高性能的 SoC 芯片，同时运行人机交互、组合仪表、信息娱乐等多个系统，同时驱动多个显示器，在软件架构上，多操作系统也是其一大特点，目前主流的车载操作系统包括安卓、QNX 和 Linx 等，其中安卓和 QNX 整合的方案是“一芯多屏”技术中最常见的方案。

智能座舱域的主要构成如图 5-2 所示，其核心为中控系统和仪表。

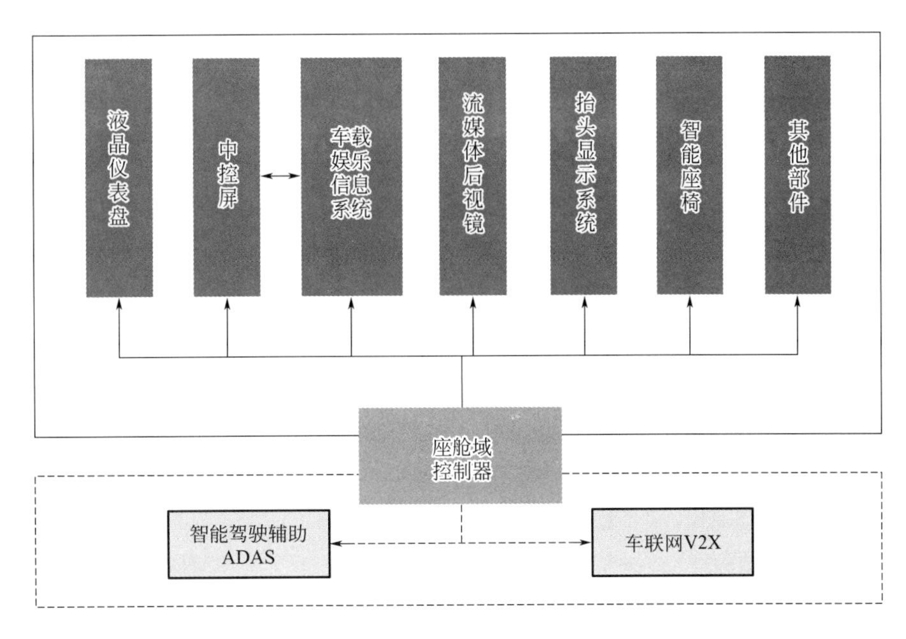

图 5-2　智能座舱域的主要构成

5.1.1 车载中控和仪表

汽车座舱中的中控系统控制汽车空调、音响等舒适娱乐设备。它包括各种车辆控制器，如中央控制门锁系统、中央控制台、音频控制面板等。此外，驾驶员还可以通过汽车中控系统控制整车的车门开关和玻璃升降。汽车中控系统发展历程如图 5-3 所示，早期的中控系统基本上只有按键和旋钮，用于调节空调、收音机，功能简单，没有中控屏幕，之后发展出真空荧光显示屏（VFD）、液晶显示屏（LED）、小尺寸薄膜晶体管显示器（TFT），显示屏的信息显示越来越清晰、快捷，中控系统基本上依电气仪表盘＋中控屏的模式构成，这类系统现在是市面上的主流。

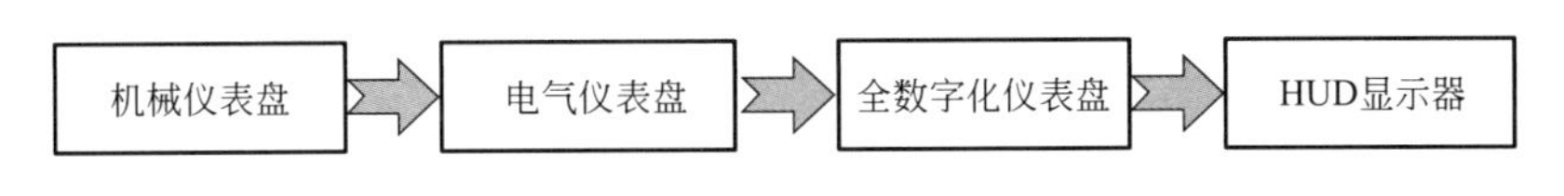

图 5-3　汽车中控系统发展历程

随着新能源汽车座舱智能化程度的提高，座舱系统的功能越来越多。智能座舱系统内的仪表不仅仅是简单地显示车内基本信息和报警等，而且通过液晶仪表盘、中控屏、HUD 显示器（抬头显示器）、流媒体后视镜等硬件的功能融合，实现语音控制、视觉感知、生物识别、手势操作等智能化交互，因此传统的液晶仪表正逐渐被全新的虚拟化数字屏幕所代替，屏幕也从过去的单屏扩展到包括中控、副驾、后座、电子后视镜、倒车镜、抬头显示器等在内的多个屏幕，分别负责车辆信息显示、娱乐、导航、驾驶员监控等功能。HUD是最新应用于车辆的显示技术，它可把信息映射在风窗玻璃的全息半镜上，使驾驶员不必低头，就能看清重要信息，这样避免了驾驶员看仪表盘时的视线转移，使驾驶员可以将更多的注意力放在路面上，提高了行车安全性。

传统的座舱中，由于技术限制，仪表、中控等部件都是独立存在的，每一个屏幕需要一个独立的控制器，多个控制器之间的数据传输负载率高，实时性差，因此限制了智能化座舱性能的提高。为了解决高速通信的成本和性能问题，“一芯多屏”方案成为目前智能座舱的发展趋势，“一芯多屏”将以前多个显示屏和传感器集成到一个控制器上，其关键优势是可以降低系统板上因信号在多个芯片之间进出带来的延迟而导致的性能局限，改变了多个操作系统之间通过总线传输信息的方式，通信时间大幅降低，使系统复杂度降低，器件数减少，整体可靠性大大提高。

“一芯多屏”的实现主要有两种途径：一种是硬件隔离（Hardware Partition）；另一种是虚拟机监视器（Hypervisor）。它们之间的主要区别在于硬件资源是否共享。

硬件隔离是通过硬件分区将芯片的内存区域、外围设备、端子等硬件资源进行划分和管理，硬件资源的所属分区拥有对该资源的访问和管理权限，分区间硬件资源不能共享。基于恩智浦i.mx8QM芯片的智能座舱方案是典型的硬件隔离的方案，如图5-4所示。i.mx8QM是一款多核芯片，包括了4×A53、2×A72、2×M4等，通过创建两个系统的硬件分区，将不同的硬件资源划分到这两个分区，并分别将A53和A72内核划分到这两个系统分区，最终可实现两个分区上的CPU分别独立运行一套操作系统，如A53运行Linux，A72运行

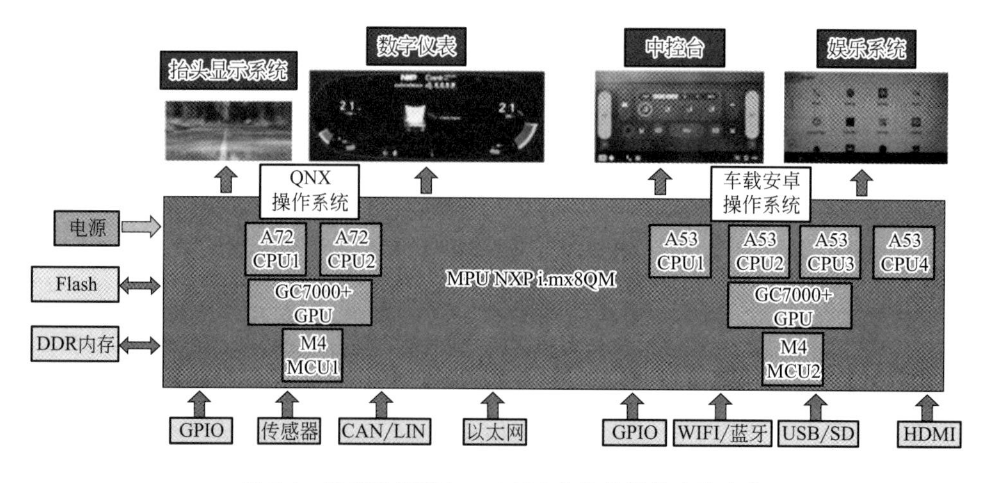

图5-4 基于恩智浦i.mx8QM芯片的智能座舱方案

Android，可分别用于仪表和中控娱乐系统。通过硬件隔离强化了芯片对硬件资源的管理，通过硬件分区的方式对资源进行管理，简化了资源从属和管理问题，方便了软件开发。

虚拟机监视器（Hypervisor）是运行在硬件设备与操作系统之间的一种中间软件层，允许多个操作系统共享硬件资源。在虚拟化环境下，Hypervisor 可以调度 CPU 内核、外部设备、内存区域等硬件资源，并为每个虚拟机分配不同资源。在 Hypervisor 协调控制下，多个操作系统在硬件方面实现资源共享共用，在软件方面保持独立、互不干涉。即使一个操作系统出现软件故障或发生崩溃，其他操作系统仍可继续正常运行。

按照 Hypervisor 运行所在介质，可将其分为 Type 1 和 Type 2 两类，如图 5-5 所示。在 Type 1 中，Hypervisor 直接运行在物理硬件之上，向下直接管理所有硬件资源，向上通过 Hypervisor 创建多个虚拟机，在虚拟机上安装操作系统及部署应用。在 Type 2 中，物理硬件上先安装一层操作系统，利用操作系统管理所有硬件资源，操作系统上再安装 Hypervisor，后面操作同 Type 1。在汽车领域中，第一类 Hypervisor 应用十分广泛，已成为“一芯多屏”式智能座舱的主流配置。常见的车载 Hypervisor 包括 QNX Hypervisor、ACRN、XEN、COQOS 等，其中 QNX Hypervisor 功能安全等级最高。

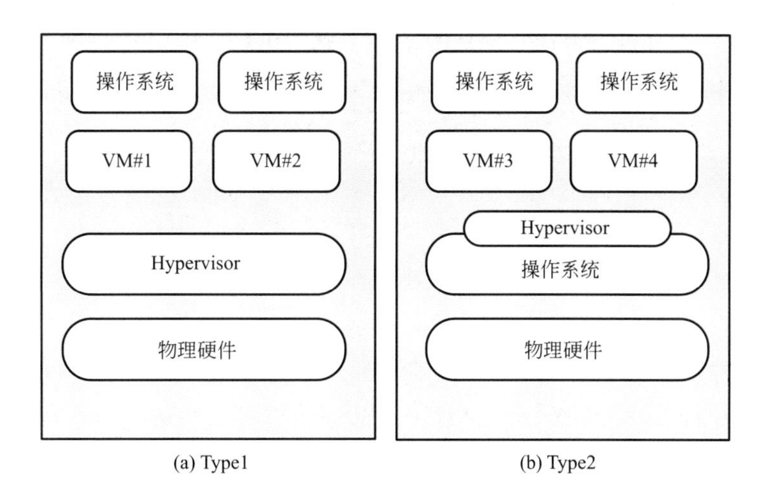

图 5-5　两种虚拟机类型

5.1.2　高级辅助驾驶系统简介

高级驾驶辅助系统（ADAS）是智能座舱域中必不可少的组成部分。ADAS 利用传感器为汽车提供数据，把汽车行驶过程中的信息进行运算分析，根据模型进行预判，从而提示驾驶员规避有可能发生的意外，提高汽车驾驶的安全性。

按功能将ADAS分为三大类。

① 主动控制类：这类系统能够主动对车辆进行控制，从而预防危险，包括自适应巡航（ACC）、自动紧急制动（AEB）、车道保持（LKA）、自动泊车（APA）、智能大灯控制（AFL）等。

② 预警类：这类系统通过发出预警消息来提示驾驶员进行操作，通常不会控制车辆，包括前方防撞预警（FCW）、车道偏离预警（LDW）、行人碰撞预警（PCW）、驾驶员疲劳检测预警等。

③ 辅助类：主要用于提高驾驶的舒适性，包括盲点监测（BSD）、自适应远光（ADB）、夜视（NV）、泊车辅助（PA）、全景泊车（SVC）、注意力检测（DMS）、抬头显示（HUD）、交通标志识别（TSR）、行人检测（PDS）等。

传感器是ADAS的技术核心，常用ADAS系统传感器包括以下三类。

① 环境感知类：用于感知车辆行驶过程中道路、行人、障碍物、交通标志等，包括毫米波雷达、激光雷达、超声波雷达、摄像头、红外传感器、温度传感器、光传感器等。

② 驾驶意图感知类：用于识别驾驶员的操作并判断其操作意图，包括挡位传感器、加速踏板位置传感器、制动踏板位置传感器、制动压力传感器、转向盘转角传感器等。

③ 车辆状态传感器：主要用于识别车辆姿态，包括车速传感器、轮速传感器、车身高度传感器、三轴陀螺仪、三轴加速度计、三轴电子罗盘等。

5.1.3 智能座舱的环境感知技术

(1) 视觉识别技术

由于在当前以人为主导的交通体系中，绝大多数的交通信息都是光学信息，其目的是为了便于驾驶员的人眼识别，如交通标志、交通信号、车灯、警示标志、道路分隔带等，摄像头能够获取到周边的光学信息，由于其获取的信息与驾驶员的人眼相一致，因此对于目前绝大多数的交通信号、标志，都能通过摄像头获取。

主流的车载视觉传感器分为电荷耦合器件（CCD）传感器和互补金属氧化物半导体（CMOS）传感器两种。CCD传感器的动态范围大，图像畸变小，但其读出速率低、加工难度大、成本高。CMOS传感器读取信息的方式简单，具有输出信息速率高、耗电少、体积小、重量轻、集成度高、价格低等特点。针对车载应用，目前汽车摄像头主要使用CMOS传感器作为视觉传感器，在有些客车、物流车辆上，为了提高图像质量，会采用CCD传感器。

智能网联汽车中使用的图像处理算法主要来源于计算机视觉中的图像处理技术。智能汽车图像处理算法是在结构化的图像信息中提取环境特征。机器视觉算法的基本步骤包含图像数据的解码、图像特征的提取、识别图像中的目标。计算机视觉识别流程如图 5-6 所示。

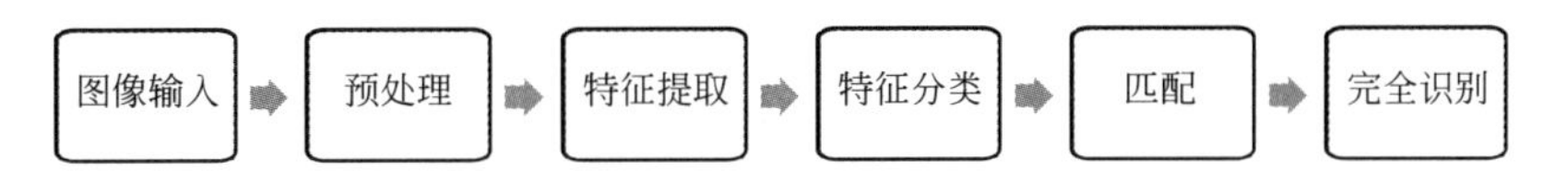

图 5-6 计算机视觉识别流程

图像传感器获取到的图像信息以编码方式发送到车载电脑，典型的图像编码格式有灰度图像、RGB、HSV、CMYK 等，车载电脑将其解码并对图像进行预处理，其目的是去除图像中无关的信息，恢复真实信息，增强有关信息的可检测性，最大限度地简化数据，从而改进图像特征提取、图像匹配和识别的准确性。常见的图像预处理方法包括图像平滑滤波、图像增强、图像灰度化、图像几何变换以及图像形态学闭运算等。

经过预处理后的图像需要提取出有效的图像特征才能进一步地进行识别，这个过程需要采用合适的图像处理算法来实现，图像处理算法包括传统的机器视觉，以及基于人工神经网络的深度学习等技术。传统的机器视觉提取图像的方法有很多，表 5-1 列出了几种常见的图像特征处理方法。

表 5-1 常见的图像特征处理方法

特征	处理方法
颜色特征	量化颜色直方图、聚类颜色直方图
几何特征	图像边缘检测、角点检测、连通域分析
基于关键点的特征描述子	SIFT 算法、SURF 算法、ORB 算法
其他特征提取	如纹理特征提取的 LBP、Gabor 算法等

随着计算机计算能力的大大提升，数据训练量大大增加，这也使深度学习的算法得到了快速的发展，各类深度学习的模型相继提出。深度学习应用于图像识别不但大大提升了准确性，而且也避免了人工特征抽取的时间消耗，提高了计算效率。在车载机器视觉技术上，基于深度学习的图像识别方法取代了“人工特征＋机器学习”，成为主流的图像识别方法。

卷积神经网络（CNN）是在图像识别中应用最为广泛的一种深度学习方法，目前应用的许多图像处理算法，如 fastRCNN、fasterRCNN、YOLO、SSD、YOLOv3，都是由 CNN 逐步发展而来的。CNN 图像处理流程如图 5-7 所示。

CNN 的核心由以下几种层组成。

① 输入层：用于数据的输入，在处理图像的 CNN 中，输入层一般代表了一张图片的像素矩阵。可以用三维矩阵代表一张图片。三维矩阵的长和宽代表

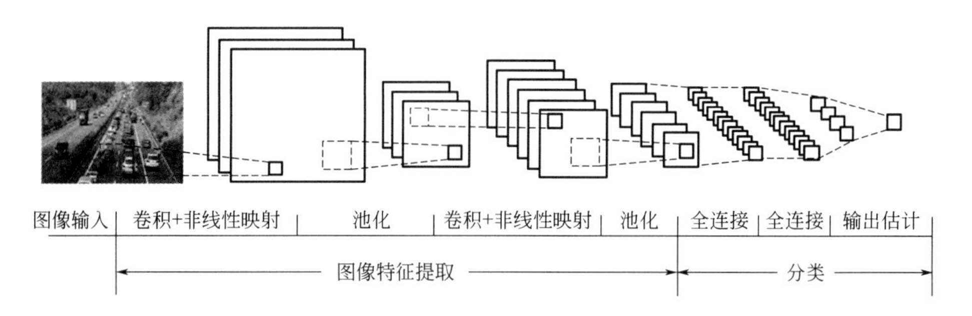

图 5-7 CNN 图像处理流程

了图像的大小，而三维矩阵的深度代表了图像的色彩通道。比如黑白图片的深度为 1，而在 RGB 色彩模式下，图像的深度为 3。

② 卷积层：使用卷积核进行特征提取和特征映射。卷积层是 CNN 最重要的部分，卷积原理其实就是对两张图片的像素矩阵进行点乘求和的数学操作，求得的结果表示原始图像中提取的特定局部特征。卷积层中与原始图像进行卷积操作的像素矩阵被称为过滤器（filter）或者内核（kernel），在一个卷积层中，过滤器（filter）所处理的节点矩阵的长和宽都是由人工指定的，这个节点矩阵的尺寸也被称为过滤器尺寸。常用的尺寸有 3×3 或 5×5，而过滤层处理的矩阵深度和当前处理的神经网络节点矩阵的深度一致。图 5-8 所示为一个 3×3 的像素矩阵和一个 2×2 的内核卷积的过程。

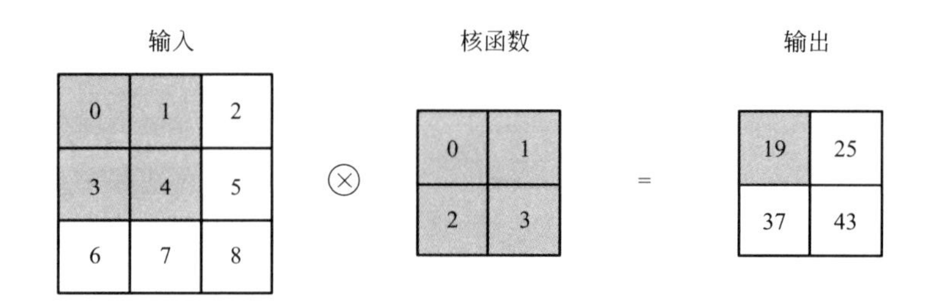

图 5-8 卷积计算例

③ 池化层：进行下采样，对特征图稀疏处理，减少数据运算量。池化层不会改变三维矩阵的深度，但是它可以缩小矩阵的大小。通过池化层，可以进一步缩小最后全连接层中节点的个数，从而达到减少整个神经网络参数的目的。使用池化层既可以加快计算速度，也可以防止过拟合。池化层的计算不是节点的加权和，而是采用最大值或者平均值计算。使用最大值操作的池化层称为最大池化层（max pooling layer）（最大池化层是使用得最多的池化层结构）。使用平均值操作的池化层称之平均池化层（mean pooling layer）。

图 5-9、图 5-10 所示分别为不重叠的 4 个 2×2 区域的最大池化层、平均池

化层处理方法。

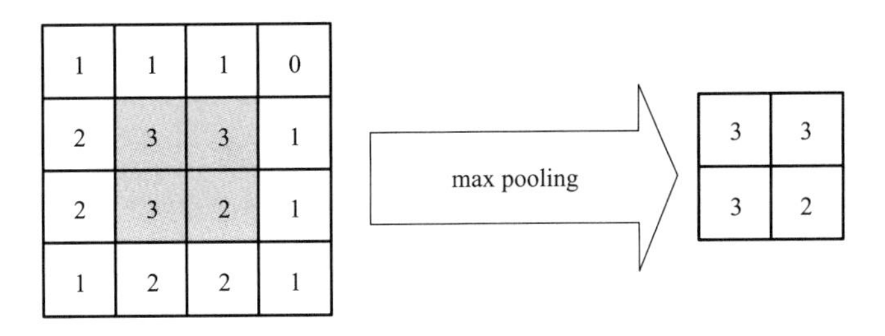

图 5-9 最大池化例

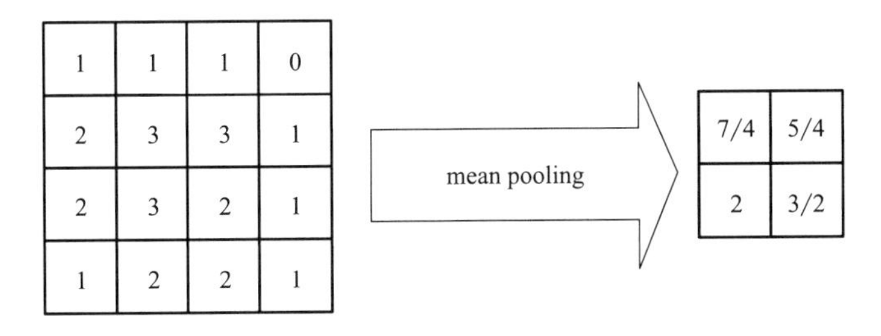

图 5-10 平均池化例

④ 激励层：由于卷积也是一种线性运算，因此需要增加非线性映射，对卷积层的输出结果进行一次非线性映射，常用的激励函数有 Sigmoid、Tanh、ReLU 等。CNN 激励函数一般为 ReLU（图 5-11），其特点为收敛快、求梯度简单、较脆弱。

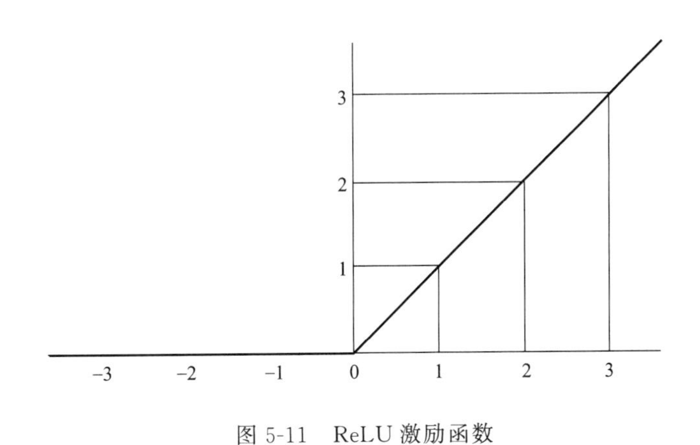

图 5-11 ReLU 激励函数

⑤ 全连接层：经过多轮卷积层和池化层的处理后，在 CNN 的最后一般由 1～2 个全连接层来给出最后的分类结果，全连接层的每一个节点都与上一层的所有节点相连，用来把前边提取到的特征综合起来，由于其全相连的特性，一

般全连接层的参数也是最多的。在卷积神经网络的最后，往往会出现一两层全连接层，用于综合特征信息，以减少信息的损失。全连接层可以有单层或多层，这些层有两种类型，即线性转换层和非线性变换层。线性部分的基本形式为

$$a = x \times W + b \tag{5-1}$$

式中，a 为输出；x 为输入；W、b 为设定矩阵。

全连接层的连接关系如图 5-12 所示。其中，x_1、x_2、x_3 为全连接层的输入，a_1、a_2、a_3 为输出。

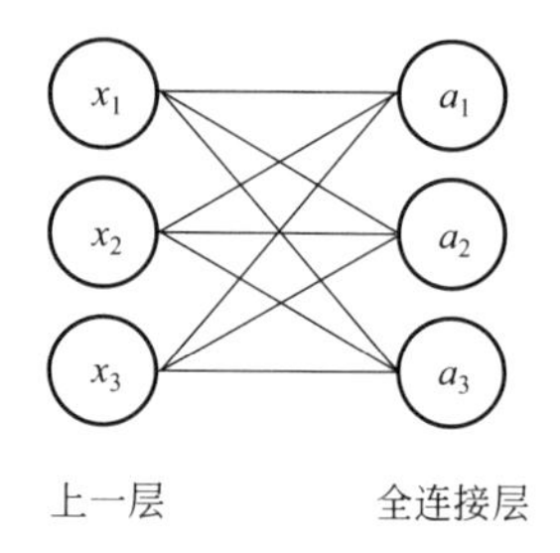

图 5-12 全连接层的连接关系

$$\begin{cases} a_1 = W_{11} \times x_1 + W_{12} \times x_2 + W_{13} \times x_3 + b_1 \\ a_2 = W_{21} \times x_1 + W_{22} \times x_2 + W_{23} \times x_3 + b_2 \\ a_3 = W_{31} \times x_1 + W_{32} \times x_2 + W_{33} \times x_3 + b_3 \end{cases} \tag{5-2}$$

非线性部分则是在线性部分的基础上加上一个非线性的激励函数，该层的形式为

$$a = f(x \times W + b) \tag{5-3}$$

在 CNN 中，全连接层每个神经元的激励函数一般采用 ReLU 函数。

⑥ softmax 层：对神经网络的输出结果进行一次换算，将输出结果用概率的形式表现出来，通过该层可得到当前样例属于不同种类的概率分布情况。

神经元节点 z 的值，经过 softmax 层计算后，转换成概率值 s，s 与 z 的关系为

$$z_i \rightarrow \text{softmax}(z_i) \rightarrow s_i \tag{5-4}$$

softmax 层计算公式为

$$s_i = \frac{e^{z_i}}{e^{z_1} + e^{z_2} + \cdots + e^{z_i} + \cdots + e^{z_k}} \tag{5-5}$$

显然，$s_i \in [0\%, 100\%]$。

$$\sum_{i=1}^{k} s_i = \frac{e^{z_1} + e^{z_2} + \cdots + e^{z_i} + \cdots + e^{z_k}}{e^{z_1} + e^{z_2} + \cdots + e^{z_i} + \cdots + e^{z_k}} \rightarrow \sum_{i=1}^{k} s_i = 1 \tag{5-6}$$

摄像头测距是视觉传感器获得图像三维特征的基础，根据汽车摄像头模块数量的不同，目前使用的摄像头分为单目摄像头、双目摄像头和三目摄像头以及环视摄像头等。单目摄像头需要对目标进行识别，也就是说在测距前先识别障碍物是车、人还是别的什么，在此基础上再进行测距。双目摄像头则更加像人类的双眼，主要通过两幅图像的视差计算来确定距离，也就是说，双目摄像头不需要知道障碍物是什么，只要通过计算就可以测距。

(2) 汽车雷达的应用

汽车雷达可分为超声波雷达、毫米波雷达、激光雷达等。雷达的原理不同，其性能特点也不同，可用于实现不同的功能。不同雷达波的特征如图 5-13 所示。

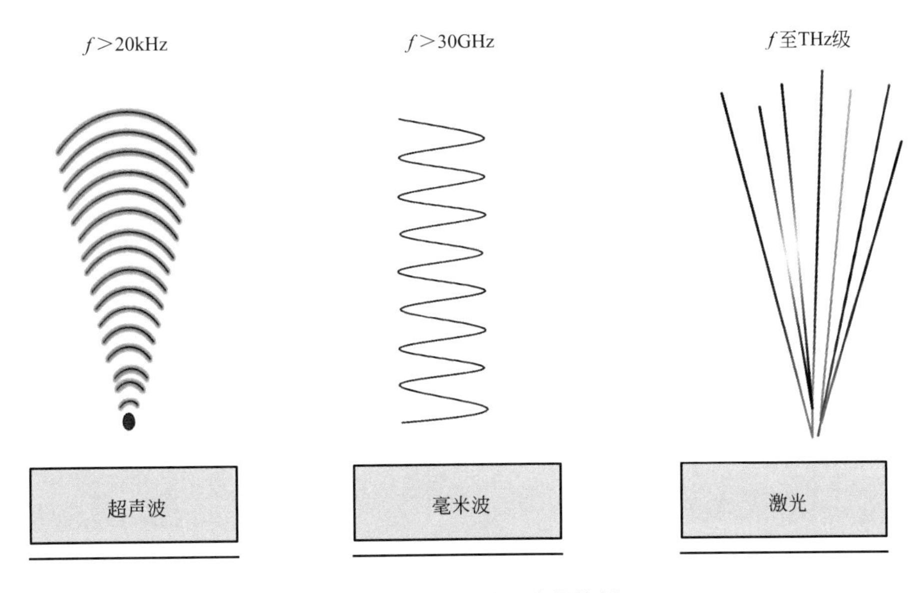

图 5-13 不同雷达波的特征

① 超声波雷达 是汽车最常用的一种传感器，可以通过接收到反射后的超声波探知周围的障碍物情况，减少了驾驶员停车、倒车和启动车辆时前、后、左、右检视带来的麻烦，帮助驾驶员消除盲点和视线模糊缺陷，提高了行车安全性。超声波雷达被广泛用于倒车辅助系统和自动泊车系统中。一般来说，超声波雷达的最大探测距离为 2.5～5m，最小探测距离为 25～35cm。超声波雷达波会产生余振，如余振期间探测距离过短，会导致盲点，从而无法确定与障碍物的距离。

② 毫米波雷达 是通过发射和接收无线电波来测量车辆与车辆之间的距离、角度和相对速度的装置。毫米波的波长为 1～10mm。目前，毫米波频段有 24GHz、60GHz、77GHz、120GHz，其中 24GHz 和 77GHz 用于汽车。24GHz 用于 5～70m 的中、短程检测，主要用于 BSD、LDW、LKA、LCA 等，77GHz

用于 100～250m 的中、远程检测，主要用于 ACC、FCW、AEB 等。

24GHz 毫米波雷达频段分布如图 5-14 所示，24.00GHz 到 24.25GHz 的频段是窄带（NB），带宽为 250MHz，属于工业、科学和医学（ISM）频段。24GHz 频段还包括一个带宽为 5GHz 的超宽带（UWB）。在短程雷达中，24GHz 频段的 NB 和 UWB 雷达已经应用于传统的汽车传感器上。通常 NB 雷达可以完成盲点检测等简单应用，但在大多数情况下包括超短距离的情况下，由于高频分辨率的需求，需要使用 UWB 雷达。由于欧洲电信标准化协会（ETSI）和联邦通信委员会（FCC）制定的频谱规则和标准，2022 年 1 月 1 日以后，UWB 频段将无法在欧洲和美国使用，只有窄带 ISM 频段可以长期使用。24GHz 频段缺乏宽带宽，再加上新兴雷达应用中对更高性能的需求，使 24GHz 频段对新兴雷达没有吸引力，尤其是在当前对自动泊车和全景视图感兴趣的汽车领域。

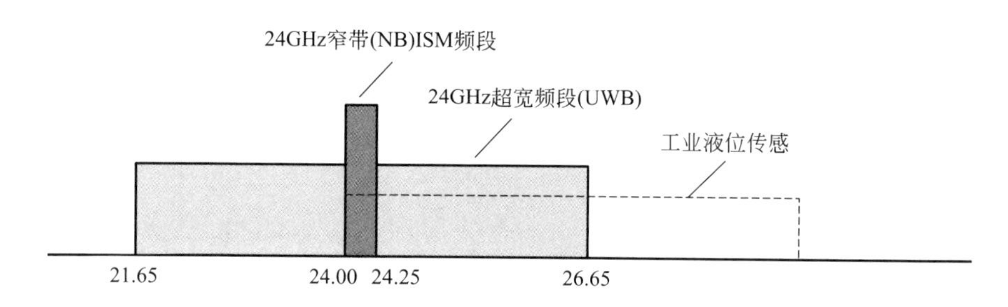

图 5-14　24GHz 毫米波雷达频段分布

77GHz 毫米波雷达频段分布如图 5-15 所示，76～77GHz 频段可用于车载远程雷达，且该频段有等效各向同性辐射功率（EIRP）的优势，可控制前端远程雷达，如自适应巡航控制。77～81GHz 短程雷达（SRR）频段是新加入的频段，这个频段最近在全球监管和行业采用情况方面都获得了显著的吸引力。同时，该频段可提供高达 4GHz 的宽扫描带宽，非常适合需要高距离分辨率（HRR）的应用。

与 24GHz 毫米波雷达相比，77GHz 毫米波雷达在距离分辨率和精度方面的

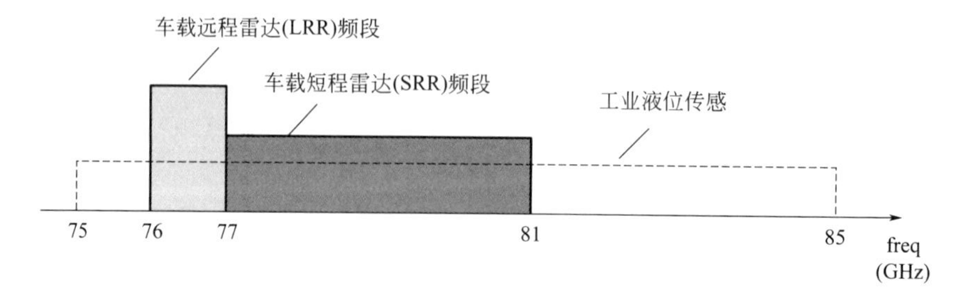

图 5-15　77GHz 毫米波雷达频段分布

性能更好，经过测试发现可提高 20 倍。实际上，77GHz 毫米波雷达可实现的距离分辨率为 4cm（24GHz 毫米波雷达分辨率为 75cm）。同时，对于相同的天线视场和增益，77GHz 毫米波雷达天线阵列的尺寸可以在 X 和 Y 维度上减小约 3 倍。这种尺寸上的缩减在汽车上非常有用，主要体现在汽车周围的应用（包括需要安装近距离传感器的门和后备厢）和车内的应用。展望未来，大多数 24GHz 毫米波雷达可能会转向 77GHz 频段。

调频连续波雷达（FMCW 雷达）是目前最常用的车载毫米波雷达，FMCW 雷达系统主要包括发射接收天线、射频前端、调制信号和信号处理模块，原理如图 5-16 所示。毫米波雷达通过对接收信号和发射信号的处理，实现对目标的距离、方位和相对速度的测量。

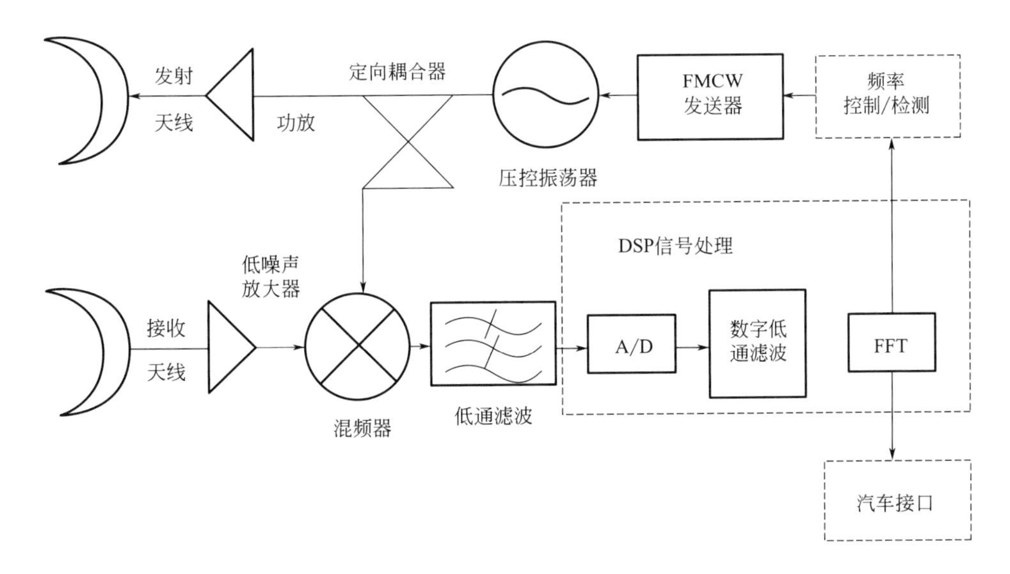

图 5-16　FMCW 雷达测量原理

FMCW 雷达测量原理是将经过调制的连续波信号以较高的载频发射出去，遇到被测目标时，将接收到的回波信号与当下发射的高频信号进行混频得到差频信号。对于线性调频来说，差频的频率即携带着目标的距离信息。

当雷达和测量目标相对静止时，回波信号和发射信号相比，在时间上延迟了 τ，可表示为

$$\tau=\frac{2R}{c} \tag{5-7}$$

式中，R 为雷达与目标物体的距离；c 为光速。

图 5-17 所示为发射信号与回波信号的简化模型，其中实线部分为发射信号频率曲线 f_t，虚线部分为回波信号频率曲线 f_r。混频输出的差频信号频率 f_b 为发射信号和回波信号的频率差。

$$f_b=f_t-f_r \tag{5-8}$$

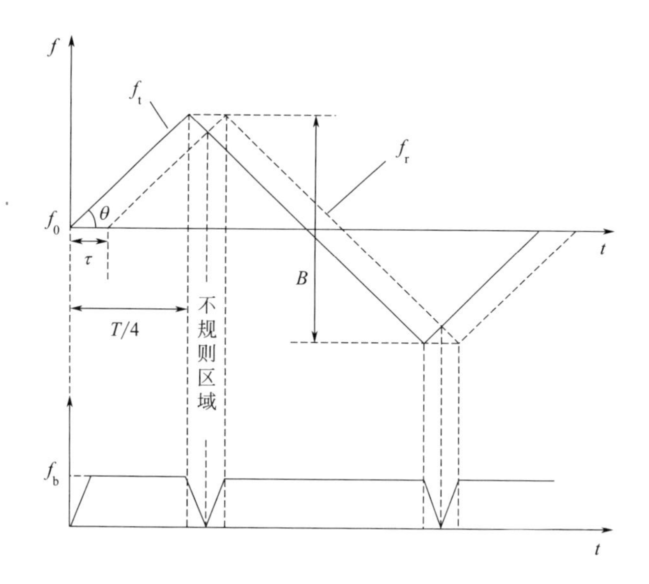

图 5-17　发射信号与回波信号的简化模型

从图 5-17 中可知

$$\tan\theta=\frac{B/2}{T/4}=\frac{f_b}{\tau} \tag{5-9}$$

雷达与目标物体的距离 R、差频信号频率 f_b、调频带宽 B、调制周期 T 之间的关系为

$$R=\frac{cT}{4B}f_b \tag{5-10}$$

当三角波周期 T 和带宽 B 为固定值时，在雷达与目标相对静止时，目标距离与差频信号频率 f_b 成正比。因此，可以通过对差频信号频率 f_b 的检测来获取雷达与目标物体的距离 R。

当雷达和测量目标之间存在相对运动时，雷达观测运动目标时存在多普勒效应：当目标接近雷达时，雷达的接收频率变高；当目标远离雷达时，雷达的接收频率变低。

假设雷达和目标接近，在回波信号中包含着由于目标的运动带来的多普勒频移信号。

在三角波的上升沿和下降沿差频信号频率可分别表示为

$$f_{b+}=f_b-f_d \tag{5-11}$$

$$f_{b-}=f_b+f_d \tag{5-12}$$

式中，f_b 为雷达和目标物体是相对静止时的差频信号的频率；而 f_d 为目标运动带来的多普勒频移信号频率。根据多普勒原理，f_d 可表示为

$$f_d=\frac{2f_0v}{c} \tag{5-13}$$

式中，f_0 为发射信号中心频率。

图 5-18 所示为雷达与目标存在相对运动时的发射信号与回波信号的差频信号，可以得到三角波上升沿所对应的差频信号频率 f_{b+} 和三角波下降沿所对应的差频信号频率 f_{b-}，即

$$f_{b+}=\frac{4BR}{cT}-\frac{2f_0v}{c} \tag{5-14}$$

$$f_{b-}=\frac{4BR}{cT}+\frac{2f_0v}{c} \tag{5-15}$$

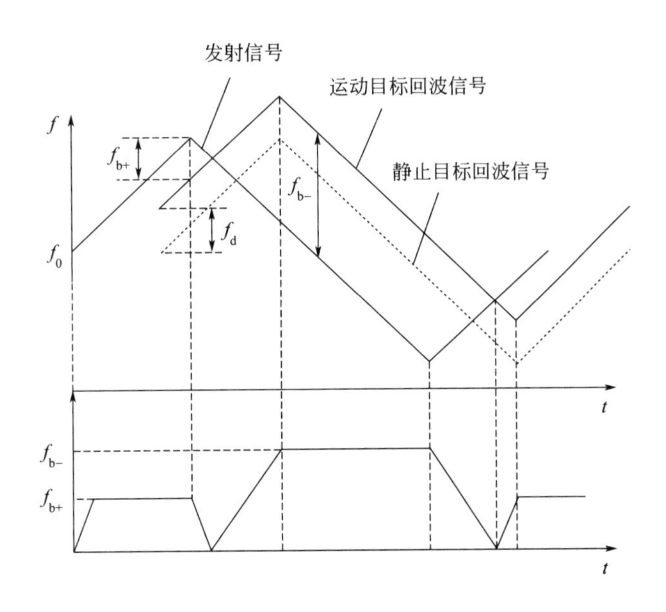

图 5-18　相对运动状态下的雷达信号

则雷达与目标物体的距离和速度的表达式分别为

$$R=\frac{cT}{8B}(f_{b+}+f_{b-}) \tag{5-16}$$

$$v=\frac{c}{4f_0}(f_{b-}+f_{b+}) \tag{5-17}$$

因此，可以通过 f_{b+} 和 f_{b-} 来计算距离 R 和速度 v 的值。

为了满足不同探测距离的需要，车内安装了大量短程、中程和远程毫米波雷达。不同的毫米波雷达在车辆的前部、车身侧面和后部起着不同的作用。

毫米波雷达可实现自适应巡航、前方防撞预警、盲点监测、泊车辅助、变道辅助、自主巡航控制等先进的巡航控制功能。

③ 激光雷达　通过测量发射的激光束和返回的激光信号之间的差异来测距。激光雷达测距从原理上看分为飞行时间测距和非飞行时间测距两种。

飞行时间测距（TOF）包含脉冲式激光测距（dTOF）和相位式激光测距（iTOF）。脉冲式激光测距采用直接测距方法，由激光器发射脉冲激光，该激光在打到物体后会反射回来，通过发送激光和接收激光的时间差计算出距离。相位式激光测距采用相位延迟的方法来进行距离测量，也称为间接测距。

非飞行时间测距是利用几何关系测距的方法，在非飞行时间测距中比较常见的是三角测距。三角测距的原理是激光器发出激光，当光到达物体后物体将光反射回来，并经透镜到达接收器，最终根据到达的位置推算距离。

几种测距方法的原理如图 5-19 所示。

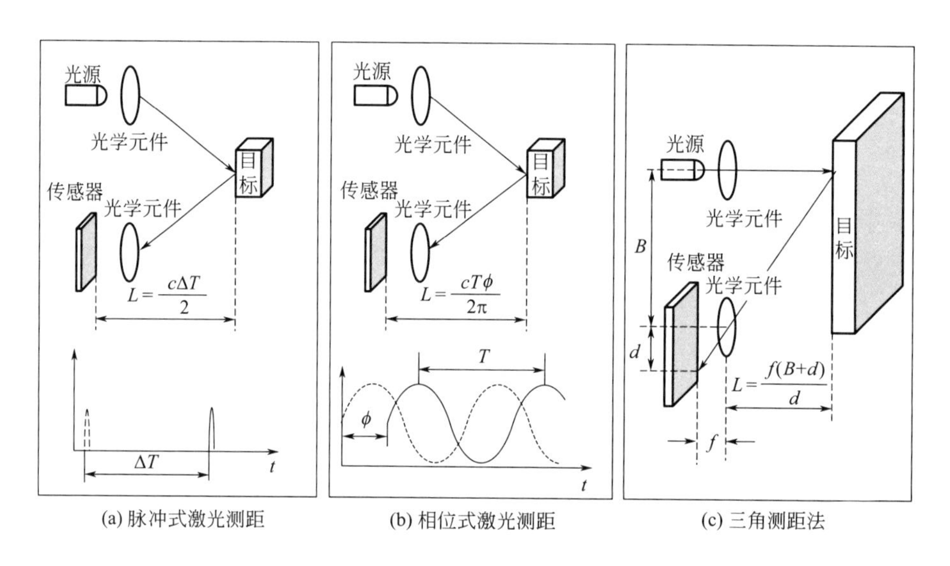

(a) 脉冲式激光测距　(b) 相位式激光测距　(c) 三角测距法

图 5-19　激光测距原理

根据表 5-2 列举的几种激光雷达的特点，考虑到雷达车载应用的可靠性、精度、成本等因素，车载激光雷达以相位式激光测距为主。

表 5-2　几种激光雷达性能对比

对比项	脉冲式激光测距	相位式激光测距	三角测距
激光工作模式	脉冲(峰值功率高)	连续	连续
读出距离复杂度	中	高	低
测距范围	远	中	近
采样率	高	低	中
测距精度	中	高	近高、远低
抗环境光	强	中	弱
成本	高	低(集成方案)	低

5.1.4 驾驶员操作意图识别方法

利用车辆行驶状态、行车环境以及驾驶员的操作来识别驾驶员的意图，有效提高行车安全，对于车辆智能驾驶和控制有着重要的意义。与行车相关的驾驶员操作对象主要是转向盘、制动踏板、加速踏板和挡位，驾驶员操作意图包括了加速、急加速、制动、紧急制动、变道、转弯、急转弯等；除了传统的传感器，新的视觉技术和语音识别技术也引入了驾驶员意图识别系统中，通过车道线、驾驶员语音识别、驾驶员头部运动跟踪等技术，实现了更为准确的驾驶员意图识别。

目前驾驶意图识别应用较多的是隐马尔可夫模型（HMM）、支持向量机（SVM）、稀疏贝叶斯学习模型（SBL）和 BP 人工神经网络等方法。其中隐马尔可夫模型应用较多。隐马尔可夫模型是一种统计模型，用来描述一个隐含未知量的马尔可夫过程，它是以贝叶斯决策为基础的有向图模型，主要用于时序数据建模，具有较高的数据结构严谨性及可靠的计算性和较强的时间序列性，不仅可以描述随时间变化的观察信号，而且还能描述驾驶员不可见、不确定的驾驶状态。

隐马尔可夫模型实际上是标准马尔可夫模型的扩展，添加了可观测状态集合和这些状态与隐含状态之间的概率关系。一个隐马尔可夫模型可以用五个元素来描述，包括两个状态集合和三个概率矩阵，即

$$\lambda=(N,M,A,B,\pi) \tag{5-18}$$

$N=\{q_1,\cdots,q_n\}$：n 个隐含状态的集合。

$M=\{v_1,\cdots,v_m\}$：m 个观察值的有限集合。

$A=\{a_{ij}\},a_{ij}=P(q_t=S_j|q_{t-1}=S_i)$：状态转移概率矩阵，对应前一个时刻状态为 S_i 转移到下一个时刻的状态为 S_j 的概率。

$B=\{b_{jk}\}$，$b_{jk}=P(O_t=v_k|q_t=S_j)$：观察值概率分布矩阵，表示在 t 时刻、隐含状态是 S_j 条件下，观察状态为 v_k 的概率。

$\pi=\{\pi_i\}$，$\pi_i=P(q_1=S_i)$：初始状态概率分布，表示在初始状态为 S_i 的概率。

表示一个隐马尔可夫模型时，λ 可以简化成一个三元组 $\lambda=(A,B,\pi)$。

图 5-20 所示为三个隐含状态 $\{q_1,q_2,q_3\}$ 每个时刻可能的状态变化组合，q_{11} 表示 t_1 时刻状态为 q_1，q_{N1} 对应 t_N 时刻状态为 q_1，箭头对应状态改变。

驾驶员意图识别问题属于 HMM 问题中的解码问题，即对于给定 HMM 模型 λ 和观察值序列 $O=O_1,\cdots,O_t$，求可能性最大的状态序列 $\mathrm{MAX}_Q\{P(Q|O,\lambda)\}$，其中驾驶员的所有意图作为隐含状态集 N，传感器检测到的驾驶员的操

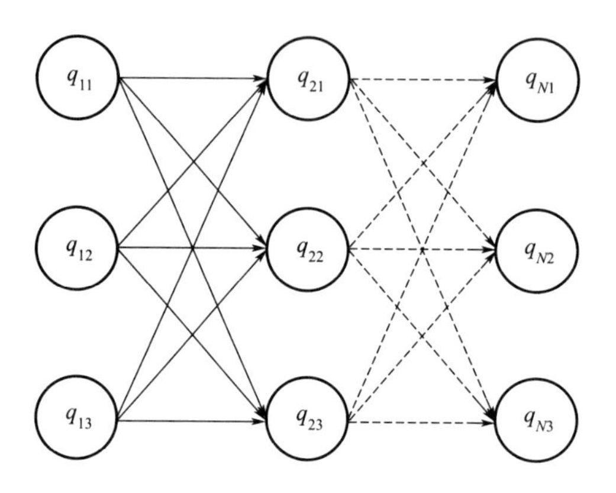

图 5-20　三个隐含状态下的 HMM 的网格结构

作、车辆行驶状态、行车环境等作为 HMM 的观测值。这类解码问题通常采用 Veterbi 算法实现。

Veterbi 算法的目标是，给定一个观察序列 O 和 HMM 模型 λ，推出最有可能的状态序列 Q。Veterbi 算法的基础可以概括三点：如果概率最大的路径经过状态序列中的某点，则从开始点到该点的子路径也一定是从开始点到该点路径中概率最大的；假定第 i 时刻有 k 个状态，从开始到 i 时刻的 k 个状态有 k 条最可能路径，而最终的最可能路径必然经过其中的一条；根据上述性质，在计算第 $i+1$ 状态的最可能路径时，只需考虑从开始到当前的 k 个状态值的最可能路径和当前状态值到第 $i+1$ 状态值的最可能路径即可，如求 $t=3$ 时的最可能路径，等于求 $t=2$ 时的所有状态节点的最可能路径加上 $t=2$ 到 $t=3$ 的各节点的最可能路径。定义 t 时刻状态为 i 的所有单个路径 $(i_1,\cdots,i_t)$ 中最大概率值（最短路径）为

$$\delta(t,i)=\max P(i_t=i,i_{t-1},\cdots,i_1,O_t,\cdots,O_1|\lambda),i=1,2,\cdots,N \quad (5\text{-}19)$$

其中 i_t 表示最短路径，根据上式可以得出 δ 的递推公式，即

$$\delta(t+1,i)=\max[\delta(t,j)a_{ij}]b_i(O_{t+1}) \quad (5\text{-}20)$$

其中 $i=1,2,\cdots,N$；$t=1,2,\cdots,T-1$，定义在时刻 t、状态为 i 的所有单个路径 $(i_1,i_2,\cdots,i_t,i)$ 中概率最大的路径的第 $t-1$ 个节点为

$$\Psi(t,i)=\arg\max_{1\leqslant j\leqslant N}[\delta_{t-1}(j)a_{ji}] \quad (5\text{-}21)$$

Veterbi 算法推出最有可能的状态序列的步骤如下。

① 初始化各参数：

$$\delta(1,i)=\pi_i b_i(O_1),i=1,2,\cdots,N \quad (5\text{-}22)$$

$$\Psi(1,i)=0,i=1,2,\cdots,N \quad (5\text{-}23)$$

② 根据式(5-20)、式(5-21) 进行递推，对 $t=2, 3, \cdots, T$：

$$\delta(t,i)=\max_{1\leqslant j\leqslant N}[\delta_{t-1}(j)a_{ji}]b_i(O_t), i=1,2,\cdots,N \tag{5-24}$$

$$\Psi(t,i)=\arg\max_{1\leqslant j\leqslant N}[\delta_{t-1}(j)a_{ji}], i=1,2,\cdots,N \tag{5-25}$$

③ 最后计算终止状态 $t=T$：

$$P^*=\max_{1\leqslant j\leqslant N}\delta_t(i) \tag{5-26}$$

$$i_T^*=\arg\max_{1\leqslant j\leqslant N}[\delta_T(i)] \tag{5-27}$$

④ 最优路径的回溯，对 $t=T-1, T-2, \cdots, 1$：

$$i_t^*=\Psi_{t+1}(i_{t+1}^*) \tag{5-28}$$

⑤ 最后求得最优路径：

$$I^*=(i_1^*, i_2^*, \cdots, i_T^*) \tag{5-29}$$

在驾驶员意图识别问题中，HMM 模型 λ 需要通过学习获得，这属于隐马尔可夫训练问题，即给定观测序列 $O=\{O_1,\cdots,O_T\}$，估计模型 $\lambda=(A,B,\pi)$的参数，使模型 λ 下观测序列的条件概率 $P(O|\lambda)$最大，这个问题有两种常用估计方法：监督学习（极大似然直接估计），该方法在已知状态序列的情况下，采用极大似然直接估计来估计隐马尔可夫模型的参数，但在没有对应状态序列 I 的情况下，采用人工标注训练数据代价太高；非监督学习 Baum-Welch 算法，是 EM 算法在 HMM 中的具体体现，EM 算法是一个由交替进行的“期望（E 过程）”和“极大似然估计（M 过程）”两部分组成的迭代过程，对于给定的不完全数据和当前的参数值，E 过程从条件期望中相应地构造完全数据的似然函数值，M 过程则利用参数的充分统计量，重新估计概率模型参数，使训练数据的对数似然最大，EM 算法的每一次迭代过程必定单调地增加训练数据的对数似然值，于是迭代过程渐进地收敛于一个局部最优值，Baum-Welch 算法不断迭代 E 过程与 M 过程两个步骤直至收敛得到最终结果。

5.2 常见智能座舱和车身域子系统

5.2.1 智能车灯系统

汽车照明系统为夜间车辆安全行驶保驾护航，在汽车驾驶安全方面发挥着重要作用。作为照明系统中重要组件之一，汽车远光灯可以提高视线，扩大观察视野，尤其在照明条件非常差的情况下，具有不可替代的功能。智能车灯系统能够根据车辆行驶状态和行车环境自动调节车灯的照明范围和光形，为驾驶员提供最佳的照明区域，且保护了行人、其他车辆不受灯光的影响，同时能够提供一定程度的车与车、人与车的交互，大大提高了夜间行车安全。

目前比较常见的智能车辆照明系统有车灯随动转向（AFS）和自适应远光灯（ADB）两类。

（1）车灯随动转向（AFS）

车灯随动转向系统能够根据行车速度、转向角度等自动调节大灯的偏转，以便能够提前照亮转向区域，提供全方位的安全照明，以确保驾驶员在任何时刻都拥有最佳的可见度，从而增强黑暗中驾驶的安全性。AFS系统示意如图5-21所示。

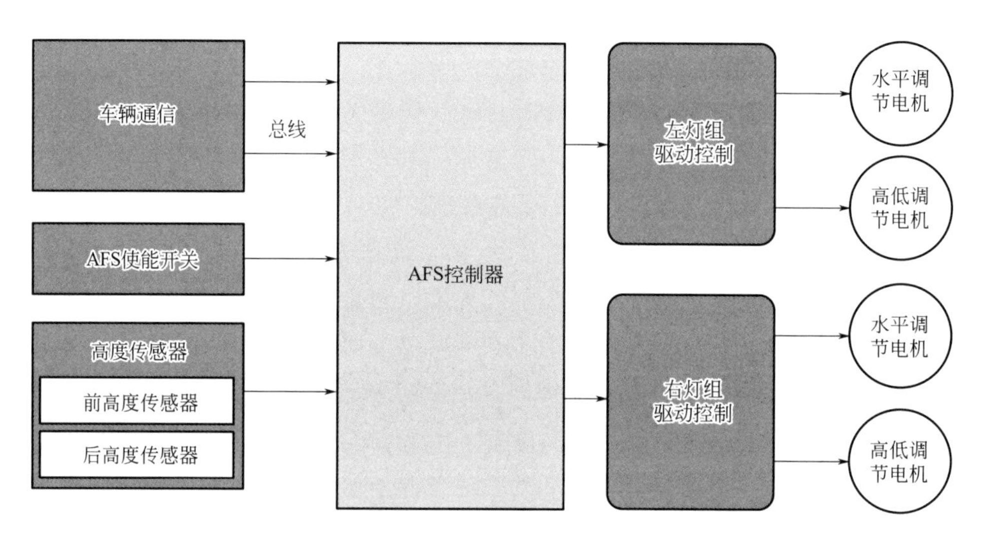

图5-21　AFS系统示意

AFS控制器包含了两种通信接口，即CAN通信接口和LIN通信接口。CAN通信接口与车身域上其他控制单元通信获取车辆信息，如车速、转向盘转角、车身倾角等，用于对车辆行驶状态和外部环境加以识别，AFS控制器通过LIN总线和大灯执行机构组成一个独立的总线控制系统，用于控制大灯的工作。LIN总线是一种主从式低速通信总线，在AFS系统中，AFS控制器作为主控模块，左右两路大灯执行机构作为LIN总线的从模块，用于控制大灯照射的范围和光形等。每个AFS的执行机构包含了两个步进电机，一个用于前灯垂直角度的调整，另一个对前灯水平角度进行调整。某些AFS执行机构还包含有可以对基本光形进行调整的可移动光栅。

在AFS系统中传感器获取的信息有些是精确量化的，如车速、转向盘转角等，有些只是定性的信息，不能精确量化，如雨量、能见度等环境传感器，AFS控制器需要通过模糊决策系统对行车环境做出判断，并调节控制器系统参数，因此复杂的 AFS 系统是一个自适应的模糊控制系统。

（2）自适应远光灯（ADB）

随着 LED 灯具在汽车上安装使用越来越多，应用于 LED 大灯的自适应远光灯系统也迅速发展起来，有效地解决了远光灯造成的眩目问题。与 AFS 系统相比，ADB 系统有很多不同。AFS 系统通过控制车灯随动转向改变照明，消除转向时照明盲区，而 ADB 系统的控制对象是 LED 车灯的远光灯模块，通过对 LED 灯光模组中不同区域的灯珠的亮度控制来改变照明区域的亮暗，在消除眩目影响的同时，保证获得足够的照明视野。AFS 系统由于获取的夜间行车环境信息有限，无法根据行车环境自动调整自身的照明状态，ADB 系统采用了摄像头、雷达、陀螺仪等多传感器融合技术，将车内与车外全方位、多角度的感应信息融入系统中，可以更加精确地感知当前行驶路况和自车运动姿态，提供更为详细的行车环境数据，精确地控制车灯照明范围、光形、亮度。ADB 系统示意如图 5-22 所示。

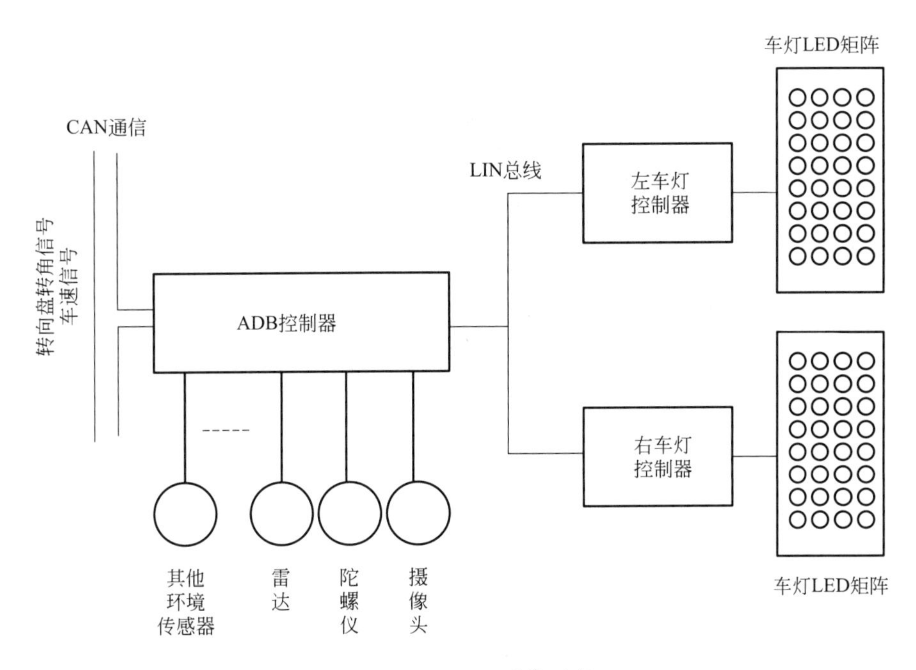

图 5-22　ADB 系统示意

ADB 系统最重要的任务是如何在夜间快速准确识别出前方车辆和障碍物。由传感器（摄像头）、驱动电路组成的控制系统，根据当路面出现的车辆、行人等目标，将关闭或调暗部分远光照明分区，从而避免对被照目标产生眩目，同时保证清晰的远光照明。

ADB 系统的基本功能如下。

① 汽车转向时，根据转向盘转角和车速，判断车辆的行驶轨迹，并调节光

照区域，照亮行车轨迹上的区域，防止夜间行车出现行车轨迹上的视觉盲区，如图 5-23 所示。

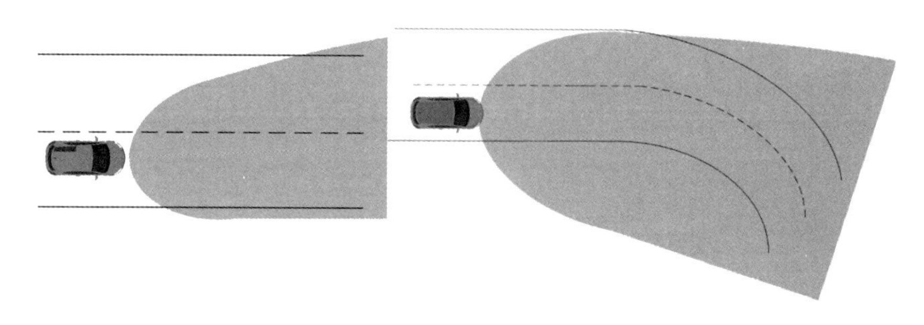

图 5-23 转向时 ADB 车灯调节方式

② 当摄像头识别出前面的车辆和行人时，判断出车辆和行人的方向和位置，ADB 系统将相应位置的 LED 调暗或者关闭，从而避免对其他道路使用者造成眩目的感觉，做到安全驾驶，减少事故的发生，如图 5-24 所示。

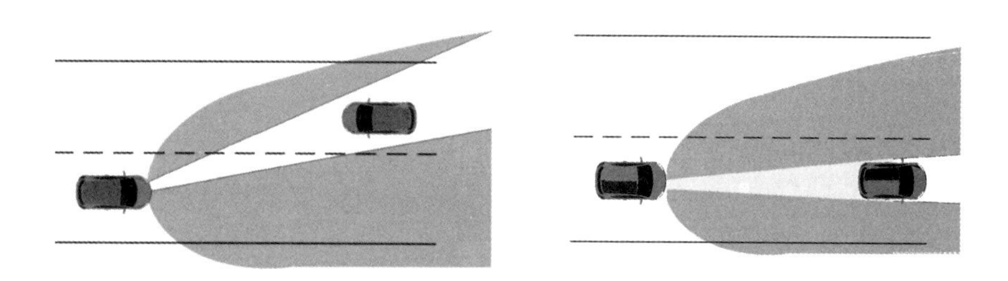

图 5-24 跟车与会车时 ADB 车灯调节方式

③ ADB 系统通过对环境光的检测，识别出当前行车时的光照条件，并依据当前车速，自动调整大灯的照明区域，实现远光和近光状态的切换，满足驾驶员对行车光照的要求。

④ 通过雨量传感器和摄像头判断出行车的能见度，以此决定是否开启雾灯和车距灯。

⑤ 其他扩展功能，如行人提醒、行道指示等。

5.2.2 新能源汽车热管理和空气调节系统

新能源汽车上的热管理系统与传统汽车有很大不同，传统汽车上热管理只包括了车载空调和发动机散热，而绝大多数新能源汽车热管理都需要用于储能的动力电池组，用于驱动的电机系统以及大量的功率器件。电池系统需要一个适宜的工作温度，不能变化太大，这就需要对电池包进行温度控制，同时新能源汽车中电机和大功率器件也需要进行有效的散热。由于在多数新能源汽车中，没有发动机的余热为座舱加热，因此在空调系统中需要独立的加热系统。由此可见，新能源汽车的热管理是一个整体的复杂系统。

新能源汽车的热管理和空气调节系统分为以下三个部分。

① 乘员座舱系统，这部分即传统的车内空调系统，包含了传统空调的所有功能，其功能主要有制冷、制热、除湿、除霜、除雾等，为了保证车内人员的舒适性，车内空调还具备车内空气净化、空气过滤的功能。

② 电池组的热管理，这直接关系到新能源汽车安全性和性能，在车辆行驶过程中对电池系统的温度进行有效控制，在高温和低温运行条件下，维持电池系统的温度在合理的区间（电芯最佳温度为15～40℃），保证电池组各部分的温度平衡。

③ 电机和功率器件的散热降温，电子设备的大功率器件的连续工作会导致温度持续上升，直接影响到其工作性能和使用寿命，电机是新能源汽车中消耗功率最大的部件，其发热问题也尤为严重，处理这部分发热的方法一方面可以通过合理的散热系统降温，另一方面可以采用热泵等技术将热量回收再利用。

在寒冷天气中，座舱和电池组的加热是新能源汽车上能耗较大的部分，通常新能源汽车上采用两种加热模式，即PTC加热和热泵加热。早期厂家采用的是PTC制热模式，这种模式COP理论值是1，而新型的热泵COP多数情况下在2～4之间，亦即在相同能耗下，热泵产生的热量是PTC的2～－4倍。因此，目前各大厂家都采用了较为高效的热泵技术作为新能源汽车的加热方式。

热泵的基本原理和空调制冷类似，热泵系统是通过搬运热量实现制热，如图5-25所示。低沸点液体（如空调里的氟利昂）经节流阀减压后蒸发，从较低温处（如室外）吸热，然后经压缩机将蒸气压缩，使温度升高，在经过冷凝器时放出吸收的热量而液化后，再回到节流阀处。如此循环工作能不断地把热量从温度较低的地方转移给温度较高（需要热量）的地方。单纯的热泵制热存在着加热慢、效果差等问题，因此多数厂家同时使用热泵和PTC协同工作来实现加热功能。

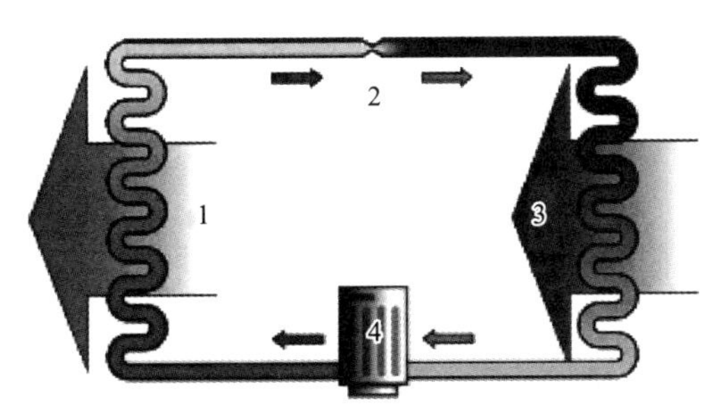

图5-25　热泵原理

1—冷凝器（放热）；2—节流阀（减压）；3—低温处（吸热）；4—压缩机（加压）

5.3 LIN 总线简介

LIN（Local Interconnect Network 局域互联网）是面向汽车低端分布式应用的低成本、低速率、串行通信总线，实现了一种具有成本效益的智能传感器和执行器的通信方式。在车身域和座舱域中，有许多装置对成本敏感，且总线性能要求不高，这些部件往往是一些由多个部件整合的系统，内部包含有一些智能传感器、智能模块，这些模块在系统内部构成独立的通信系统，如车门、座椅、空调、车灯等，通过 LIN 通信可以实现传感器和执行机构的信号数字化，且成本低，维护、诊断和服务方便。LIN 总线是域内的高速通信（如 CAN、CANFD、FlexRay 等 C 类通信）的补充，LIN 网络在汽车中一般不独立存在，通常会与上层网络相连，是车载网络系统的最低级别的子系统。

车身域和座舱域中常用 LIN 总线的系统有车窗控制、车门控制、后视镜控制、雨刮器控制、照明和信号灯控制、座椅控制。一些座舱内的传感器也常采用 LIN 通信传输数据，如车内温湿度传感器、烟雾传感器、光照传感器等。

LIN 总线协议目前最新版本是 V2.2，历史版本有 V1.0、V1.2、V1.3、V2.0、V2.1 等，目前 LIN2.0 以上的版本能满足大多数的应用。

LIN 接口由协议控制器和线路接口构成，如图 5-26 所示，两部分的作用如下。

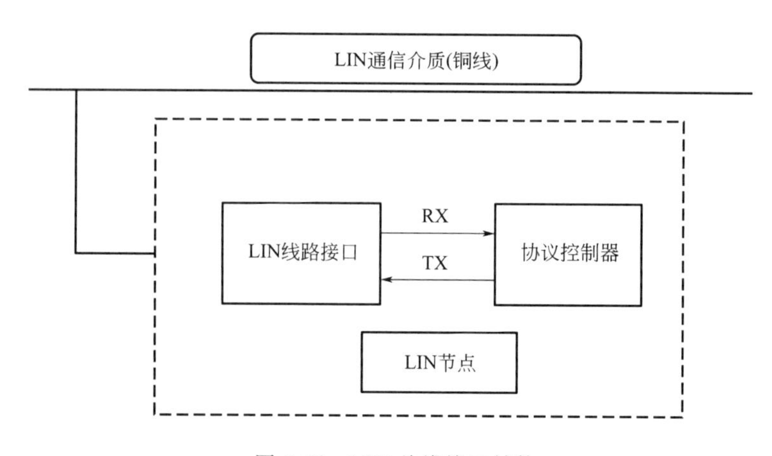

图 5-26　LIN 总线接口结构

协议控制器集成在微控制器中的一个标准 UART 上，微控制器软件负责管理 LIN 协议，实现以下功能：发送/接收 8 位字节；构成请求帧，接收应答帧；

发送帧。

线路接口：负责将 LIN 总线的信号翻译成无干扰的 RX 信号传入 LIN 协议控制器；或将协议控制器的 RX 信号进行翻译传入 LIN 总线。

LIN 总线物理层采用单线连接，两个电控单元间的最大传输距离为 40m。其总线驱动器和接收器的规范遵从改进的 ISO 9141 单线标准。物理层收发器的功能是将 MCU SCI 串行通信模块输出的 TX 和 RX 的 TTL/CMOS 电平信号转换为 LIN 总线的显性［逻辑“0”，电气特性为 GND(0V)］和隐性电平［逻辑“1”，电气特性为 VBAT(8～18V)］。

LIN 总线的拓扑结构采用了主从式的总线型结构，如图 5-27 所示，在主节点控制对传输介质的访问，从节点只是应答主节点的命令。不需要仲裁和冲突管理机制，网络最大节点数不超过 16 个。

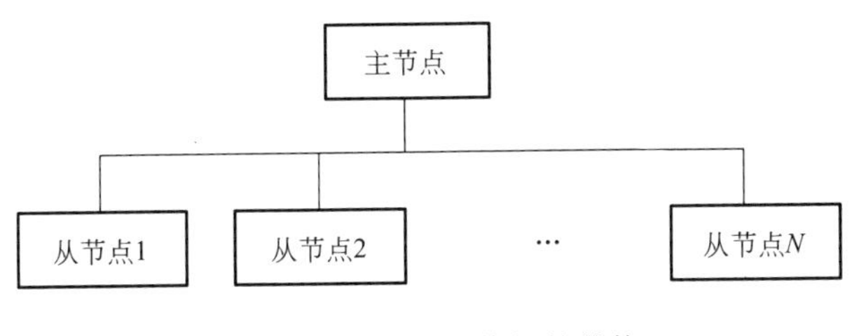

图 5-27　LIN 网络拓扑结构

LIN 的帧结构如图 5-28 所示，一个完整的 LIN 总线报文帧包含报文头和响应，其中报文头由同步间隔、同步域和标识符场构成，而响应由数据域和校验和场组成。

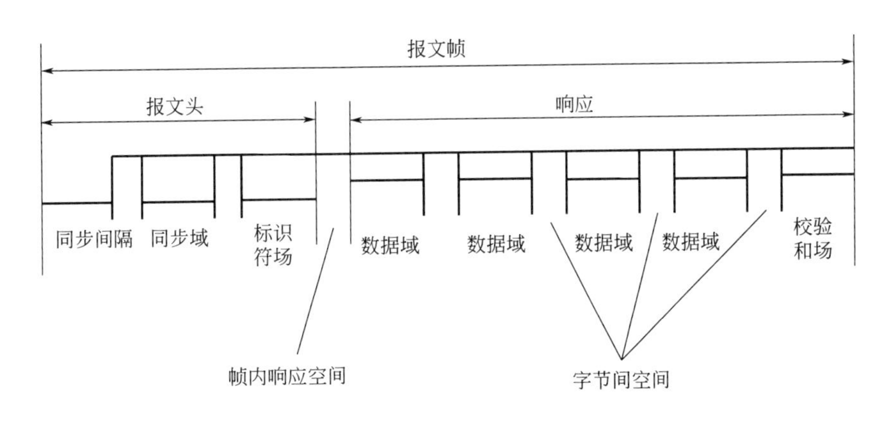

图 5-28　LIN 总线帧结构

一个完整的 LIN 报文帧的传输是由主任务和从任务共同实现的，主任务发送报文头，从任务发送或接收响应。

LIN 总线是主从结构的通信，主任务在主节点中实现，通信只能由主节点中的主任务发起，从任务同时存在于主节点和从节点中，用于接收和发送响应数据，帧数据传输方式如图 5-29 所示。

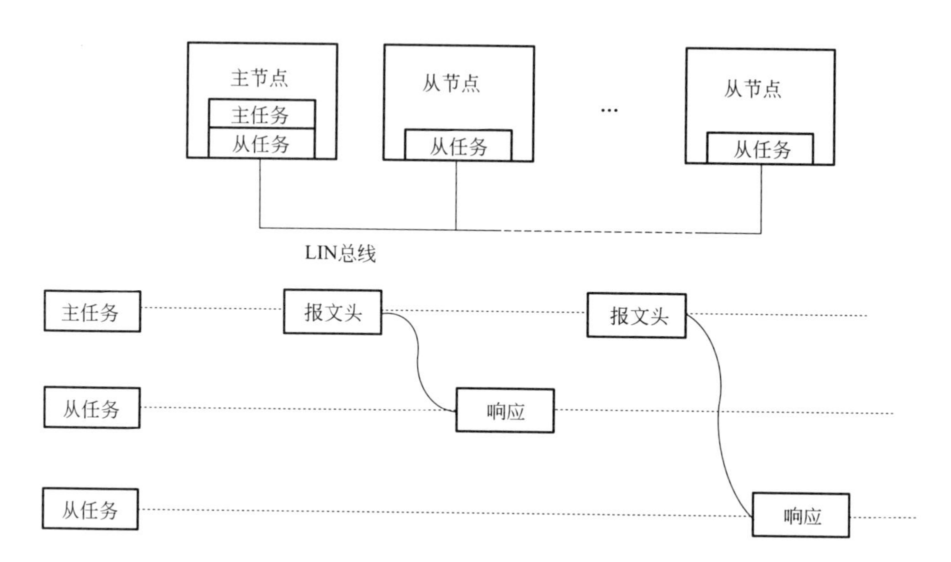

图 5-29　LIN 总线帧数据传输方式

LIN 总线的报文帧一共有 6 种类型。

① 无条件帧：携带数据信息。

② 事件触发帧：处理偶发的事件。

③ 偶发帧：保证在调度表确定性的条件下为系统动态行为的灵活性而设定的。

上述 3 种帧的报文标识符的范围为 0～59(0x3b)。

④ 诊断帧（命令帧、应答帧）：携带 8 个字节的诊断信息或组态信息，主节点诊断请求帧的标识符为 60(0x3c)，从节点诊断应答帧的标识符为 61(0x3d)

⑤ 用户自定义帧：可携带用户自定义的任何信息，标识符为 62(0x3e)，在调度时可给用户自定义帧分配报文帧时隙，每当时隙到来时发送用户自定义帧的帧头。

⑥ 保留帧：标识符为 63(0x3f)，在 LIN2.0 中没有被使用。

报文头中的同步间隔标识了报文的开始，保证所有的从机任务和总线时钟信号同步。同步间隔包含了至少 13 位的显性位以及之后紧随至少 1 位隐性值的同步界定符。同步界定符用于检测接下来的同步域的起始位。同步间隔的格式如图 5-30 所示。

报文头中的同步域包含了时钟的同步信息。格式为 0x55，表现为 8 个位定时中有 5 个下降沿（隐性到显性的跳变），格式如图 5-31 所示。

报文头中的标识符场定义了报文的内容和长度，格式如图 5-32 所示，其中包含 6 个标识符位（ID0～ID5）和 2 个标识符奇偶校验位（P0、P1），通常情况

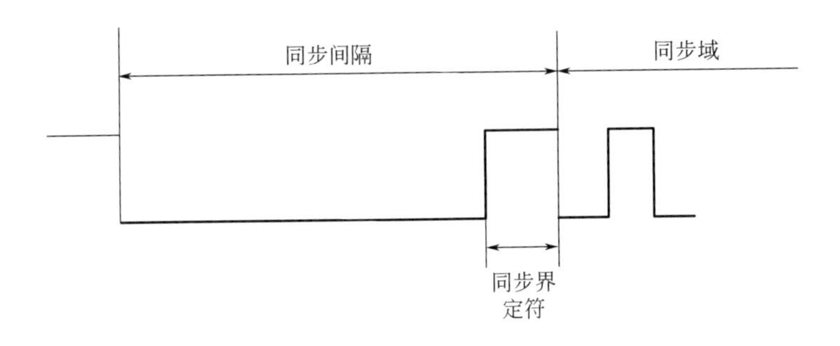

图 5-30　同步间隔的格式

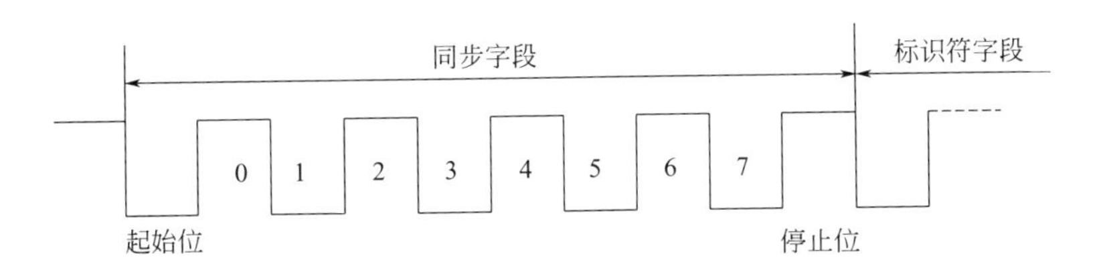

图 5-31　同步域格式

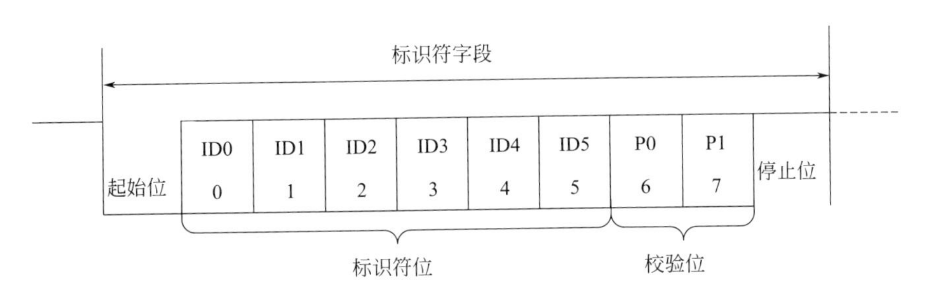

图 5-32　标识符场格式

下 ID4 和 ID5 定义了数据域（即从任务的响应）的数据长度。

ID4 和 ID5 与数据长度的关系见表 5-3。

表 5-3　LIN 数据长度定义

ID5	ID4	数据域的数量
0	0	2
0	1	2
1	0	4
1	1	8

奇偶校验位 P0、P1 由 ID0～ID5 计算获得，计算公式如下。

偶校验　　　　　$P0 = ID0 \oplus ID1 \oplus ID2 \oplus ID4$

奇校验　　　　　$P1 = \overline{ID1 \oplus ID3 \oplus ID4 \oplus ID5}$

响应中的数据场由多个8位的字节组成，传输由LSB开始，结构如图5-33所示。

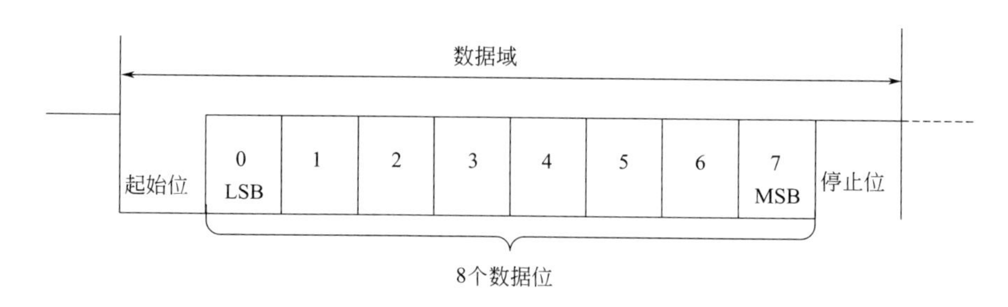

图5-33　LIN总线数据场

响应中的校验和场是对于作用域所有字节的和的反码，传输格式与数据字段相同。校验和按带进位加（ADDC）方式计算，每个进位都被加到本次结果的最低位（LSB），这就保证了数据字节的可靠性。所有数据字节的和的补码与校验和字节相加的和必须是0xFF。

数据校验分为经典校验和增强校验两种，经典校验仅对数据域进行校验，增强校验则需要校验标识符场与数据域内容，标识符为0x3c(60)和0x3d(61)的帧只能使用经典校验。

LIN总线的工作状态包含了睡眠模式和唤醒模式。睡眠模式下，没有任何总线活动，从主节点发送睡眠模式命令后到总线上出现唤醒信号结束期间总线都处于睡眠模式，睡眠模式命令是第一个数据字节为0x00的命令帧。唤醒模式是正常有总线活动的状态，总线的睡眠模式可以通过任何节点的从任务发送一个唤醒信号帧来终止。唤醒信号帧的结构如图5-34所示。

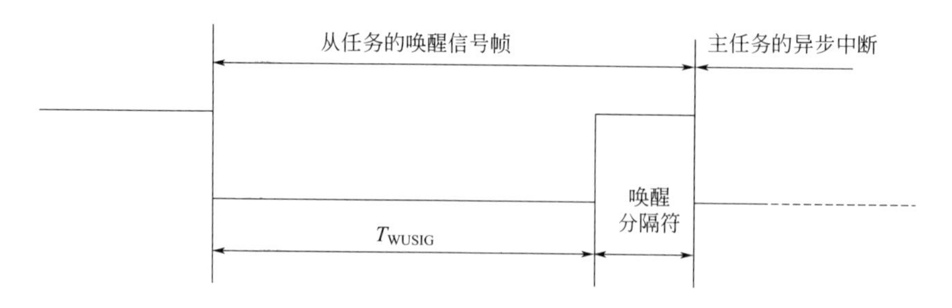

图5-34　LIN总线唤醒信号帧

某一个节点的从任务发送唤醒信号后，所有的节点都运行启动过程，并等待主机任务发送一个同步间隔场和同步域；若等待超时（TIME_OUT），请求第一个唤醒信号的节点再一次发送新的唤醒信号；上述情况最多出现3次，此后，若还没将总线唤醒，则等待3个TIME_OUT时间，再发送唤醒信号。

小结：LIN总线采用单线通信模式，传输速率较低，LIN总线采用主从结构，其主任务可以拥有多个调度表，并在不同的调度表之间进行切换，LIN总线的协议栈简单，只包含了调度表、睡眠唤醒和简单的TP等，对CPU的要求低，但采用LIN总线的系统在进行复杂操作时（如标定、刷写等），仍需使用高速网络处理。

因为LIN总线的成本优势，在车身域、座舱域中很多系统，如天窗、座椅、车门、开关面板、汽车转向盘、乘员舒适系统等对实时性和可靠性要求不高的场合有着广泛的应用。

第6章

域控制器操作系统及标准

6.1 OSEK/VDX 操作系统

OSEK/VDX 是应用在模块和静态实时操作系统上的标准，由主要的汽车制造商和供应商、研究机构以及软件开发商发起。OSEK 始于 1993 年 5 月，作为德国汽车行业的一个联合项目，旨在为车辆分布式控制单元的开放式架构制定行业标准，OSEK 是指德国的汽车电子类开放系统和对应接口标准（open systems and the corresponding interfaces for automotive electronics），而 VDX 则是汽车分布式执行标准（vehicle distributed executive），后者最初是由法国独自发起的，后来加入了 OSEK 团体。

该标准完全独立，对目标系统只限制了少量的条件。这样，就可以应用一些简单的处理器替代那些代价昂贵的解决方案，来控制任务执行，并不需要任何附加条件。事实上，在此基础上，也可以合理使用一些更复杂的 CPU，于是该标准便对任何可能的目标平台都没有了限制。目前 OSEK 已经成为国际上主流的汽车行业标准。国内的使用也在普及中。

OSEK/VDX 开放式架构包括三个方面：通信（控制单元内部和控制单元之间的数据交换）；操作系统（ECU 软件的实时执行和其他 OSEK/VDX 模块的基础）；网络管理（配置确定和监控）。

OSEK 通过以下方式支持应用软件的可移植性和可重用性。

① 抽象的接口规范，并尽可能独立于应用程序。

② 独立于硬件和网络的用户界面规范。

③ 高效的架构设计：功能应可配置且可扩展，以便能够根据相关应用程序对架构进行最佳调整。

④ 在选定的试点项目中验证功能和实施原型。

OSEK/VDX 提出的基于标准化接口和协议的结构化和模块化软件实现是可扩展性的必要条件和可移植性，因此也是现有软件可重用性的必要条件。功能可扩展性是指将新的应用功能与其他应用功能一起集成到单个控制单元中。应用移植是将应用功能从一个硬件平台转移到另一个硬件平台，只需稍作修改，例如将现有应用软件移植到下一代 ECU。此外，可扩展性和可移植性应独立于应用程序功能的供应商，即来自不同供应商的软件必须能够“共存”。需要注意的是，OSEK/VDX 没有规定 OSEK/VDX 模块的实现，即不同的 ECU 可能具有相同的 OSEK/VDX 接口，但根据硬件架构和所需的性能，实现方式不同。

ISO 17356 对 OSEK/VDX 进行了部分规范，OSEK/VDX 的架构如图 6-1 所示，规范主要包含四部分内容：实时操作系统（OSEK-OS）；通信系统

(OSEK-COM)；网络管理系统（OSEK-NM)；OSEK 实现语言（OSEK-OIL)

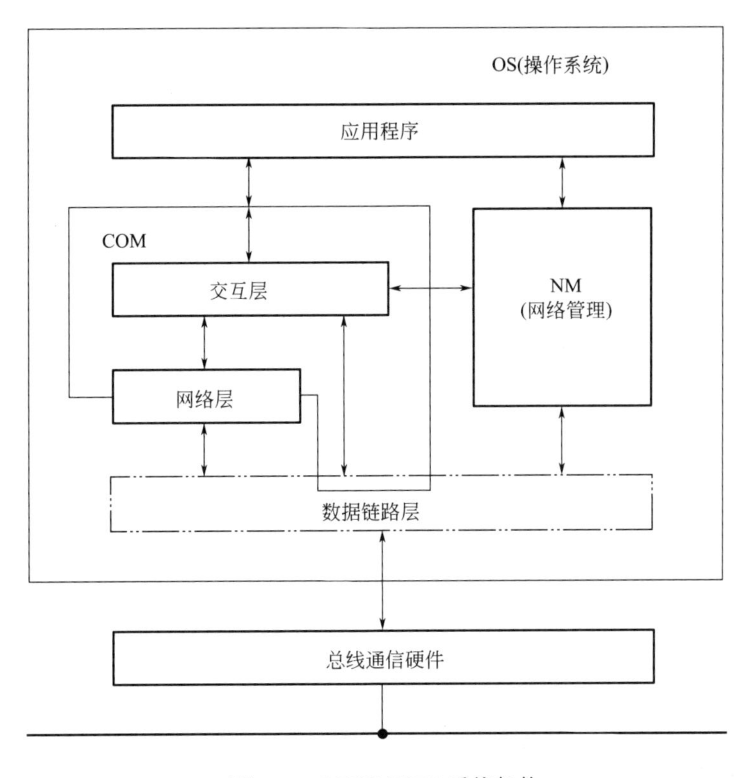

图 6-1 OSEK/VDX 系统架构

6.1.1 操作系统（OSEK-OS）

操作系统作为相互独立的应用程序的基础，能够控制多个并行运行的进程的实时执行。操作系统为用户提供了一组定义的接口，这些接口由 CPU 的实体使用。实体包括由操作系统管理的中断服务例程和任务（基本任务和扩展任务）。CPU 的硬件资源可以由 OS 服务管理，这些 OS 服务由应用程序或操作系统内部的唯一接口调用。

操作系统定义了三个处理级别：中断级别；调度器的逻辑级别；任务级别。

在任务级别内，根据用户分配的优先级对任务进行调度。在任务执行开始时占用运行环境，任务完成后再次释放。操作系统的处理级别如图 6-2 所示。

应用软件对系统的各种要求和特定系统（如处理器、存储器）的各种能力要求 OS 具有不同特征，这些操作系统功能被描述为一致性类别（CC)。OSEK 定义了四个一致性类别：BCC1（仅限基本任务，限于每个任务一个激活请求和每个优先级一个任务，而所有任务具有不同的优先级)；BCC2（如 BCC1，加上每个优先级可能有一个以上的任务，并且允许多次请求任务激活)；ECC1（与

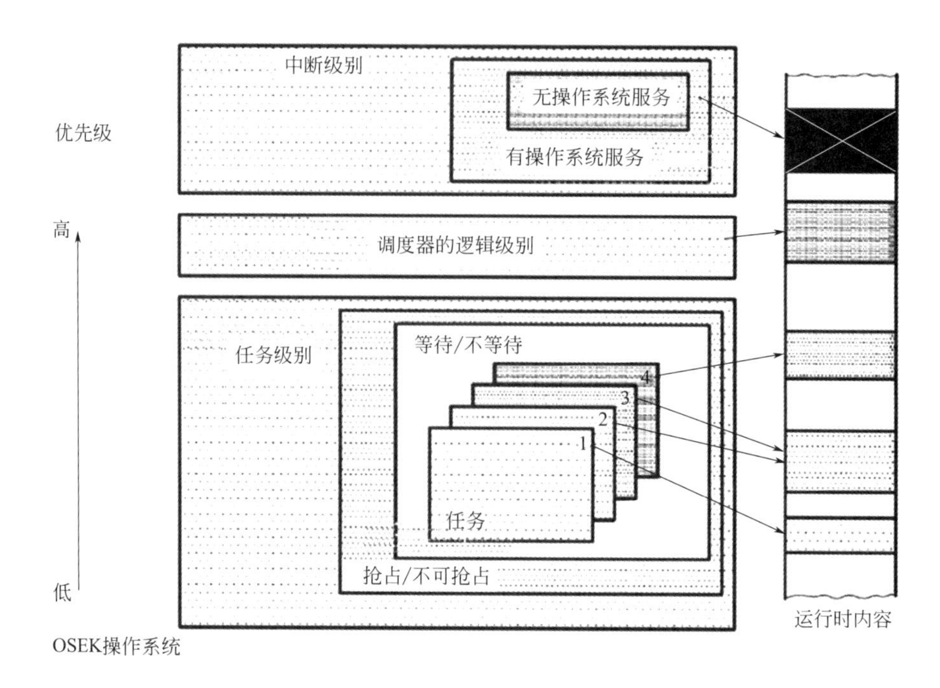

图 6-2 OSEK 操作系统处理级别

BCC1 类似，加上扩展任务)；ECC2（与 ECC1 类似，加上每个优先级可能有一个以上的任务，并且基本任务允许多次请求任务激活）。

对于复杂的控制软件，OSEK 可以根据实时要求方便地细分执行部分。这些部分应通过任务实现。任务提供了执行功能的框架。操作系统提供任务的并发和异步执行。调度程序组织任务执行的顺序。OS 提供了基本任务和扩展任务两种不同的任务概念。基本任务仅在以下情况下释放处理器：它们终止；OS 切换到更高优先级的任务；发生中断，导致处理器切换到中断服务例程（ISR）。扩展任务与基本任务的区别在于允许有等待状态，等待状态允许释放处理器并将其重新分配给优先级较低的任务，而无需终止正在运行的扩展任务。基本任务包含了 Running、Ready、Suspended 三种任务状态。扩展任务增加了 Waiting 任务，两种任务转换机制如图 6-3 所示。

操作系统通过调用 ActivateTask 或 ChainTask 激活任务，根据一致性类别，基本任务可以被一次或者多次激活。OSEK 系统接收并记录已激活任务的并行激活，并行激活请求的数量取决于系统生成时配置的基本任务的属性，调度器根据任务优先级（0 最低），决定一下要转移到 Running 状态的 Ready 任务，不支持动态优先级管理，即执行时不能更改优先级。

操作系统的任务调度分三类：完全抢占调度、不可抢占调度和混合抢占调度。在完全抢占调度下，一旦高优先级的任务在 Ready 状态，完全抢占调度使正在允许的任务进入 Ready 状态被抢占任务保存当前运行环境，以便后续继续

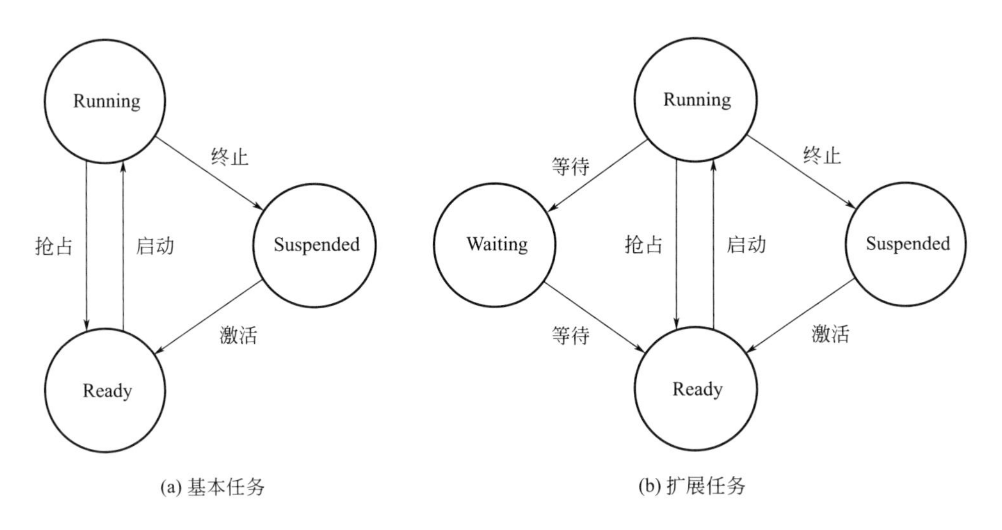

图 6-3　OSEK 任务状态

执行。在不可抢占调度下，任务切换仅能通过显式定义的系统服务（显式重新调度点）的选择之一来执行。混合抢占调度下，抢占和不可抢占任务在同一系统运行。调度策略取决于正在运行任务的抢占属性。如果任务可抢占，则执行抢占策略，如果不可抢占，则执行不可抢占策略。

OSEK 中断服务例程（ISR）分为两类：类别 1，ISR 不使用操作系统服务（个别系统例外），ISR 完成后将在中断发生的指令处继续执行程序，即中断对任务管理没有影响，这类 ISR 的开销最小；类别 2，操作系统提供 ISR 框架，为专用用户例程准备运行环境，在系统刚开始时，用户例程就被分配给中断使用。

OSEK-OS 的事件机制是一种同步机制，只提供给扩展任务，实现启动状态和等待状态之间的切换。事件由 OS 管理的对象分配给扩展任务，每个扩展任务都有一定数量的事件，这个扩展任务为这些事件的所有者。只有事件的所有者才能清除其事件，并等待其事件的接收。任何情况下，事件的接收者都是扩展任务，事件会将扩展任务从 Waiting 状态转换为 Suspended 状态。操作系统提供设置、清除和查询事件以及等待事件发生的服务。任何任务或者 Cat2 的 ISR 可以为未挂起的扩展任务设置事件，从而通过这个事件通知扩展任务任何状态的改变。如果扩展任务接收到任何一个等待的事件，则从 Waiting 状态跳转到 Ready 状态。如果正在 Running 状态的扩展任务等待一个已经发生的事件，则扩展任务仍然在 Running 状态。

OSEK-OS 资源管理用于协调具有不同优先级的若干任务对共享资源的并发访问，如管理实体（调度器）、程序序列、存储器或硬件区域。资源管理对所有一致性类别的操作系统都是强制的。可以有选择地扩展资源管理以协调任务和中断服务例程的并发访问。资源管理确保了两个任务不能同时占用同一资源、不能发生优先级倒置、使用这些资源不会发生死锁和对资源的访问永远不会导致等待状态。

常见同步机制有两个典型问题：优先级反转问题，即低优先级任务可能延迟高优先级任务的执行；死锁问题，这是由于无限等待相互锁定的资源而无法执行任务。

为了避免优先级反转和死锁问题，操作系统生成时，每个资源应静态分配自身最高优先级，最高优先级设置为高于访问资源的所有任务的最高优先级，且低于不访问资源的所有任务的最低优先级。如果某个任务需要资源，并且其当前优先级低于该资源的最高优先级，则该任务的优先级应提高到该资源的最高优先级。如果任务释放了资源，则该任务的优先级应重置为在需要该资源之前动态分配的优先级。

图 6-4 所示的示例说明了优先级上限的机制。任务 T0 具有最高优先级，且不访问该资源，任务 T4 具有最低优先级。任务 T1 和任务 T4 想要访问相同的资源。T4 先占用资源时，优先级被提高，这个过程中，其他访问任务不能运行，直至资源释放，其他任务才开始运行。

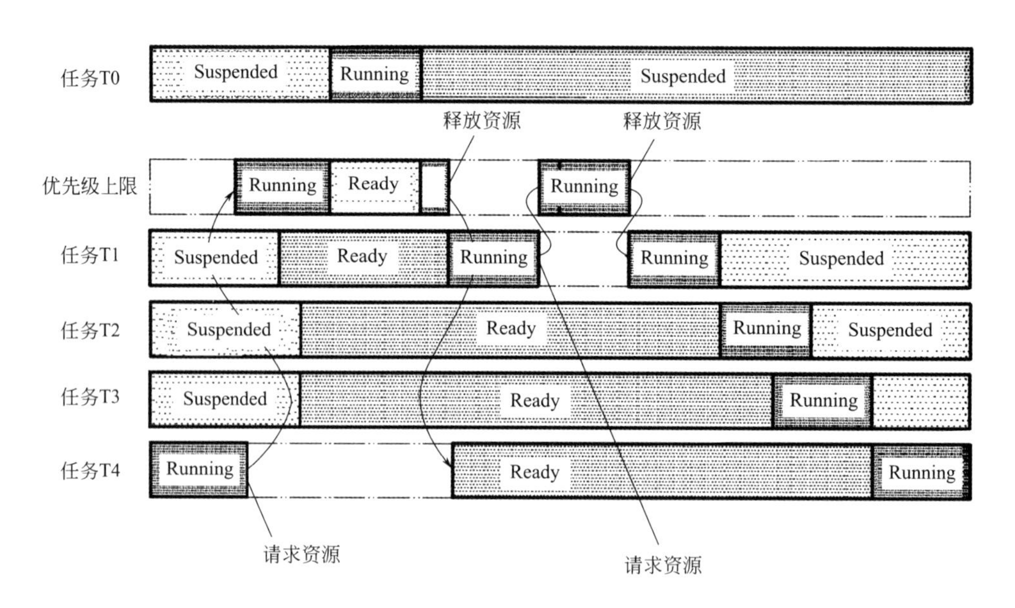

图 6-4　具有优先级上限的资源分配

类似的优先级上限机制也可用于中断和可抢占任务之间的资源分配或者中断终端之间的任务分配。

OSEK 操作系统利用报警机制提供用于处理重复事件的服务。例如，这些事件可以是以规则间隔提供中断的计时器，或者特定情况下应用特定的触发器。操作系统软件为应用软件提供基于计数器的报警机制，计数时间到可以使系统触发特定的回调函数。计数器和报警是静态定义的。

OSEK操作系统启动过程如图6-5所示，分为五步实现：第1步，在CPU复位后，首先初始化相关的硬件；第2步，调用StartOS启动操作系统；第3步，操作系统执行操作系统内部的初始化；第4步，操作系统执行StartupHook调用钩子函数（hook routine），用户可以在其中放置初始化过程，在这个钩子例程中，所有用户中断都被禁用；第5步，操作系统启动系统内核。此后，操作系统允许用户中断并启动调度活动。

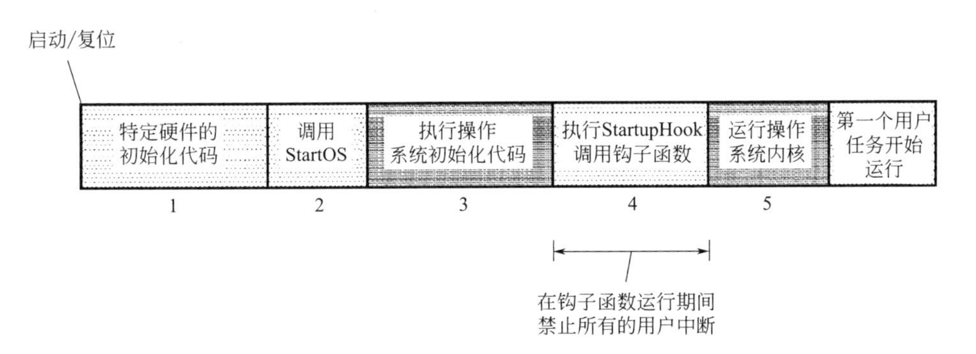

图6-5　操作系统启动过程

6.1.2　通信系统（OSEK-COM）

OSEK通信（OSEK-COM）规范是汽车电子应用软件的标准通信环境。为了增加应用软件模块的可移植性，OSEK-COM规范对内部沟通（电子控制单元内的通信）和对外通信（车辆上网络节点的通信）定义了标准的软件通信接口和行为逻辑，它的使用是独立于通信协议的。

在OSEK-COM里的通信是基于消息的（Message）通信，通过OSEK的实现语言（OIL）消息和消息属性被静态配置。OSEK通信过程通过交互层实现，在内部通信过程中（即发送内部消息时），应用层调用交互层提供的发送消息API，将发送方的数据传给交互层的消息对象，消息对象直接被复制到接收消息对象；然后接收方调用接收消息API，从接收消息对象中读取消息数据。在外部通信过程中（即发送外部消息时），发送方的一个或多个消息对象的数据按比特位对齐被映射到一个发送I-PDU（交互层协议数据单元）的数据区上，交互层调用底层协议将数据发送出去；接收方的接收与发送方的过程相反，在一个接收指示请求后，底层PDU（协议数据单元）的消息根据底层协议收取数据到接收I-PDU数据区，然后从I-PDU数据区取出各接收消息对象的数据，完成接收过程。信息传输和接收简化模型如图6-6所示。

消息的发送者和接收者是操作系统中的任务或中断服务例程。使用消息标

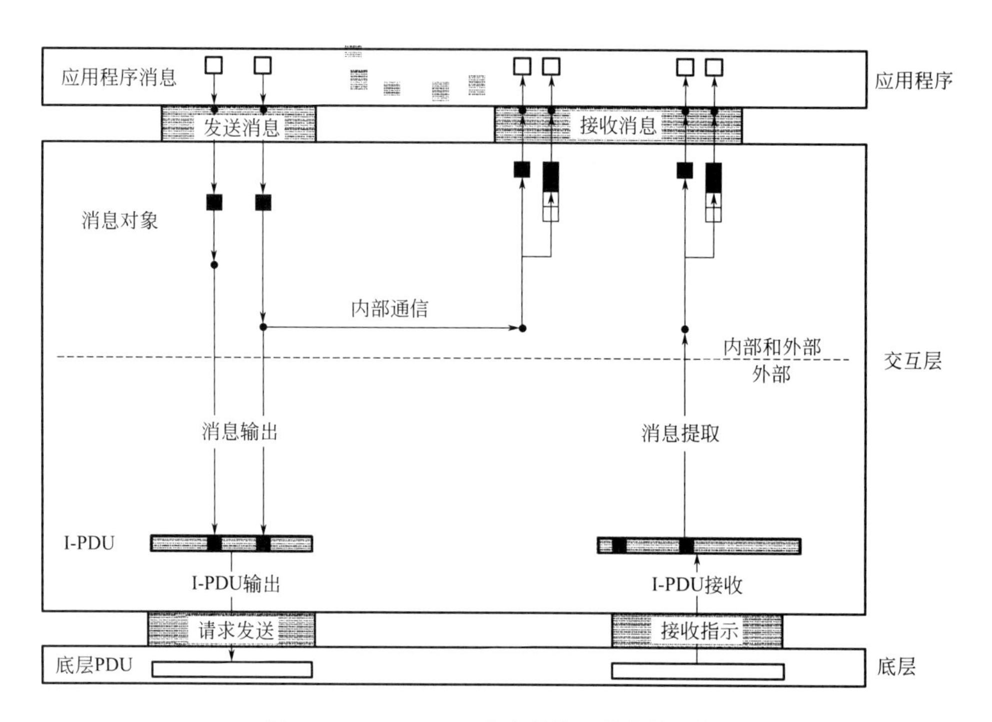

图 6-6 OSEK-COM 信息传输和接收简化模型

识符标识消息对象。消息标识符在系统生成时分配给消息对象，消息对象存放在协议数据单元 I-PDU 中。I-PDU 有三种传输模式：直接传输模式，通过发送具有触发传输属性的消息显式启动传输；周期传输模式，I-PDU 以预设周期重复传输；混合传输模式，I-PDU 使用直接传输模式和周期传输模式的组合进行传输。交互层提供了一组固定的过滤算法，通过过滤算法确定需要收发的消息对象。

消息对象必须在系统生成时进行配置，常见的可配置项目包括消息的传输属性和 I-PDU 的传输模式的配置，将消息打包到 I-PDU，以及接收器对队列的使用情况和此队列的大小。

消息的接收经过以下三个过程：消息过滤；拷贝消息数据到消息对象；拷贝数据到应用程序消息。

发送消息需要将应用程序消息传输到 I-PDU（外部通信时）以及接收消息对象（内部通信时）。传输的消息可以存储在用于内部接收器的多个消息对象中，以及存储在用于外部通信的一个 I-PDU 中，或者不存储。应用程序消息在调用特定 API 服务（SendMessage、SendDynamicMessage 或 SendZeroMessage）时传输。内部通信没有传输属性，因为传输总是以相同的方式执行，当调用 API 服务进行内部通信时，消息将直接传递给消息接收部分以进行进一步处理。如果是内部通信调用了这些 API，则消息会被直接传到交互层的接收部分进行下一步的处理，对于零长度的消息不会发生数据的传输。

外部通信支持两种不同的传输属性：触发和挂起。触发传输导致 I-PDU 立即传输，除非为 I-PDU 定义了周期传输模式。挂起传输不会导致 I-PDU 的传输。

通知机制用于向应用程序确认先前调用的发送或者接收操作的最终状态。应用程序会在一个特定事件发生后立即得到通知，用户无需去调用特殊的 API 服务来确认通知的结果是否发生了。通知始终是有条件的通知，在过滤的情况下，只有在过滤机制没有丢弃（发送或接收的）数据时才执行通知。同样，如果队列消息由于缓冲区溢出情况而被丢弃，则不执行接收方的通知。通知机制被配置在发送和接收端的每一个消息对象中，通过监视包含着该消息的用于发送的 I-PDU 和用于接收消息的消息对象来执行。

OSEK 只支持如下 4 类通知。第 1 类和第 3 类通知消息的接收者，而第 2 和第 4 类通知消息的发送者。外部通信支持所有类。对于内部通信，仅支持第 1 类。

① 第 1 类消息接收：消息存储在接收消息对象中后，立即调用配置的通知机制。

② 第 2 类消息传输：成功传输包含消息的 I-PDU 后，立即调用配置的通知机制。

③ 第 3 类消息接收错误：在最后期限监控机制或通过底层指示服务提供的错误代码检测到消息接收错误后，立即调用配置的通知机制。

④ 第 4 类消息传输错误：在最后期限监控机制或通过底层确认服务提供的错误代码检测到消息传输错误后，立即调用配置的通知机制。

OSEK 交互层提供了以下 4 类通知机制。

① 回调例程：调用应用程序提供的回调例程。

② 标志：设置一个标志，应用程序可以通过 ReadFlag API 服务进行检查。重置标志由应用程序通过 ResetFlag API 服务执行。此外，调用 ReceiveMessage 和 ReceiveDynamicMessage 将重置为第 1 类和第 3 类定义的标志，调用 SendMessage、SendDynamicMessage 和 SendZeroMessage 将重置为第 2 类和第 4 类定义的标志。

③ 任务：激活应用程序任务。

④ 事件：为应用程序任务设置事件。

对于给定的发送方或接收方消息对象和给定的通知类，只能定义一种类型的通知机制。所有通知机制都可用于所有通知类。除了 StartCOM 和 StopCOM，回调例程中允许使用所有 API 函数。

OSEK 提供了 StartCOM、StopCOM、StartPeriodic、StopPeriodic、InitMessage 等函数实现通信的启动、停止。同时还提供了错误服务，用于处理临

时和永久发生的错误。如果服务返回不等于 E_OK 的 StatusType 值，则用户通过钩子例程 COMErrorHook 实现自定义的错误处理函数调用。

OSEK-COM 要求网络层或数据链路层应能有发送和接收固定或动态长度 I-PDU 的能力。必须能够提供三种服务：请求服务（Request）、确认服务（Confirmation）和指示服务（Indication）。

OSEK 定义了一致性类别的概念以保证适应不同的应用、不同的系统环境，OSEK-COM 定义了以下四个通信一致性类别。CCCA，定义了只支持内部通信的最小特性；CCCB，只支持内部通信，除了支持 CCCA 的特性外，还支持消息状态信息和队列消息；CCC0，支持内部和外部通信的最小特性，在支持 CCCA 的所有特性之外还支持第二类通知、字节位序转换、直接传输模式；CCC1，OSEK-COM 的所有特性都被支持。

6.1.3 网络管理系统（OSEK-NM）

为了保证 OSEK 在不同控制器之间的网络上的通信，网络管理系统提供了标准化功能，确保通过标准化接口实现互联功能，避免不必要的重复设计并节省开发时间。NM 的基本任务是确保 ECU 通信网络的安全性和可靠性。

网络管理提供以下服务：ECU 资源的初始化，如网络接口；启动网络；提供网络配置；网络节点监控；对网络和节点的操作状态进行检测、处理和告知；读取和设置网络和节点特定参数；协调全局操作模式（如全网络睡眠模式）；诊断功能。

OSEK 有两种网络监控模式：直接网络管理和间接网络管理。直接网络管理通过使用令牌原理的网络监控进行管理，间接网络管理通过监控应用程序传递的消息进行监控。

网络管理包括以下内容：与应用编程接口（API）交互的接口；节点监测算法；内部接口；转换到睡眠模式的算法；NM 协议数据单元（NM-PDU）。

直接网络管理中，OSEK 使用逻辑环实现全网络的消息同步，逻辑环是由若干节点组成的环状结构，每个节点都有一个逻辑上的后继节点，而最后一个节点的后继节点又是第一个节点。每一个节点都被赋予了唯一的标识符。

图 6-7 中的逻辑环有两个总线系统，左右两个环形的结构就是逻辑环，可以看出逻辑环和总线结构是独立的，两者没有包含关系，不同总线上的节点可能在同一个逻辑环上。每个系统有三个节点。

直接网络管理通过发送和接收两种类型的消息来建立逻辑环：活动消息 Alive Message 和环消息 Ring Message。其中，活动消息是一个节点加入逻辑环时要发送的消息，环消息则是在正常工作时根据逻辑环的逻辑，在逻辑环内传

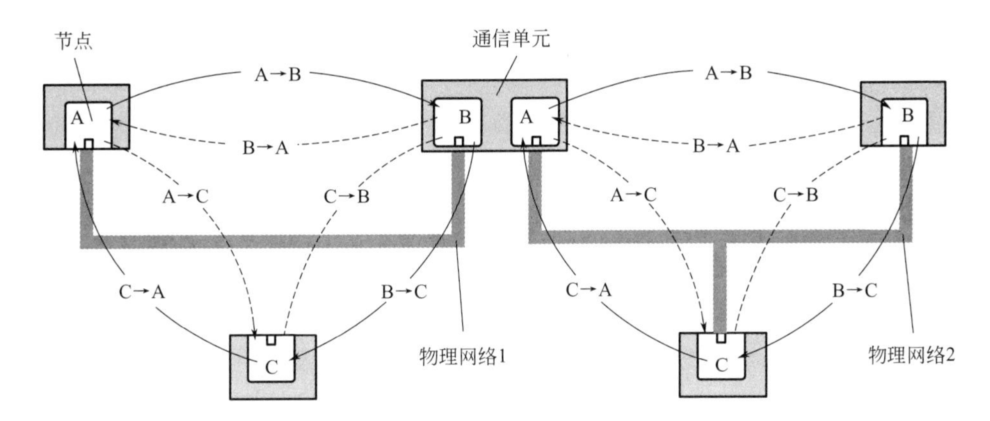

图 6-7　两个总线网络中的逻辑环结构

输的消息。还有一种特殊的 LimpHome 消息，这是在节点不能正常收发消息时，节点进入跛行状态后周期性发送的消息。

逻辑环的建立通过一种发送令牌的方式来进行，按标识符由小到大的顺序进行传递，最初发送 Alive Message 的节点（或者标识符优先级高的节点）成为逻辑环中的第一个发送节点，消息都是以广播的方式发送的，这就使每个节点发送的消息其他节点都可以监测到，以确定自己是否为上一个发送节点的后继节点，并更新节点的运行状态等。

通过逻辑环实现应用程序的信息交换方式如图 6-8 所示。缓冲器接收到逻辑环上传输来的数据，经过延时后发送到逻辑环，在这段时间内，应用程序能够接收和修改数据，应用程序同时也可以指定和实现 NM 未提供的管理算法。

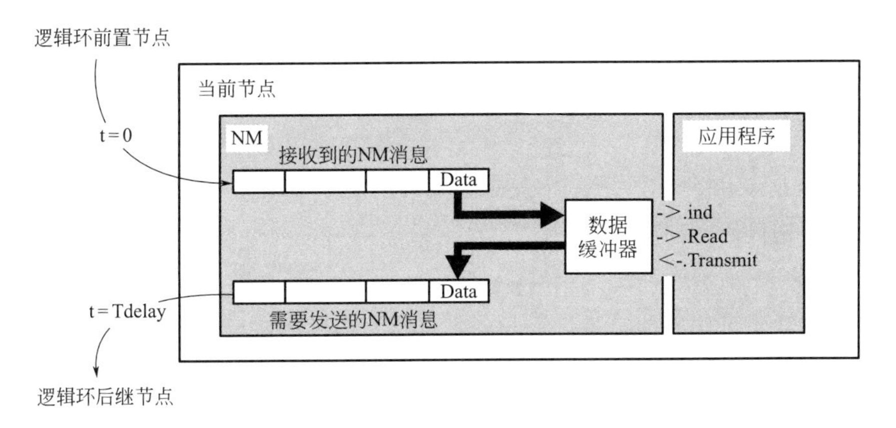

图 6-8　逻辑环消息交换机制

逻辑环中的节点有发送状态和接收状态：在发送状态下有静默（mute）和

非静默（not mute）两种情况，静默是指发送消息超时，非静默是在超时之前发送了消息，在接收状态下有离线（Absent）和在线（Present）两种情况，离线是在接收时间到之前没有接收到消息，在线是接收到消息。

网络管理采用分层结构，网络管理在NM关闭（NMOff）、NM打开（NMOn）、NM实体的选择性关闭（NMShutDown）三种状态之间转换。NMOn状态包含两组并行子状态：一组包括了NM初始化（NMInit）、NM活动状态（NMAwake）、NM睡眠模式（NMBusSleep）三个状态；另一组包括使能NM通信（NMActive）、禁用NM通信（NMPassive）两个状态。NM活动状态（NMAwake）又包含确定自身节点的可操作性（NMReset）、直接节点监控处理（NMNormal）、处理自身节点中的故障（NMLimpHome）三种子状态。状态之间的转换关系如图6-9所示。

ECU上电后处于NMOff状态，通过任务调用StartNM，启动NM，这时NM就开始运行，直到调用StopNM，状态又会跳到NMShutDown，进而进入NM关闭状态。

当NM进入NMOn状态时，NMInit和NMActive是其缺省的初始化状态。NMInit是NM组件内部的瞬时初始化状态。完成初始化任务后，即转入NMAwake状态并保持，直到转到总线睡眠的条件被满足才转入NMBusSleep状态。当系统处于NMBusSleep状态时，一旦接收到NM消息，即转入NMInit状态。

在并行状态中，当系统处于NMActive状态时，NM通信正常运行；当SilentNM被调用时，本地节点进入NMPassive状态，并停止参与逻辑环组成。为了返回NMActive状态，只需调用TalkNM函数。系统执行完NMInit状态所要求的动作后，即转入NMActive状态。

NMReset子状态是进入NMAwake状态后的缺省状态，NM在此时重置其通信链路、有关的计数器、参数等。初始化完成，NM将检查NM消息是否正确收发，然后转入NMNormal状态并保持。一旦致命错误发生将切换到NMLimpHome状态。当系统处在NMLimpHome状态时，将会传输一个周期性的LimpHome消息。NM继续监听网络，以便确定消息传输是否已被恢复，从而切换回NMNormal状态。

NM识别两种配置：实际（Actual）配置和故障（LimpHome）配置，实际配置指示可访问的节点，而故障配置指示那些因故障退出逻辑环组成的节点。

NM并不管理应用程序的模式（APPMODE），但是NM管理两个主要的操作模式，对应于内部状态的NMAwake（NMActive）和NMBusSleep。节点在NMAwake操作模式下，参与逻辑环组成并监视网络上所有同处于NMAwake模式的节点：如果一个节点进入NMBusSleep操作模式，就不再参与逻辑环上的NM通信。

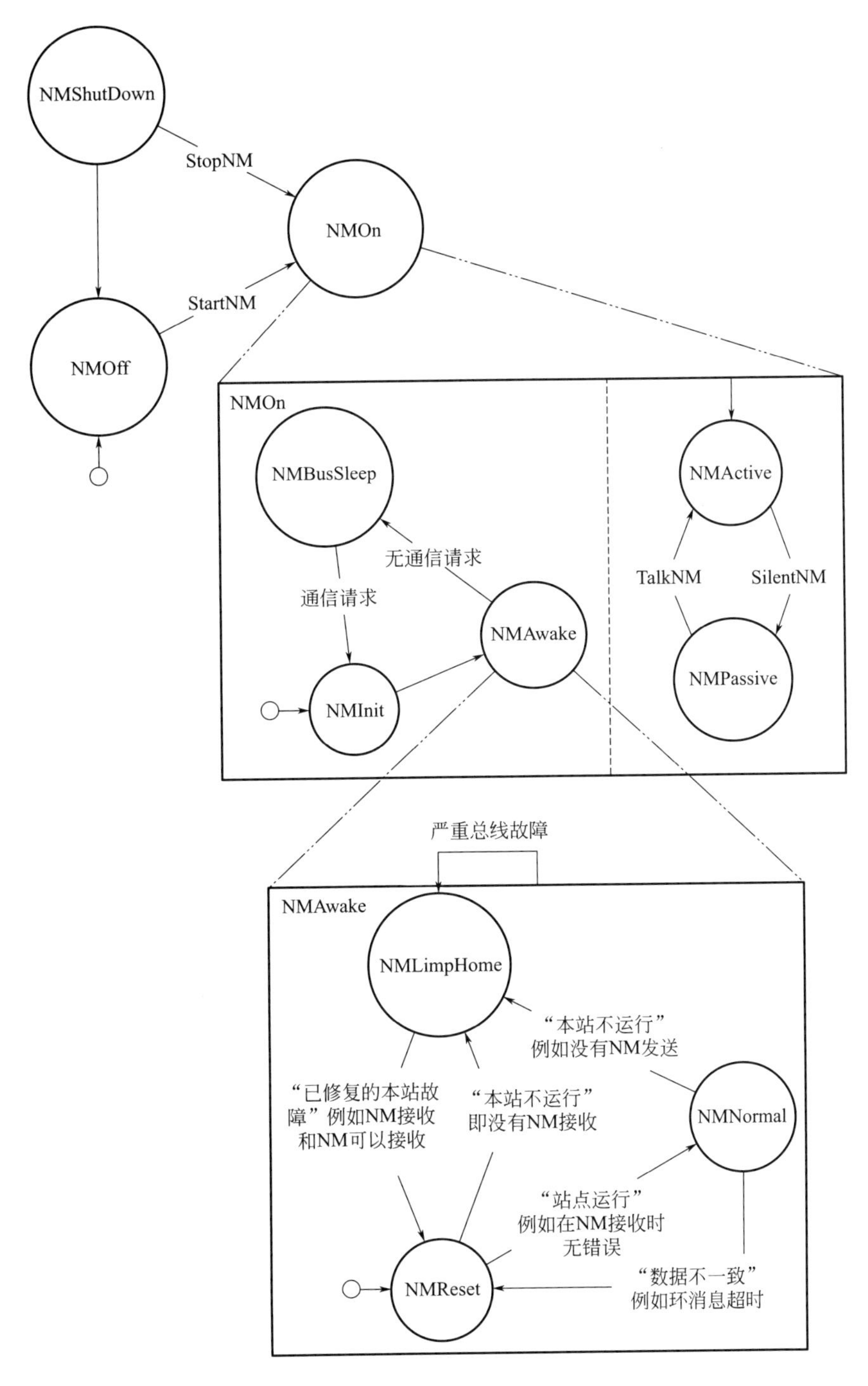

图 6-9　OSEK 网络管理状态图

NM 消息包含 NM 协议数据单元（NM-PDU）。NM-PDU 在通信网络上传输，其结构如图 6-10 所示。

地址域包含源消息地址和目的节点地址，控制域包含关于消息类型的信息，

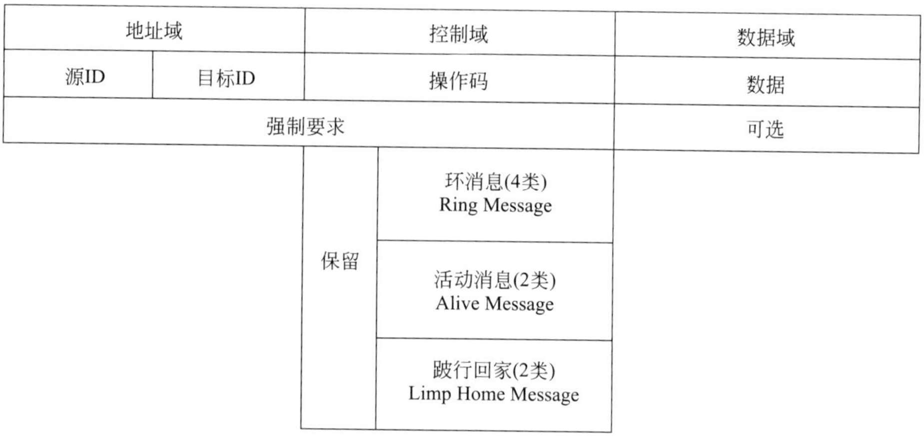

地址域		控制域	数据域
源ID	目标ID	操作码	数据
强制要求			可选

保留

环消息(4类)
Ring Message

活动消息(2类)
Alive Message

跛行回家(2类)
Limp Home Message

图 6-10 NM-PDU 的结构

上述部分是必选部分，而数据域则是可选部分，它包含特定应用程序的数据。

在编译时所有的 NM 参数都存储在 ECU 的 ROM 中。表 6-1 中给出了参数定义和作用域。

表 6-1 NM 参数定义

NM 参数	定义	作用域
NodeId	节点中特定消息的相对标识	只作用于本地节点
T_{Typ}	两条消息之间的典型时间间隔	全局
T_{Max}	两条消息之间的最大时间间隔	全局
T_{Error}	具有 LimpHome 标识的两条消息之间的时间间隔	全局
$T_{waitBusSleep}$	发送 BusSleep 之前等待的时间	全局
T_{Tx}	重发被 DLL 拒绝 NM 消息的时间间隔	只作用于本地节点

NM 刚开始运行时，调用 StartNM 启动直接网络管理，NM 执行一系列初始化操作，然后广播 Alive Message。Alive Message 通知网络上的其他节点（如果有），当前节点加入逻辑环，并启动 Ttyp 报警器。当一个活动节点接收到一个 Alive Message 时，将发送节点作为在线节点添加到网络配置中，同时接收到消息的本地节点确定新节点是否为自己的后继节点。

任何时候，如果数据链路层通知 NM 消息失败，则启动 Ttx 报警器，并增加计数器的值。如果计数器超过一个设定的阈值，NM 将进入 LimpHome 状态。否则，当 Ttx 到时 NM 重传消息。

在网络中只有一个节点控制 Ring Message。当节点接收到 Ring Message 并且 Ttyp 定时器到时，发送该消息。NM 启动时在 Alive Message 传输后，网络处于瞬时状态，在该状态下总线上可能存在 Alive Message 和 Ring Message，以及以下不同的情况。

① 如果接收到 Alive Message，如前所述节点更新配置和确定后继节点。

② 如果在 Tmax 定时器到时之前，节点接收到一个 Ring Message，则取消定时器，并处理 Ring Message。

③ 当 Ttyp 定时器到时，本地节点发送 Ring Message；

④ 如果在本地节点发送 Ring Message 到数据链路层和消息发送确认返回之间接收到一个 Ring Message，节点将忽略该消息以确保 Ring Message 的唯一性。

当接收到一个 Ring Message 时，本地节点检查 NM-PDU 的目的地址，根据该域的有效值，采取如下操作：如果 Ring Message 的目的地址不是本地节点，取消 Ttyp 报警器，然后重启 Tmax 报警器，NM 检查源地址、目的地址操作码，据此更新网络配置和切换状态；如果 Ring Message 的目的地址是本地节点，取消 Tmax 报警器，然后重起 Ttyp 报警器，如果源节点在配置信息中标识为离线，则更新为在线。

当逻辑环中没有 Alive Message 传输，并且唯一的 Ring Message 沿逻辑环传递一周后，网络状态从瞬时状态切换到稳定状态。当网络处于瞬时状态时，数据单元中的数据无效。

NM 提供了检测离线节点的机制，如果 Tmax 定时器到时则 NM 将进入 NMReset 状态，试图重建逻辑环，从而返回 NMNormal 状态，这样离线节点将被排除在新的逻辑环组成之外；NM 还提供了检测节点被跳过的机制，如果一个节点被跳过，它立即发送一个 Alive Message，以通知其他节点它仍然在线。

当节点因故障进入 LimpHome 状态后，由报警器 Terror 控制周期性地发送 LimpHome Message，当 NM 被停止，或总线进入睡眠，或接收到来自网络的一个有效消息时（意味着通信恢复），进入 NMReset 进行初始化。当节点收到其他节点的 LimpHome Message 时，更新 LimpHome 配置和 Actual 配置。

6.2 基于域控制器的标定与刷写

6.2.1 统一的诊断服务 UDS 标准

UDS 协议全称 Unified Diagnostic Services，即统一诊断服务，ISO 14229 规范其标准，是诊断服务的规范化标准。UDS 定义了控制器和维护诊断设备之间诊断信息的交互，实现了设备对各个控制单元故障信息的访问，也可以实现控制器的固件刷新，此外，UDS还用于下线检测时把一些信息（如VIN码）写入汽车的各个零部件中。

UDS包含了对传输、数据处理以及具体的诊断应用服务等各方面的要求，不单指某一方面的诊断服务，而是包含了对传输方式、数据格式要求、具体诊断服务等一系列的标准和交互架构。

UDS标准ISO 14229在开放式系统互联通信参考模型中定义了应用层和会话层的框架，它可以在多种网络上实现，如图6-11所示。在CAN上实现时，

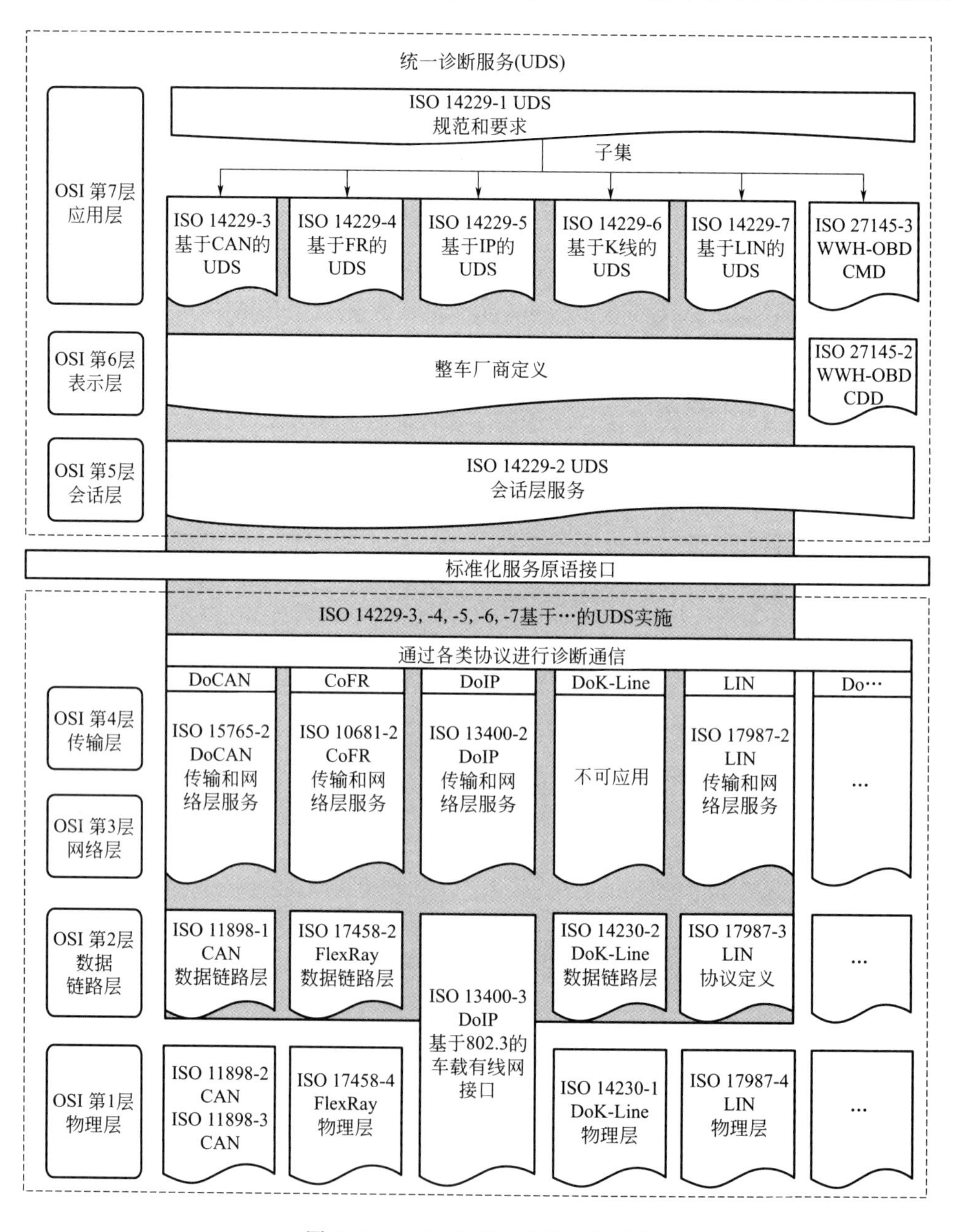

图6-11　UDS在OSI模型中的位置

传输层协议采用的是 ISO 15765，在以太网上实现时采用 DOIP（ISO 13400）传输层，在 FlexRay、LIN 以及在未来的各种通信模式的传输层上都可以使用 UDS，可见 UDS 提供的是一个诊断服务的基本框架，其表示层的数据交换格式由制造厂商自行定义，主机厂和零部件供应商可以根据实际情况选择实现其中的一部分或是自定义出一些私有化的诊断服务来，所以基于 UDS 协议的诊断又常被称为 Enhanced Diagnostic（增强型诊断），UDS 不是法规要求的，没有统一实现标准，其优势在于方便生产线检测设备的开发，同时更大限度地方便了售后维护保养和车联网的功能实现。

(1) 应用层服务概述

应用层通过服务原语实现服务用户与服务提供者之间的信息交互，服务原语是在进行交互时所交换的一些必要信息。UDS 包含了六种服务原语：请求(request)、请求_确认(req_confirm)、指示（indication)、响应（response)、响应_确认(rsp_confirm)、确认（confirm)。UDS 六种服务原语的格式如图 6-12 所示。

```
service_name.request (
  A_MType,
  A_SA,
  A_TA,
  A_TA_type,
  [A_AE],
  A_Length,
  A_Data[,参数1, ...],
)

service_name.indication (
A_MType,
A_SA,
A_TA,
A_TA_type,
[A_AE],
A_Length,
A_Data [, 参数1, ... ],
)

service_name.response (
  A_Mtype,
  A_SA,
  A_TA,
  A_TA_type,
  [A_AE],
  A_Length
  A_Data[,参数1, ...],
)

service_name.confirm (
  A_Mtype,
  A_SA,
  A_TA,
  A_TA_type,
  [A_AE],
  A_Length
  A_Data[,参数1, ...],
)

service_name.req_confirm (
  A_Mtype,
  A_SA,
  A_TA,
  A_TA_type,
  [A_AE],
  A_Result
)

service_name.rsp_confirm (
  A_Mtype,
  A_SA,
  A_TA,
  A_TA_type,
  [A_AE],
  A_Result
)
```

图 6-12 UDS 六种服务原语的格式

原语中各参数的含义如下。

A_Mtype 表示诊断系统格式，包括诊断和远程诊断两种格式。如果为诊断格式，则原语应由参数 A_SA、A_TA 和 A_TA_type 组成。如果为远程诊断格式，则原语应由参数 A_SA，A_TA，A_TA_type 和 A_AE 组成。

A_SA 为源地址。

A_TA 为目标地址。

A_TA_type 为目标地址的寻址类型，有功能寻址和物理寻址两种方式。

A_AE 是可选参数，为远程地址，用于扩展可用地址范围以编码客户端和服务器标识符。

A_Result 用于表示消息是否传输成功。

A_Length 表示要发送/接收的数据的长度。

A_Data 是需要传输的数据，包括所有由上层实体交换的数据。

UDS 提供有确认的服务和无确认的服务两种类型的服务（图 6-13 和图 6-14），有确认的服务使用六个服务原语，无确认的服务仅使用 request，req_confirm 和 indication 服务原语。

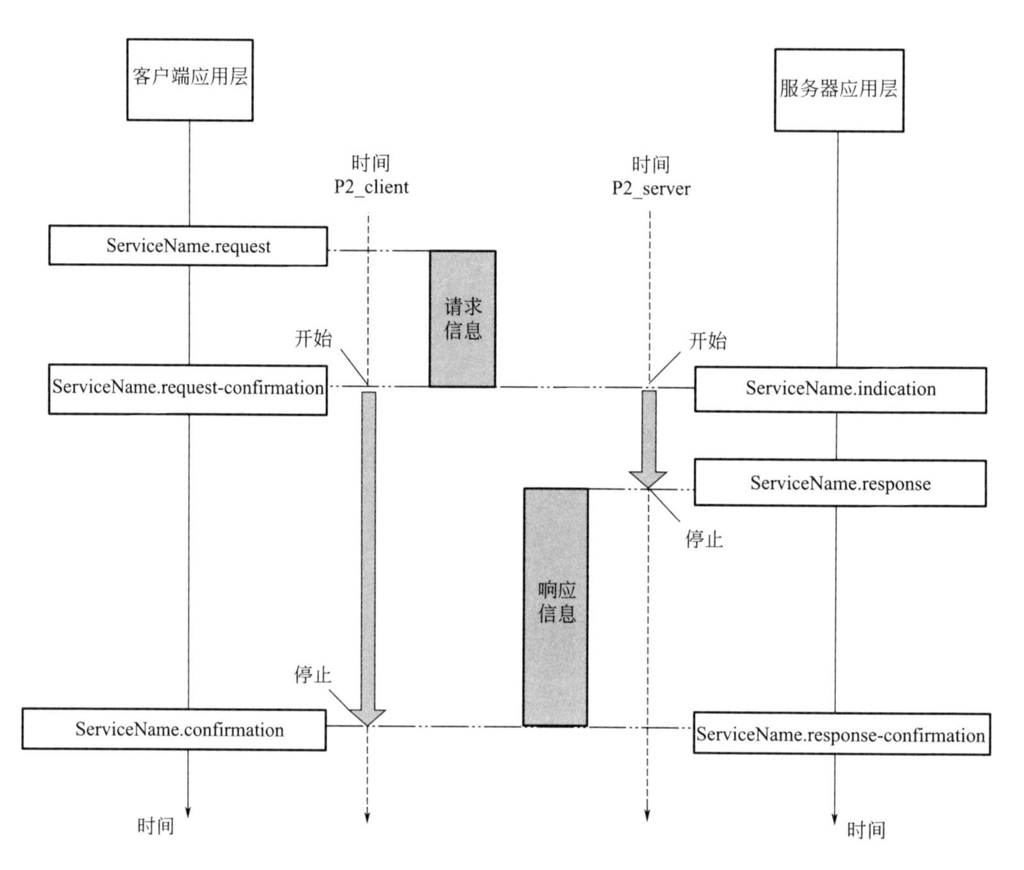

图6-13　有确认的服务

（2）UDS 应用层协议

应用层协议的核心是 UDS 协议数据单元 A_PDU（应用层协议数据单元），由 A_SDU（应用层服务数据单元）和特定控制信息 A_PCI（应用层协议控制信息）直接构成。A_PDU 具有以下通用格式：

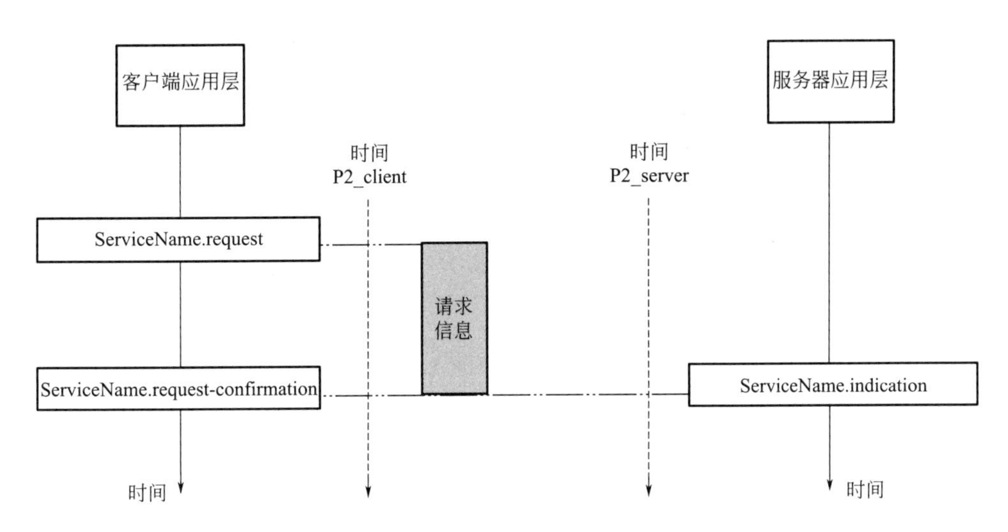

图6-14　无确认的服务

A_PDU(

Mtype,

SA,

TA,

TA_type,

[RA,]

A_Data=A_PCI+[参数 1,…],

Length

)

A_SDU 是服务原语中的 Mtype、SA、TA、TA_type、RA、Length 这些参数。

A_PCI 参数包含 A_PCI(SI)和 A_PCI(NR_SI,SI)两种格式，当第一参数不是否定响应 NR_SI 时，则只包含参数 SI，当第一参数为 NR_SI 时，则同时包含 NR_SI 和 SI，其中 NR_SI=0X7F。

SI 应被用于对服务原语中已被调用的特定服务进行编码。每个请求服务应分配一个唯一的 SI 值。每个积极响应服务应分配一个相应的唯一 SI 值，即诊断服务 ID (Service ID)，简称 SID。通用格式中的 A_Data 包括了以 A_PCI 开始的一组参数。

① UDS 服务分类　UDS 包含了一系列的服务，共有六大类 26 种。每种服务都有自己独立的 SID。UDS 是一种定向的通信，是一种交互协议 (Request/Response)，即诊断方给 ECU 发送指定的请求数据 (Request)，这条数据中需要包含 SID。26 种 UDS 服务见表 6-2。

表 6-2　26 种 UDS 服务

大类	SID(0X)	诊断服务名	子功能支持
诊断和通信管理单元	10	诊断会话控制	是
	11	ECU 复位	是
	27	安全访问	是
	28	通信控制	是
	3E	待机握手	是
	83	访问时间参数	—
	84	安全数据传输	—
	85	控制 DTC 的设置	是
	86	事件响应	是
	87	链路控制	是
数据传输功能单元	22	通过 ID 读数据	—
	23	通过地址读取内存	—
	24	通过 ID 读比例数据	—
	2A	通过周期 ID 读取数据	—
	2C	动态定义标识符	是
	2E	通过 ID 写数据	—
	3D	通过地址写内存	—
存储数据传输功能单元	14	清除诊断信息	—
	19	读取故障码信息	是
输入输出控制功能单元	2F	通过 ID 控制输入输出	—
例行程序功能单元	31	例行程序控制	是
上传下载功能单元	34	请求下载	—
	35	请求上传	—
	36	数据传输	—
	37	请求退出传输	—
	38	请求文件传输	—

② UDS 服务格式　诊断通信的过程是诊断仪发送诊断请求（Request），ECU 给出诊断响应（Response），而 UDS 就是为不同的诊断功能的 Request 和 Response 定义了统一的内容和格式。

Diagnostic Request 格式定义有两种类型：第一种是包含子功能的，格式为

SID＋sub function＋parameter；第二种为不包含子功能的 SID＋parameter。

SID 长度固定为 1 个字节，代表这条诊断命令执行什么功能。子功能 sub function 的长度也是 1 个字节，它通常表示对这个诊断服务的具体操作，例如是启动、停止还是查询这个诊断服务，某些服务不支持子功能，例如通过 ID 读数据的服务 0X22，表 6-2 列出了 26 种服务对子功能是否支持。后面的 parameter 则根据各个诊断服务的不同具有不同的内容，长度和格式并没有统一规格，它用于限定诊断服务执行的条件，例如某个诊断服务执行的时间等。parameter 的一个重要应用是作为标识符，标识诊断请求要读出的数据内容。

sub function 的最高位被用于抑制正响应（Suppress Positive Response，SPR)，如果这个位被置 1，则 ECU 不会给出正响应，如果这个位被置 0，则 ECU 会给出正响应。这样做的目的是可以告诉 ECU 不要发不必要的 Response，从而节约通信资源。

Diagnostic Response 格式分为 Positive 和 Negative 两类。

Positive Response 意味着诊断仪发过来的诊断请求被执行了。格式：response SID＋sub function＋parameter 或 response SID＋parameter。response SID 为诊断请求的回显，它等于 SID＋0X40；后面的两个部分则视具体的诊断服务而定。

Negative Response 则意味着 ECU 因为某种原因无法执行诊断仪发过来的诊断请求，而无法执行的原因则存在于 Negative Response 的报文中。

Negative Response 的格式为 SID＋请求的服务标识符＋响应代码，第一个字节 SID 固定为 0X7F，第二个字节是被拒绝掉的 SID，第三个字节是这个诊断服务无法被执行的原因。例如，如果 ECU 给出 7F 22 13 这个 Negative Response，则说明 22 这个服务因为诊断请求数据长度不对的原因无法执行。

在获取数据的服务中，协议文本通过 DID 逻辑上表示一个对象或对象集合，DID 长度为两个字节，该参数应在服务器的内存中可用，ISO 14229 预定义了部分 DID，其余由厂商自定义。例如厂商定义的 DID＝0X0042 对应 ECU 的电压、电流、阻抗三个参数的集合，诊断设备获取这三个参数的示例如下。

诊断设备发送 0X22 0X00 0X42，第一个字节 0X22 表示通过 ID 读数据，后两个字节 0X00 0X42 对应参数 ID；ECU 回送 0X62 0X00 0X42 0X55 0XAA 0X34，第一个字节 0X62 对应 0X22 的请求响应，后两个字节 0X00 0X42 对应返回参数，后面的字节对应具体的参数值。

小结：诊断通信的过程就是诊断仪和 ECU 交换数据，前者发的是 Request，后者发的是 Response，而 UDS 最重要的作用就是定义了这些 Request 和 Response 的格式和内容。

协议中相关的具体服务代码格式可查询协议文本。

6.2.2 标定协议 CCP 和 XCP 标准

在控制器研发过程中，经常需要对某些参数和数据表进行监控、修改，同时在控制器软件设计完成后，也需要针对产品的不同应用场合修正内部数据，早期的这种情况需要重新修改程序并编译下载才能实现，这就导致在研发和改进过程中要不断地使用编译器、调试器重复进行编译、调试下载的工作，同时如果在车载的调试过程中，还需要不断接入下载器，影响了工作效率。标定协议提供了通过总线实现程序内部存储单元、变量的读写和实时监控，可以在程序运行过程中动态地监测和修改内部参数，不需重新修改和下载软件，且可通过协议定义数据的物理意义和单位，实现更加直观的监控操作，而不是以原始的字节、位来操作。因此，标定协议成为车载控制器研发中必不可少的模块。目前车载 ECU 最常见的标定协议有两种，即 CCP（CAN Calibration Protocol）协议和 XCP（Universal Measurement and Calibration Protocol）协议。CCP 协议是基于 CAN 总线的标定协议，XCP 协议是一种通用测试标定协议，可以应用在多帧总线上（包括 CAN、Ethernet、FlexRay、USB、LIN、SPI 等常见的车载通信总线）。

(1) CCP 协议

CCP 协议的主要功能：随机读取 ECU 中 RAM 和 ROM 数据；测量数据采样；标定数据采样和传输；多个 ECU 操作；Flash 编程。

CCP 协议采用主从通信方式，其通信结构如图 6-15 所示。通信包括了查询

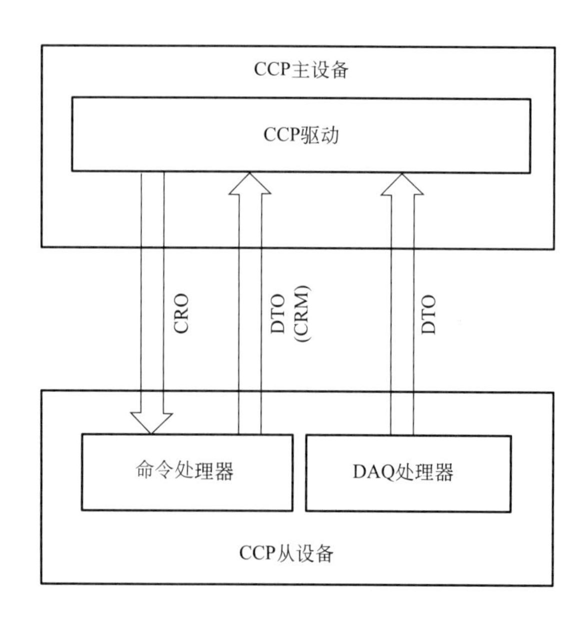

图 6-15 CCP 协议主从设备通信

(Polling) 模式和 DAQ (Data Acquisition Command) 模式。在查询模式下，CCP 主设备（通常是标定设备或系统）发动查询命令 CRO，被查询设备接收到查询命令后，反馈给标定系统一个命令响应信息 CRM-DTO 或者事件信息 EM-DTO；在 DAQ 模式下，ECU 周期性返回给标定设备设定的 ECU 内部数据信息 DAQ-DTO。

(2) XCP 协议

由于 CCP 协议只能用于 CAN 通信，在新能源域控制器上的应用受到较大的限制。因此，目前在域控制器上大多使用 XCP 协议作为标定协议。和 CCP 协议一样，XCP 协议也是属于自动化及测量系统标准协会（ASAM）下的标准协议，它也是一种主从通信模式。XCP 协议采用双层协议将协议层和传输层完全独立，传输层和协议层的隔离使 XCP 协议可以使用各类不同的硬件接口，其传输层协议包括了 XCP-on-CAN、XCP-on-Ethernet、XCP-on-UART/SPI 或 XCP-on-LIN，在域控制器中，通常采用以太网作为标定接口。

XCP 协议主要实现的基本功能包括同步数据采集、同步数据激励、在线内存标定、标定数据页的初始化和切换以及在开发阶段 ECU 内部闪存刷写，相比于 CCP 协议，XCP 协议兼容性更强，提高了数据传输效率和吞吐量，添加了通电后自动恢复数据传输、数据页面冻结、自动配置、闪存编程等功能。

① XCP 协议架构　XCP 协议通信结构如图 6-16 所示。XCP 协议通信有两种基本数据包类型，即用于传输通用控制命令的数据包 CTO 和用于传输同步数

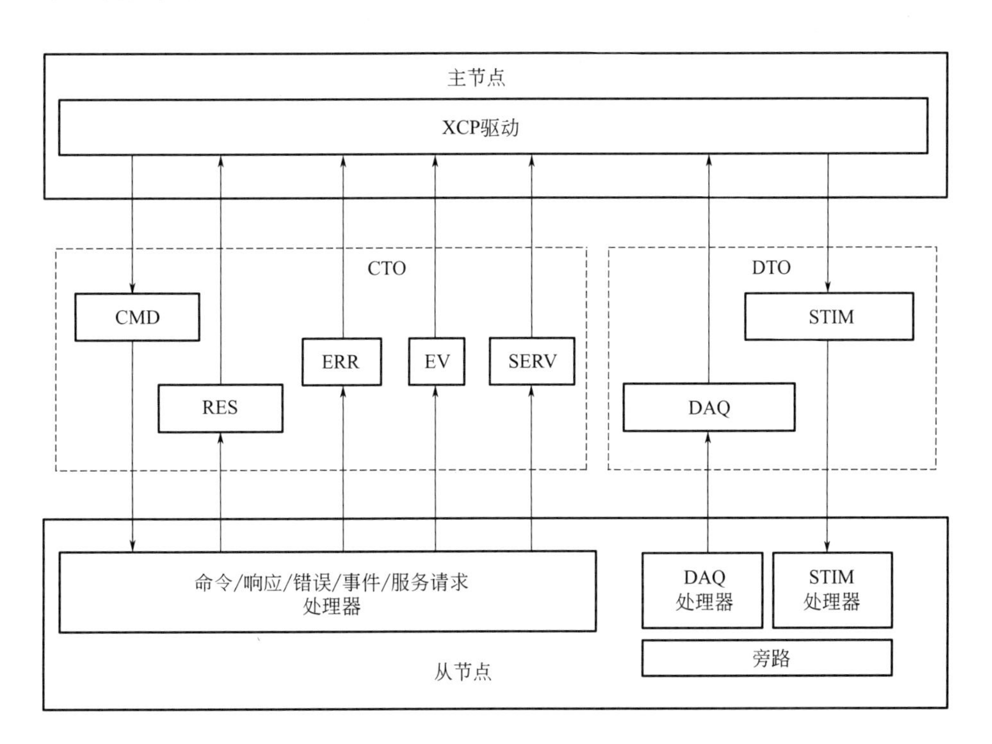

图 6-16　XCP 协议通信结构

据的数据包DTO。CTO用于传输通用控制命令，包括图示的五种类型，即执行协议命令（CMD）、传输命令响应（RES）、错误（ERR）、事件（EV）和服务请求（SERV）；DTO包括用于传输同步数据采集数据的DAQ和传输同步数据激励数据的STIM两种类型。

XCP协议的命令数据包发出后从设备必须发送命令响应包或错误包进行应答，而事件包、服务请求包和数据采集包则是异步发送的，因此当使用诸如UDP类的非确认传输链路时，可能无法保证主设备能够正确接收到这类异步信息。

② XCP协议通信模式　XCP协议主要是通过主从模式通信的，主要的通信模式有标准传输模式、块传输模式和交错传输模式，传输方式如图6-17所示。

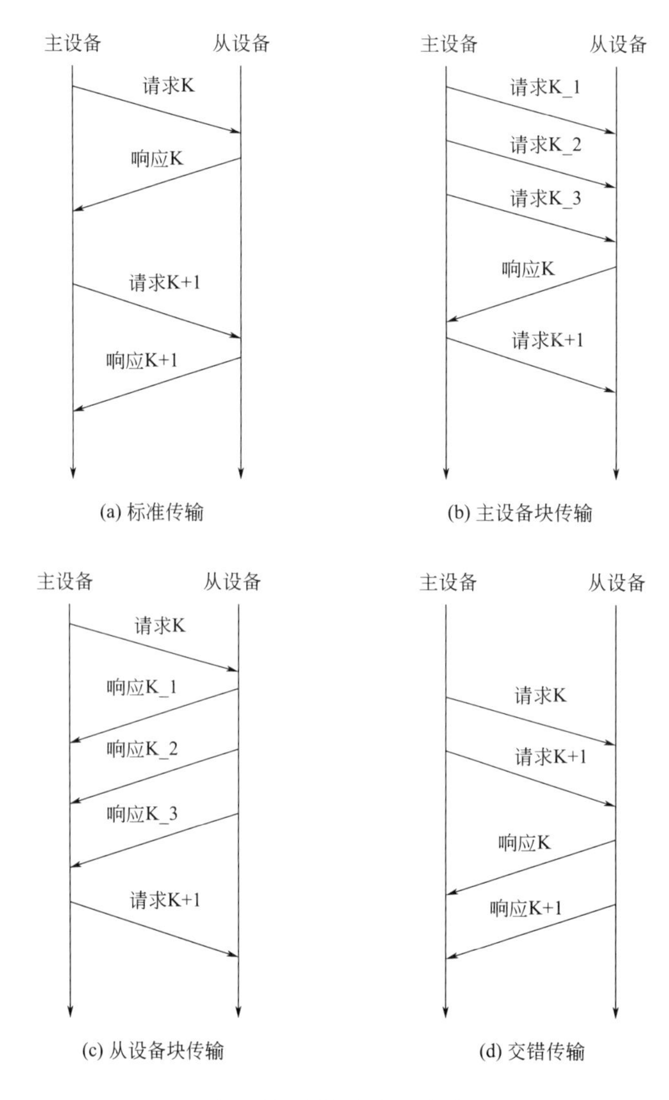

图6-17　XCP协议传输方式

标准通信模式下，主设备一次发送一个请求，从设备收到请求后回送一个响应，主设备在收到上一个请求响应之前不能发送下一个请求。

在通信数据传输量较大时，为了提高传输效率，XCP 协议采用块传输模式通信。块传输模式包括主设备块传输和从设备块传输两种。主设备块传输模式下主设备不断地发送请求，从设备不断接收请求，接收完成后从设备发送一次响应信息，在从设备块传输模式下，主设备发送一次请求，从设备返回多个信息，直至所有信息返回完成，主设备再发送下一个请求。典型的应用场景为 XCP 内存上传、下载、刷新等命令。

为了加快标准通信模式下的数据传输速率，XCP 协议提供了交错通信模式，此模式下主机可以在收到上一个请求的响应之前就发送下一个请求。

③ ECU 存储单元中的数据索引　为了实现 ECU 内部存储单元中的数据和外部设备之间的传输，XCP 协议在 ECU 内部建立了对象描述表 ODT 和 DAQ 列表两个描述存储器单元的索引，如图 6-18 所示。

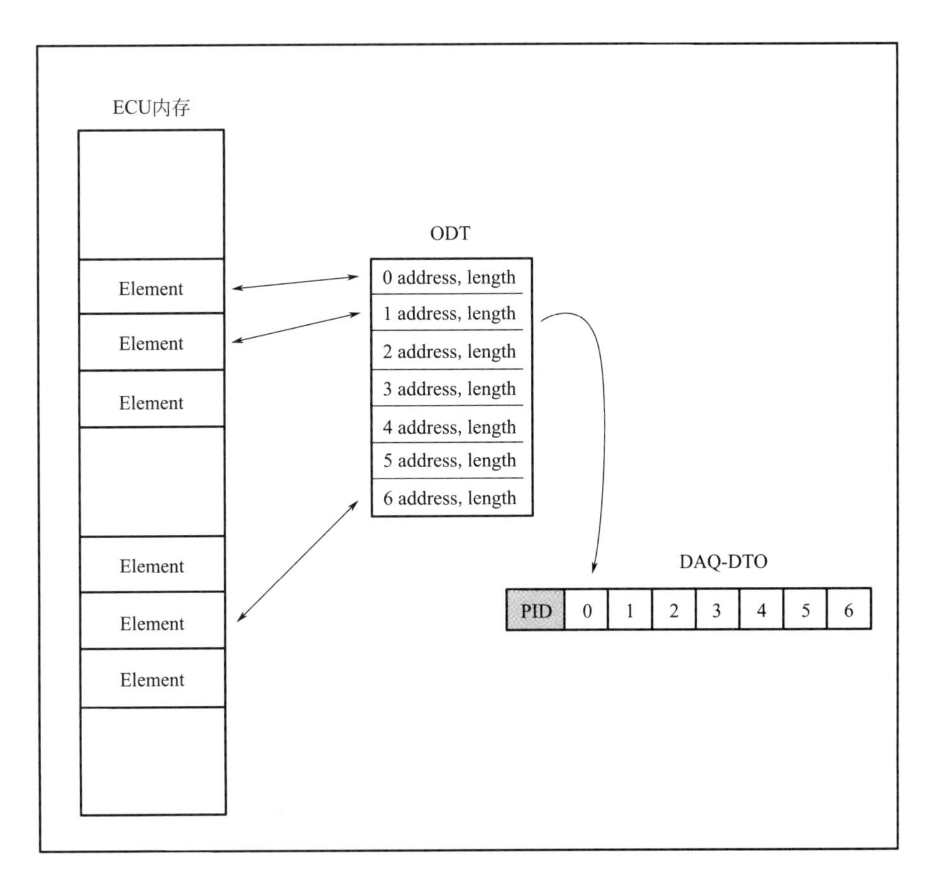

图 6-18　ODT 表格结构

ODT 表描述了同步数据传输对象和从设备的内存之间的映射，ODT 表中的每条均包含了分组标识符（PID）、地址和数据长度。PID 描述了同步数据传输目标内容在 ODT 表中的编号。数据对象通过地址、地址扩展、元素的大小来获取数据元素，对于用位表示的数据元素，则通过位偏移来获取。

DAQ 列表是多组 ODT 的组合，列表中的一个单元对应一组 ODT，如图 6-19 所示。

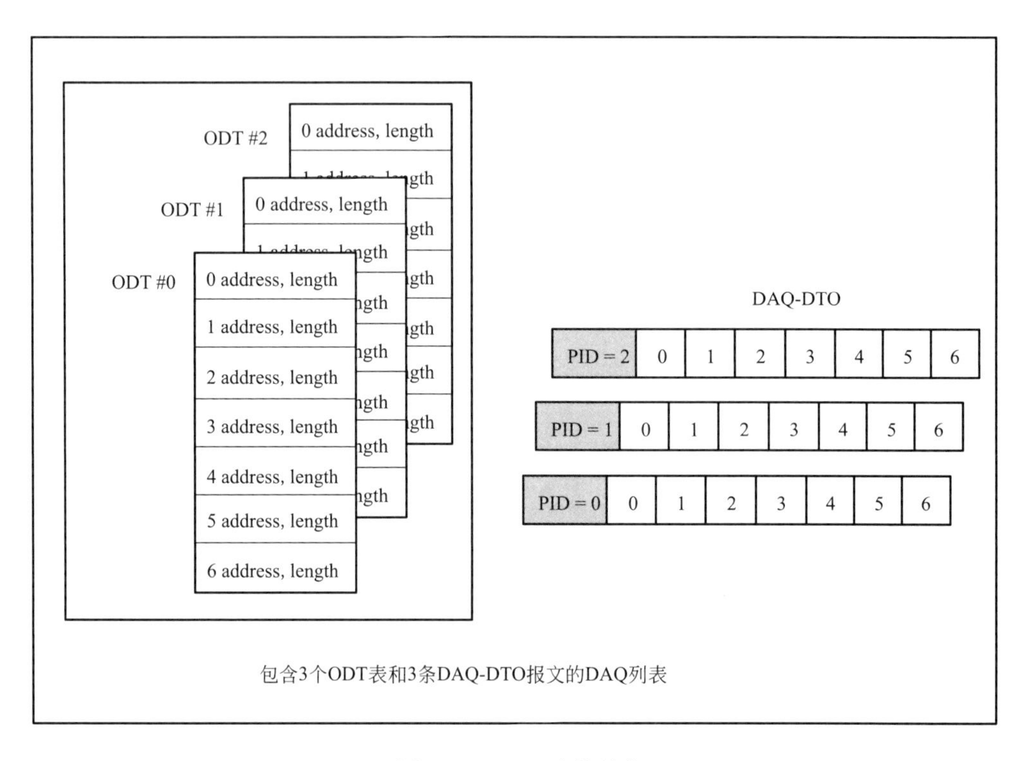

图 6-19 DAQ 表格结构

④ XCP 帧格式　以太网模式下，XCP 帧格式如图 6-20 所示。

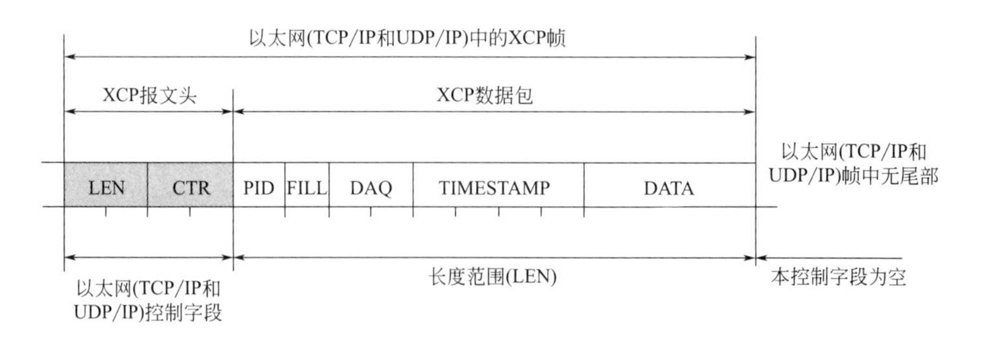

图 6-20 以太网模式下的 XCP 帧格式

XCP 帧包含了报文头和数据包。对于以太网上的 XCP（TCP/IP 和 UDP/IP）协议，报文头由包含长度（LEN）和计数（CTR）的控制字段组成。为了最佳利用 UDP/IP，可将多个 XCP 帧组合成单个 UDP/IP 帧，但 XCP 帧不能跨越 UDP/IP 框架边界。相同的 XCP 帧格式用于面向流的协议 TCP/IP，以简化对原始 XCP 消息的解码。

XCP 数据包包含协议的通用部分，它独立于所使用的传输层，适用于所有支持的通信网络。XCP 数据包由标识符字段、可选时间戳字段和数据字段组成。XCP 数据包中标识符字段包含了分组标识符（PID）、填充位 FILL 和 DAQ 编号。

数据包有两类，CTO 数据包和 DTO 数据包（图 6-21）。CTO 数据包的标识符字段只包含分组标识符 PID；DTO 数据包标识符中的 PID 对应 DAQ 的 ODT 编号，DAQ 字段则是 DAQ 列表标号。

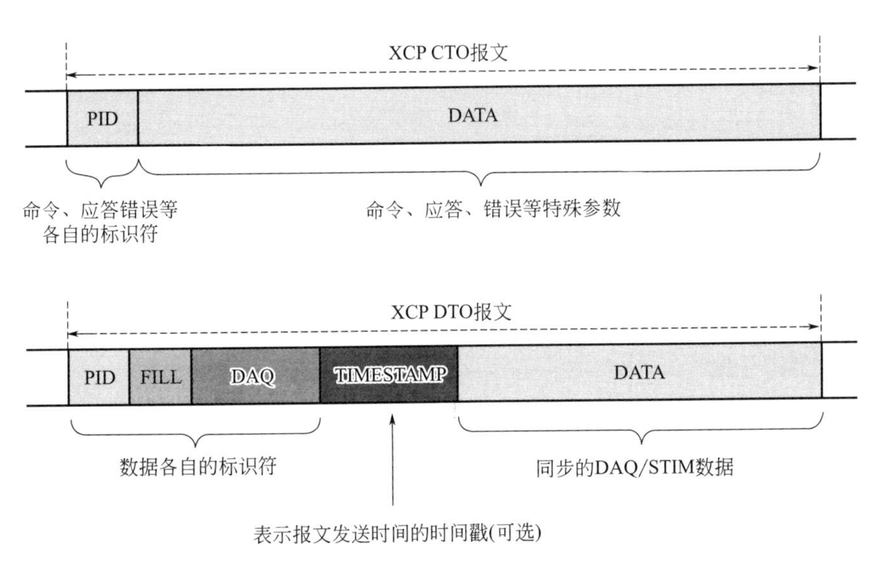

图 6-21　XCP 数据包

对于主设备发送命令后，从设备返回的 PID 对应四种情况：应答（RES）、错误（ERR）、事件（EV）、服务（SERV）。图 6-22 所示为几种 PID 的情况。主设备发送的 PID 在 0X00 到 0XBF 对应 DTO 中的 STIM 的 ODT 编号，主设备发送 PID 在 0XC0 到 0XFF 对应命令即 CMD。从设备发送的 PID 在 0X00 到 0XBF 对应 DTO 中 DAQ 的 ODT 编号，从设备发送的 PID 在 0XFC 到 0XFF 对应 CTO 的返回。

XCP 数据包中的时间戳对应 ECU 采集到的数据的事件，时间戳可以避免 DAQ 在通信中，因为传输过程的延迟而造成时间差，从而使同步测量中的测量时间在主设备端的不准确。时间戳的加入可以保证主设备通过读出的时间戳来知道正确的测量时间。

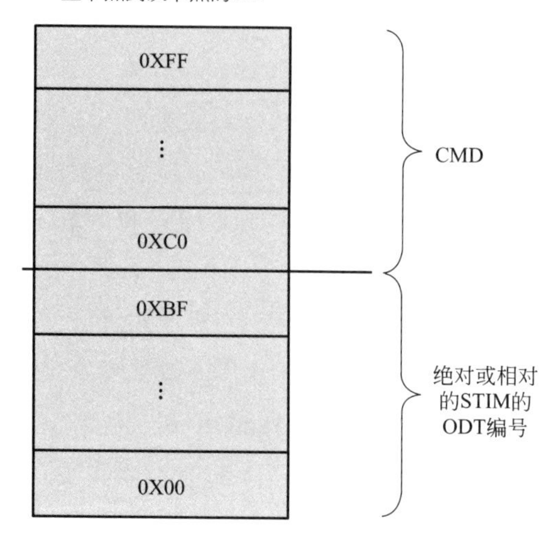

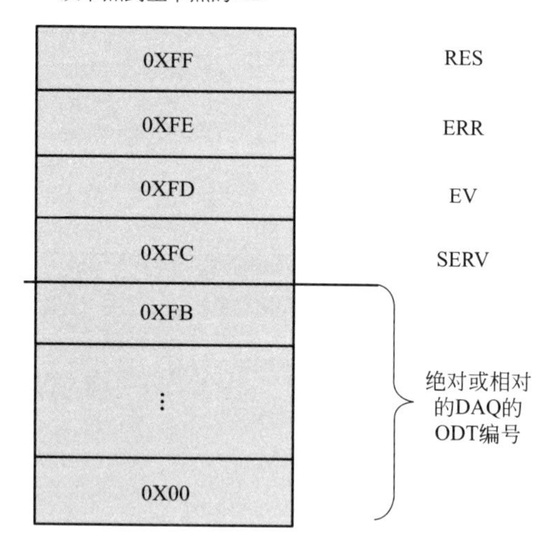

图 6-22　XCP 报文标识符（PID）

6.3　汽车智能设备空中刷写技术

车载软件日趋复杂，汽车电子化比例逐渐提高，对车辆的评估不仅依赖于传统的车辆性能，更依赖于车辆的软件功能。尤其在域控制器上，如智能座舱、自动驾驶等，软件功能繁多，在软件定义汽车的今天，软件需要更快速地迭代更新（OTA），这是智能汽车的核心能力。OTA 将给汽车软件生态带来巨大的变革，OTA 技术的应用，使车载控制器的开发具备了以下优势。

① 持续开发，在硬件支持的情况下，通过更新迭代车载软件，实现新

功能。

② 实施故障监控，可通过 UDS 服务或者自定义服务实时获取车辆动态信息。

③ 减少由于软件缺陷导致的批量召回。

目前，更新控制器软件的方式有两种：第一种是采用 FOTA（Fast OTA），主要的更新策略在 Application 中完成；第二种是采用 SOTA（Slow OTA），由 Flash Bootloader 完成。

软件更新是一项系统工程，存在以下两个难点。

① OTA 的更新发生在 ECU 正常工作的工况下，因此不能过度占用 MCU 的负载，且不能影响 MCU 的正常工作。

② 通过互联网为媒介传输 ECU 软件，必须保证软件不被泄露、破解、更改，因此需要采取加密传输，检验 ECU 软件的来源合法性、授权性、完整性。

6.3.1 软件更新技术简介

(1) 传统的 Flash Bootloader 方式

车辆生产后，更新车载 ECU 软件需要通过上位机 Tester 设备通过 OBD 接口连接车辆总线，如 CAN/LIN/FlexRay，通过 Flash Bootloader 操作 MCU 的内存，需要车辆处于停车状态（图 6-23）。

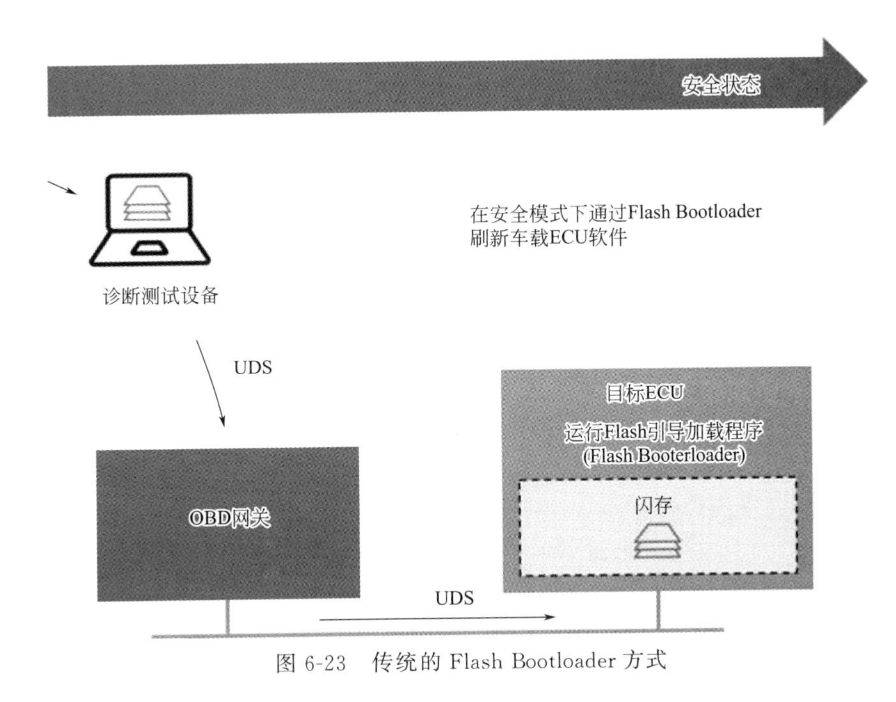

图 6-23 传统的 Flash Bootloader 方式

（2）SOTA（Slow OTA）

有些 MCU 的 Flash 只有一个分区，车辆处于正常行驶工况下，不能对 Flash 进行擦、写操作，即边读边写功能（Read While Write）。这种情况下，车载 ECU 软件更新包被车载网关节点如 T-BOX、中央网关等边缘节点接收并存储，软件包接收可以在正常行驶工况下进行，等到车辆处于停车状态并得到用户同意后，车载诊断仪（On-board Tester）通过 Flash Bootloader 将车载 ECU 软件包更新到目标 ECU 中（图 6-24）。

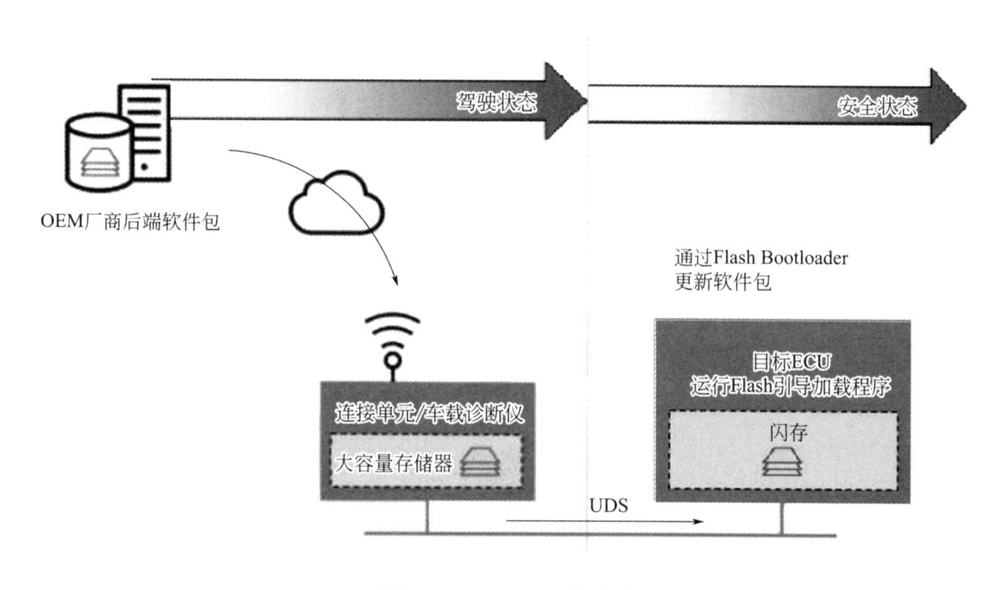

图 6-24　SOTA 更新方式

（3）FOTA（Fast OTA）

为了简化 SOTA 技术的复杂度，某些车载 MCU 具备两个 Flash 分区，车辆正常行驶的工况下，允许操作另外一个 Flash 分区，即支持 RWW（Read While Read）。车载 ECU 软件可以在行驶工况和停车工况下将新软件存储到 Inactive Partition，新软件的激活需要借助 Flash Bootloader 操作虚拟地址与物理地址的映射关系实现，此阶段要求车辆处于安全模式下（图 6-25）。

6.3.2　OTA 技术中的 MCU 内存分区方法

（1）基本概念

OTA 具备两种地址，一种是虚拟地址（Virtual Memory），另一种是物理地址（Physical Memory），通过改变虚拟地址与物理地址的映射关系来访问不同的物理地址。如果 MCU 设计了这两种地址的映射关系则实现了 A/B Swap 功能，如果 MCU 没有实现，则需借助外部 Flash 实现 OTA。虚拟地址与物理地

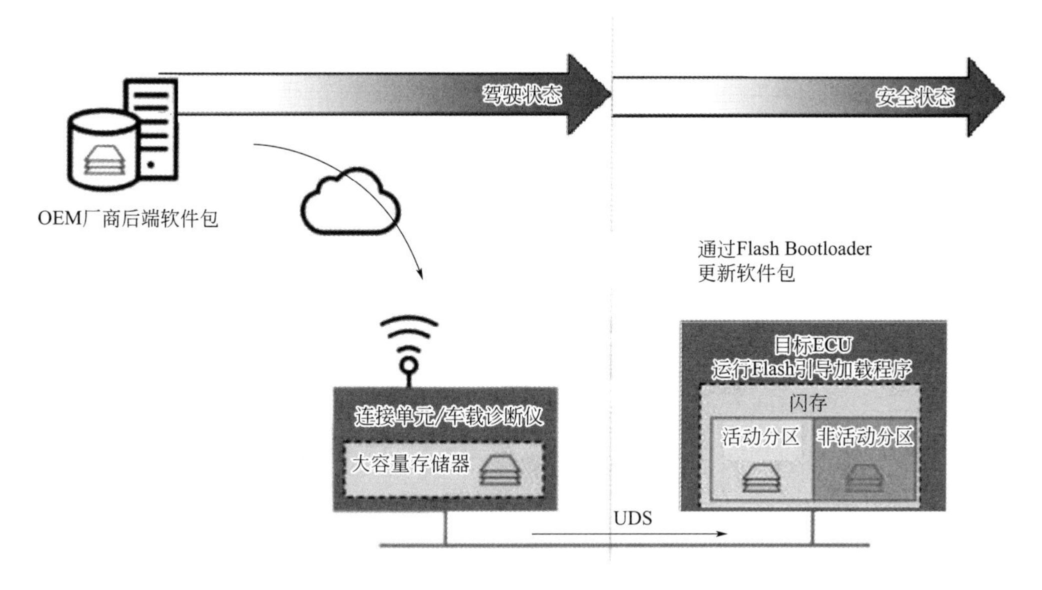

图 6-25 FOTA 更新方式

址可被修改的映射关系是实现 OTA 技术的基本要求。

① 虚拟地址层级划分　虚拟地址包含以下几个层级。

Region：在虚拟地址段的范围内划分一段连续的地址，Region 与 Module 一一对应。

Module：按照特定规则（如按照更新频次、特定功能等）将整个 ECU 软件划分成更小的功能单位，如 Application、Calibration、Image、EOL 信息等，这些功能单位统称为 Module。

Partition：多个 Module 的集合称为 Partition，一个 Partition 代表一个 ECU（具体是一个车载微控制器 MCU）的所有的软件，如 Partition A 包含 Application＋Calibration＋Image＋EOL，Partition 具有激活、非激活的属性。

Partition Group：多个 Partition 组成 Partition Group，属于同一个 Partition Group 的所有 Partition 包含同样的 Module，一个 Module 能被 OTA 更新的前提条件是至少被两个 Partition 所包含。

② 存储分区的概念　车载 ECU 的微控制器 MCU 的 Flash 具备至少两个 Flash Bank 支持同步读写能力（RWW），即软件运行在一个 Bank 的同时，另外的 Bank 区域可以被执行擦、写操作。支持这种功能的 MCU 有 MPC57XX、TC3XX、Cypress 的 CYT2BXX 系列等。如果 MCU 不具备 RWW 功能，软件运行在 Flash 上，再次对此 Flash 执行擦、写操作会产生异常，其本质是数据总线访问冲突。Bank 与物理地址一一对应。

③ 虚拟地址与物理地址的概念　具有 A/B Swap 功能的 MCU 的虚拟地址

与物理地址间的关系如图 6-26 所示，MCU 从虚拟地址上取指令，通过更改虚拟地址与物理地址的对应关系可以实现 MCU 从 Bank A 还是 Bank B 获取指令。

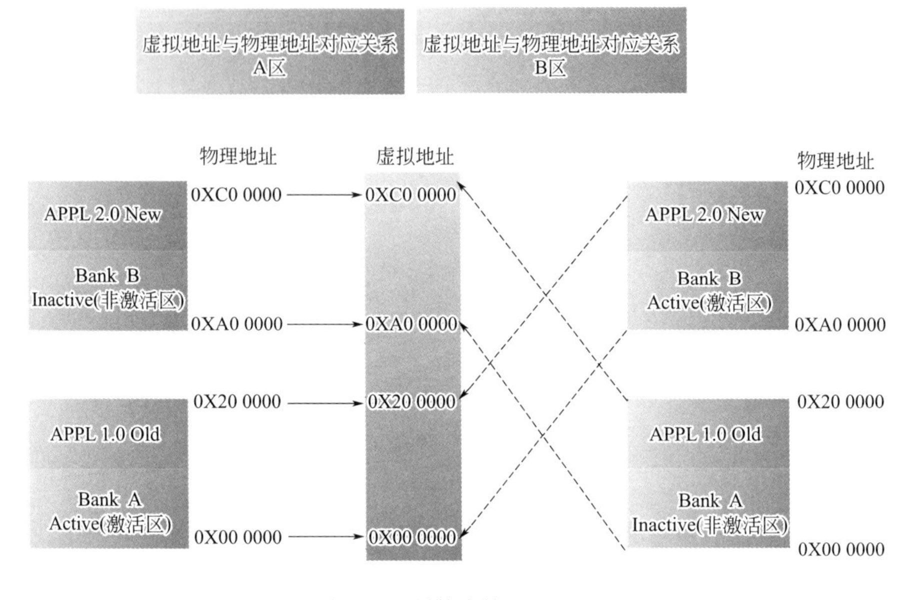

图 6-26　硬件支持 A/B Swap

图 6-26 显示了物理地址与虚拟地址按照映射关系（实线箭头）代表 MCU 处于 Bank A 模式，虚拟地址 0X00 0000～0X20 0000 的数据来自于物理地址的 0X00 0000～0X20 0000，按照对应的映射关系（虚线箭头），虚拟地址的 0X00 0000～0X20 0000 的数据来自于 0XA0 0000～0XC0 0000。

④ 激活与非激活分区　此处的激活和非激活分区可与 Bank 对应，引入分区的目的是将 MCU 的 Flash 划分出两个部分，通过软件动态设置分区的激活、非激活属性。例如，MCU 运行的虚拟地址范围是 0X00 0000～0X20 0000，按照实线箭头对应的映射关系，代码运行在 Bank A 中，运行时可以对 Bank B 的 Flash 执行软件更新操作，更新完成后，更改成按照虚线箭头对应的映射关系，MCU 可以运行在 Bank B 中，这就是 OTA 更新的硬件基础。

MCU 使能 Swap 功能后，Flash 仅能使用总容量的 1/2。图 6-26 中虚拟地址只能使用 0X00 0000～0X20 0000 或者 0XA0 0000～0XC0 0000。

（2）MCU 存储解决方案

① 硬件辅助 A/B 分区交换解决方案（图 6-27）　这种架构需要微控制器本身的硬件支持，硬件将活动分区（Active Partition）映射到预定义的地址范围（例如 0X00 0000，在下面的示例中分区大小为 2MB），代码总是从预定义的地址范围执行（0X00 0000～0X20 0000）。激活（Activation）分区意味着重新映

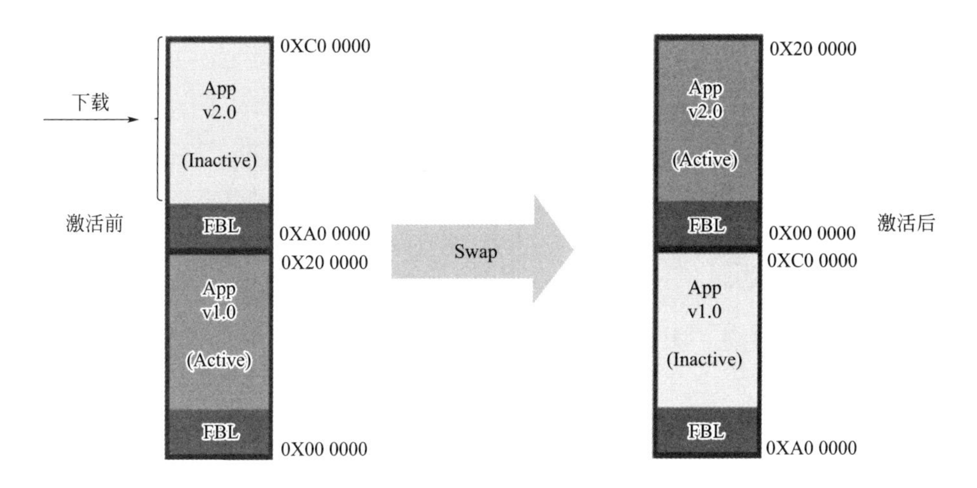

图 6-27 硬件辅助 A/B 分区交换解决方案

射活动和非活动内存地址范围。

硬件辅助分区交换存在以下两种情况。

a. 支持 Swap 功能的赛普拉斯 CYT2BXX 系列（图 6-28）。

CYT2B97CAE 物理地址分布为 0X1000 0000～0X101E FFFF 为 62 个 32KB 的 Large Sectors，0X101F 0000～0X1021 0000 为 16 个 8KB 的 Small Sectors。使能 Swap 后 Memory 成为 Dual Bank Mode，实线箭头对应关系为 Mapping 模式下（即 Bank A）虚拟地址与物理地址的对应关系，虚拟地址 0X1000 0000～0X100F 7FFF 与物理地址 0X1000 0000～0X100F 7FFF 对应，虚拟地址 0X1200 0000～0X120F 7FFF 与物理地址 0X100F 8000～0X101E FFFF 对应。在 Mapping A 模式下，MCU 运行在虚拟地址 0X1000 0000～0X100F 7FFF 上，实际从物理地址 0X1000 0000～0X100F 7FFF 取指令，通过操作虚拟地址 0X1200 0000～0X120F 7FFF 的 Flash 更新软件，将新的软件写入物理地址 0X100F 8000～0X101E FFFF 对应的物理地址。MCU 再次上电，切换至 Mapping B（Bank B）模式下，虚拟地址 0X1000 0000～0X100F 7FFF 与物理地址 0X100F 8000～0X101E FFFF 对应，MCU 从此段物理地址中取指令。

b. 不具备 Internal Flash 的 MCUS：32G、TDA4、Orin 等系列。

近年来，随着软件定义汽车的兴起，车载 ECU 所需的算力不断提高，MCU 的算力达不到要求，因此更有 SoC 芯片加入到车载 ECU 中，恩智浦的 S32G、英伟达的 Orin 系列等为了提高算力更是将软件运行在 RAM 中以提高运行速度。此类芯片实现 OTA 功能需要借助外部 Flash 实现两个分区，如图 6-29 所示。

利用外部 Flash 划分出 Bank A 和 Bank B，并且设置属性为 Active 或

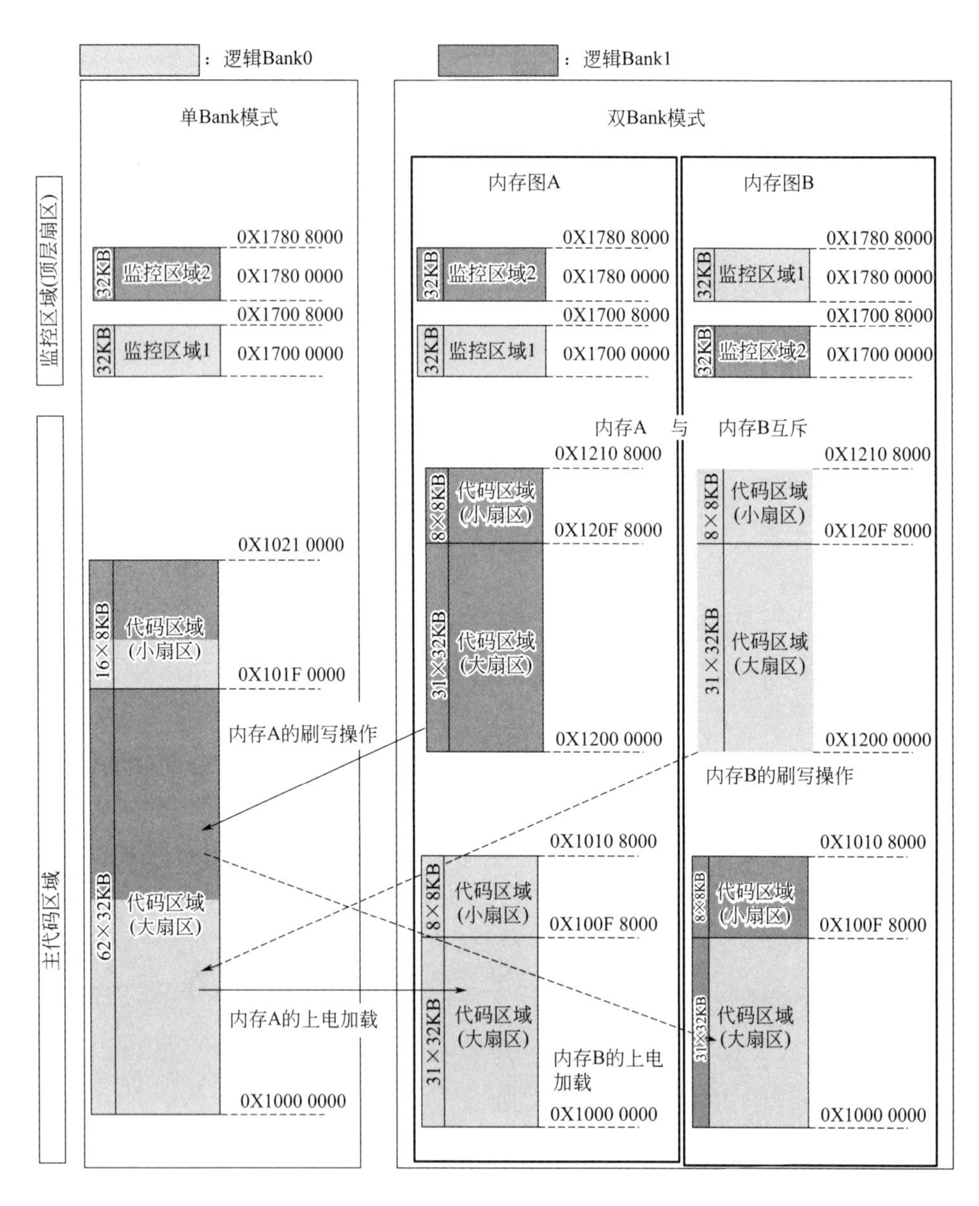

图 6-28 CYT2B97CAE 的内存分布

Inactive，图 6-29 中左边部分将外部 Flash 0X1000 0000～0X1FFF FFFF 的地址范围划分为 Bank A 并且设置属性为 Active，那么处理器上电时，会从 0X1000 0000～0X1FFF FFFF 加载软件到处理器的 RAM 中，即软件来自于 Bank A 区域。运行时可以将新的软件 APPL 2.0 下载到地址为 0X2000 0000～0X2FFF FFFF 的 Bank B 区域，再次上电后，激活 Bank B 使其属性为 Active，处理器的固件从 Bank B 加载软件到 RAM 中。

② 下载缓冲解决方案 在后台下载期间，下载的数据缓存在未使用的内存区域（内存区域可以是内部存储器或是外部存储器），在软件激活期间，Flash

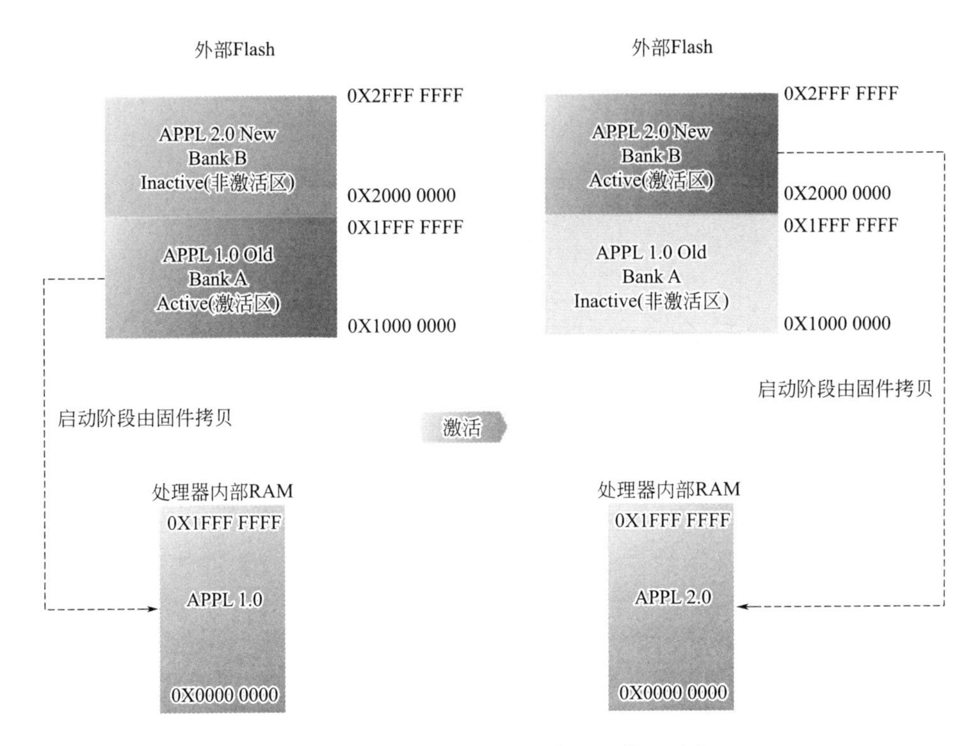

图 6-29 使用外部 Flash 实现两分区功能

Bootloader 将新应用程序复制到活动存储区。具备 Active 属性的 Bank 只能是 MCU 内部 Flash，新下载的软件先放到作为缓存的 Bank B（Inactive）中，此 Bank B 不能切换成 Active。

MCU 的存储区仅有一个 Bank 时，缓冲功能的实现如图 6-30 所示。

大多数 MCU 内还有一个 Bank，如 STM32FXX 系列、S32K1XX、RH850、TC2XX 系列，实现 OTA 的功能需要借助外部 Flash 构建属性为 Inactive 和 Backup 的 Bank。MCU 运行在 Bank A（激活区）中，将新的软件写到 Bank B（非激活区），等 MCU 复位后，FBL 负责将 Bank A（激活区）的软件拷贝到 Bank C（备份区），然后将新的软件从 Bank B（非激活区）拷贝到 Bank A（激活区），完成软件的更新。此种方案需要 Flash Bootloader 配合拷贝的新软件。

③ Dual binary（双镜像）解决方案　这种方式的工作原理如图 6-31 所示，MCU 根据活动/非活动内存，选择不同的应用入口地址代码从不同的内存位置执行，这需要维护两个相同版本的软件二进制文件，它们链接到不同的内存位置，诊断设备需要知道活动/非活动内存的位置以选择正确的镜像，MCU 具备至少两个 Bank 但不具备 A/B Swap 功能。

A/B Swap 是新的功能，具备此功能的 MCU 价格比较高，还有一种 MCU 具备多个 Bank 但是不具备 A/B Swap 功能，MCU 可以在运行过程中更新新的

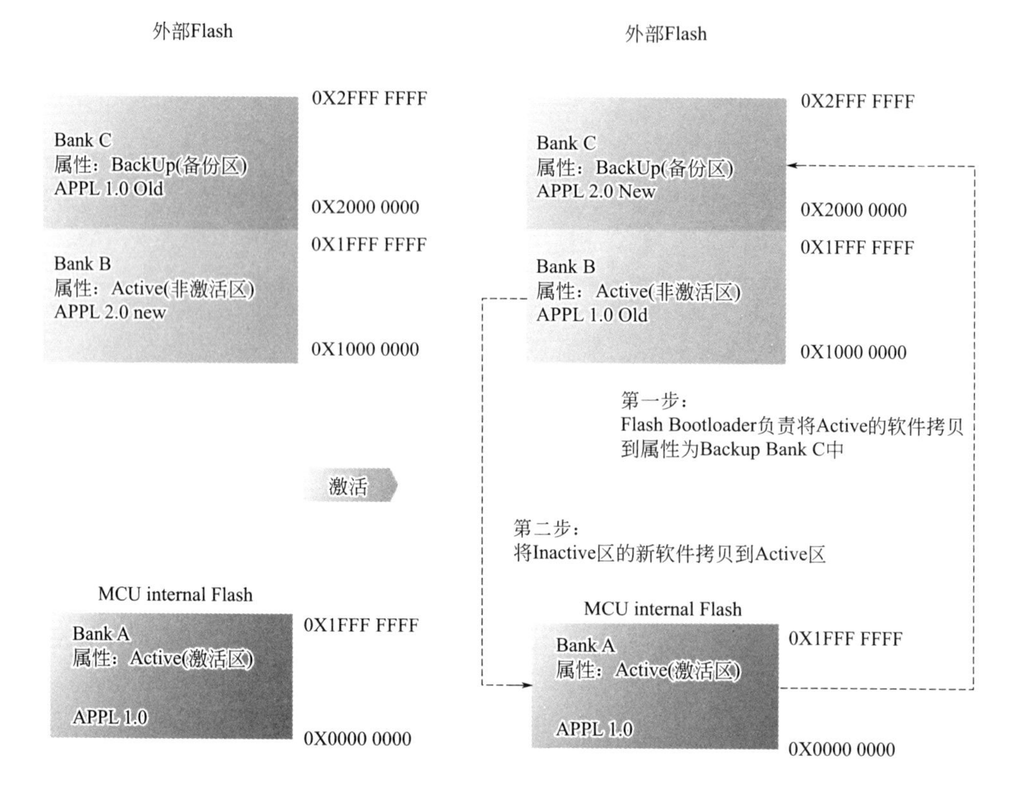

图 6-30 存储区仅有一个 Bank 的 MCU 下载缓冲过程

软件到内部 Flash 中。

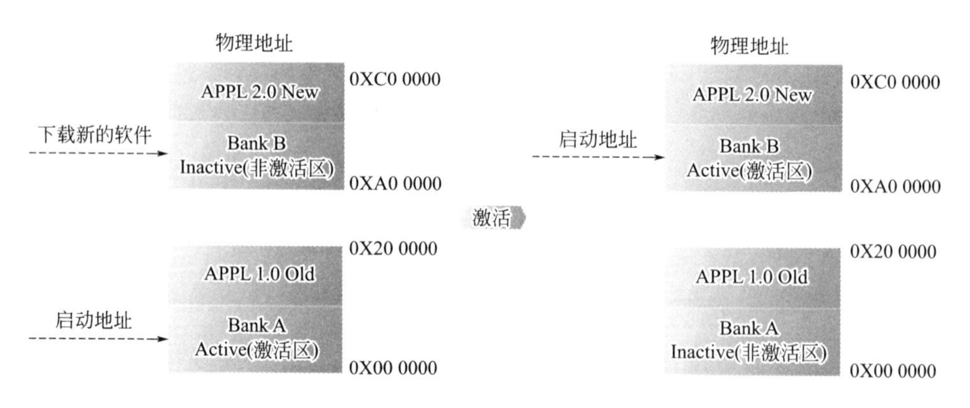

图 6-31 Dual binary 解决方案

Bootloader 启动 Bank A 区域的软件，在运行阶段，更新新的软件到 Bank B 区域，再次启动时，Bootloader 启动 Bank B 区域的软件，实现软件的更新，此种方案需要具备两种软件镜像，并且 Bootloader 可以正确识别需要启动的 Bank 区域。

小结：硬件辅助 A/B 分区交换方案激活新软件需要的时间很短，可以实现无感升级。但是价格高，且只能使用整个 Flash 1/2 的容量；下载缓冲方案是一种通用的实现方式，适应于现存的 MCU，但是需要外部 Flash 作为缓冲区域，且需要 Flash Bootloader 执行拷贝，增加了激活的时间；Dual binary（双镜像）方案可以实现与 A/B Swap 同等的激活时间，但是需要复杂的管理方案管理运行地址不相同的两个软件，增加了使用复杂度。

参考文献

[1] ISO 26262—2018 [S]

[2] IEEE 802.3—2018 [S]

[3] ISO 13400 [S]

[4] SOME/IP R21-11 [S]

[5] ISO 14229 [S]

[6] ISO 15765 [S]

[7] ISO 802.1 [S]

[8] IEEE 1722 [S]

[9] IEEE 1733 [S]

[10] ISO 11898 [S]

[11] ISO 17458 [S]

[12] LIN V2.2 [S]

[13] ISO 17356 [S]

[14] CCP V2.1 [S]

[15] XCPV1.1 [S]

[16] 魏秀参．解析深度学习—卷积神经网络原理与视觉实践 [M]. 北京：电子工业出版社，2018.

[17] 李航．统计学习方法 [M]. 北京：清华大学出版社，2012.

[18] 孙延奎．小波分析及其应用 [M]. 北京：机械工业出版社，2005.

[19] 甄先通，黄坚，王亮，等．自动驾驶汽车环境感知 [M]. 北京：清华大学出版社，2020.

[20] Waszecki TUM CREATE，等．How to Engineer Tool-Chains for Automotive E/E Architectures? [J]. ACM SIGBED Review，2013，10 (4)：6-15.